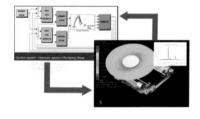
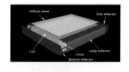

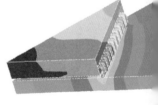

虎門科技 楊舜如 總經理

小檔案
・國立政治大學企家班/EMBA
・美國機械工程協會台灣分會常務監事
・台灣區電機電子公會候補理事
・佰德生物科技股份有限公司董事長
・中華民國電腦輔助工程協會（**CAE**協會）
　理事長(2001-2003)

THE BEST-RUN BUSINESSES RUN SAP

SAP專為中小型企業而設計的商業解決方案，針對中小型企業快速成長
環境下的特別需要。不論是僅有5人的小公司，以至數百人的中型企業，
SAP Business One 均能涵蓋他們的主要核心作業，包括會計、生產、
銷售、配銷、採購、貨倉以及夥伴管理，讓公司業務成功運作。

SAP Business One 配備了完善的用戶介面，可以被企業用作 ERP 的
中心元件。它還提供了對企業內部資料和外部資料來源，如掌上電腦、
CRM 應用程式以及其他領先的分析工具的標準介面。

Arena®
動態流程最佳化模擬軟體

Discrete Event Simulation

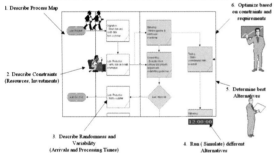

1. Describe Process Map
2. Describe Constraints (Resources, Investments)
3. Describe Randomness and Variability (Arrivals and Processing Times)
4. Run (Simulate) different Alternatives
5. Determine best Alternatives
6. Optimize based on constraints and requirements

虎門科技目前主要提供下列四大類型的服務項目：

Manufacture Solution（製造業解決方案）
提供各類分析軟體，如「機構」「結構」、「碰撞」、「熱
傳」、「冷卻」、「光電」、「電性分析」……等領域。

Methodology Consulting（技術研發顧問服務）
提供包括「機(結)構設計自動化」、「熱流設計自動化」、
「光電設計自動化」、「協同商務自動化」……等顧問服務。

Model IP Design（協同產品設計）
已自行研發出「微型散熱(冷卻)系統」，且已取得國內外專
利，目前正尋求協力廠商進行量產。

Manage Collaboration and Logistical（管理
運疇設計）
提供「公司流程管理」及「產品製程管理」…等軟應體，並
包括企業診斷顧問服務。

因技術、知識、經驗的累積，更成立四大中心
提供包括技術顧問、IP研發、實體實驗及教育訓練………等
服務。

CADMEN
虎門科技股份有限公司

最・專・業・的・知・識・研・發・顧・問

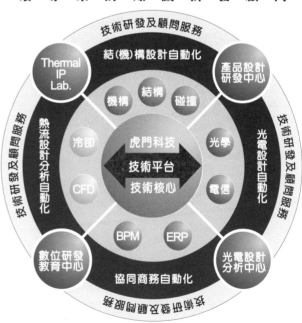

透過知識管理平台，使電腦模擬分析的專業技術快
速創新與累積，並藉由服務中心的推廣、教育訓練
及廠商輔導等方案，有效支援業界需求，以提昇國
內產業之全球競爭力。

CAD / CAM / CAE / NETWORK / BPM / ERP
http://www.cadmen.com

Total Solution

上海商業儲蓄銀行
兩岸首家直接通匯之 *OBU*

　　上海商業儲蓄銀行是國內最早開辦 OBU 業務的本國銀行之一，隨著政府對大陸政策的「積極開放，有效管理」宏觀指導之下，上海商業儲蓄銀行 OBU 從國內最早開辦兩岸通匯業務、貿易融資業務、到成為國內首家 OBU 對大陸台商提供直接授信業務，上海商業儲蓄銀行一路走來始終是本國銀行 OBU 業務的先行者與標竿銀行（The first mover ＆ benchmark of OBU business），因此在 2002 年台灣金融研訓院所舉辦之第一屆金融菁業獎活動中，以「兩岸通匯第一快」獲得「最佳國際業務發展獎」之殊榮。

　　上海商業儲蓄銀行秉持著「處處為您著想」的服務理念來服務台商，希望能夠襄助每位台商企業在大陸的大舞台上一展身手，上海商業儲蓄銀行國際金融業務分行絕對是台商企業在兩岸三地金融業務服務的最佳選擇。

2005年中國大陸地區投資環境與風險調查

最新
TEEMA
報告出爐

內 銷 內 貿

領商機

台灣區電機電子工業同業公會　著

2005年中國大陸地區投資環境與風險調查
成員名單

理事長：許勝雄

大陸經貿委員會主任委員：焦佑鈞

研究顧問：高孔廉

計畫主持人：呂鴻德

協同主持人：黃銘章

執行委員：葉國一、彭君平、王敏烈
　　　　　郭台強、鄭富雄、趙永全
　　　　　張寶誠、詹文男、石齊平
　　　　　高　長、張五岳、林震岩
　　　　　林祖嘉、陳麗瑛、王　弓
　　　　　陳德昇、陳昭義、黃志鵬
　　　　　傅棟成、黃慶堂、呂榮海
　　　　　李永然、朱偉雄、史芳銘
　　　　　袁明仁、杜啓堯、曾文雄
　　　　　羅懷家

研究人員：陳振澤、高　萍、徐惠玲
　　　　　江垂曄、吳宗儒、王麗掬
　　　　　盧亭均、游淳喬

研究助理：黃意倩

〈推薦序〉

掌握世界經貿新契機　開創兩岸產業發展新局

　　中國大陸自1978年推動「改革開放」的新經濟政策以來，在全球經濟發展地位日益上昇，目前大陸已是世界第六大經濟實體與第三大貿易地區，大陸經濟的份量與融入世界經濟的程度仍持續迅速增長。根據主管機關統計，2004年兩岸貿易總額達616.5億美元，台商赴大陸投資案件達33,155件，核准金額為412.49億美元，兩岸經貿交流亦創新高。2004年台灣資訊硬體產值達696.46億美元，超過美國686.71億美元，為世界最大供應來源，其中，海外生產比重達84.4％，主要由大陸工廠產製，顯然兩岸在全球化的產業分工均得到有利發展。

　　但由於現階段，大陸進入WTO承諾尚未完全落實，兩岸經貿交流架構尚未臻健全，有關基礎建設、金融體制及公司治理等問題均影響台商在大陸生產銷售，台外商所關心的投資承諾能否兌現，其他如：融資匯兌、海關查核、勞工流動率等問題，深深影響廠商競爭力與效率，而人身財產安全等經營與糾紛問題也時有所聞。本會為回應會員廠商要求並擴大服務廠商，自2000年起，即針對大陸投資台商進行「中國大陸地區投資環境與風險調查」，連續六年，將大陸各主要地區投資環境及台商重視之投資風險，做一客觀且翔實的評估，深獲海內外投資者重視，不僅為台灣廠商及國際投資者得以掌握大陸投資環境之根據，北京當局與大陸各地方政府更據以衡量及改善投資環境，以爭取招商績效，俾利台商大陸投資。

　　本年度調查除繼續進行投資環境與風險的綜合比較，亦專章分析大陸開放內銷內貿議題及增加台商關心議題地區排名。同時為持續「兩力兩度」之「TEEMA模式」架構，本會大陸委員會三度委請中原大學企管研究所呂鴻德教授主持本研究計畫，靜宜大學企管系黃銘章副教授協同主持，並敦請前蒙藏委員會主委高孔廉教授擔任研究顧問，及眾多熟悉大陸投資之學者專家共同研

内銷内貿領商機

003

議,在此予以感謝。同時希望與大陸各地方共同努力以提昇投資環境,有效促進雙邊投資及經貿發展,俾利兩岸關係穩定、持續與發展。今年仍繼續委請商業週刊合作出版,將本項成果與社會大眾分享。當然本研究錯誤疏漏或所難免,尚請各界先進不吝指正。

台灣區電機電子工業同業公會理事長

〈推薦序〉

凝聚眾力，完成「TEEMA模式」

　　台灣區電機電子工業同業公會秉持「滿足會員需求」的一貫宗旨，自2000年起，即針對大陸地區的投資環境與投資風險，每年均進行有系統的專案調查，迄今已跨入第六年。今年，我們再度邀請中原大學企管研究所呂鴻德教授擔任計畫主持人，靜宜大學企管系黃銘章教授協同主持，同時敦聘前陸委會副主委暨前蒙藏委員會主任委員高孔廉教授擔任研究顧問，指導本計畫之推行；另就兩岸經貿之專業領域中，聘請三十餘位產、官、學各界之知名人士擔任評審工作，歷經多次審查與研討，確使本調查報告更具公正性與客觀性。

　　本次專案問卷調查部份，係由電機電子公會就全體會員廠商及大陸各地台商協會會員，並透過各產業公會所屬之台商會員共同協助填覆。歷經半年多的努力，以及眾多已赴大陸各地投資的台商先進熱忱支持，回收之有效問卷達到評比目標數的城市，較去年增加十個城市，確實強化了本調查的深度與廣度，在此特別要對研究團隊及評審委員的辛勤投入與台商先進們的熱忱協助，表達萬分的謝意。

　　為延續並擴大近五年來的研究成果，我們除了將六年來的統計資料作一完整的趨勢性比較分析，同時也就「金磚四國之崛起」、「大陸內銷內貿市場」以及各地經貿糾紛案例等，做了深入的專章研析，期盼這本報告，能帶給所有投資者及相關機構一項最具參考價值的投資資訊，更希望我們多年的付出所建立起來的「TEEMA投資評估模式」，能獲得海內外各界的認同與肯定。

台灣區電機電子工業同業公會副理事長

兼大陸經貿委員會主任委員

焦佑鈞

內銷內貿
領商機

006

〈推薦序〉

掌握有利資訊　保障台商投資權益

　　中國大陸自1979年推行經濟改革開放政策以來，挾其豐沛的資源與低廉的勞力，吸引不少外資進入；尤其自2001年底加入WTO後，由於中國大陸的經濟制度，從封閉的社會主義市場經濟轉向與開放的自由市場接軌，自然吸引更多國際企業紛紛前往投資，台灣的企業當然無法自外於這股熱潮，各型企業廠商對大陸市場的經貿投資也在持續增加。然而，在經濟轉型的過程中，因為中國大陸的相關制度尚未健全，政治及社會情勢亦欠穩定，地方法制觀念仍待充實，台商在中國大陸發生的經貿糾紛與人身安全事件層出不斷，使得企業在中國大陸投資的不確定因素提高，如何保障台商的投資權益，應是當前我政府與民間企業需要共同重視的課題。

　　台灣區電機電子工業同業公會為國內產業界的龍頭，是政府與業界的橋樑，為了提供企業永續經營所需的投資資訊，自2000年起，即運用其廣闊的人脈，每年自力編印出版「中國大陸地區投資環境與風險調查」一書，針對大陸各地區的投資環境與風險進行全面性的研究調查及分析評估，迄今已跨入第6年，不但在兩岸間建立起良好的聲譽，更由於其內容客觀、公正、翔實，已引起國際間的重視，海內外相關投資機構與企業廠商大都引以做為重要的參考資料。

　　金平對許勝雄理事長及台灣區電機電子工業同業公會的努力與用心，深感敬佩，因此十分樂意為序推薦，期盼藉由這一份最有條理、最新的資訊，能引起各界對台商在大陸投資所面臨的風險與經營困難問題的持續關注，並願共同集思廣益，提出更多的研析與建議，讓我國的相關產業確能達到「深耕台灣、前進大陸、佈局全球」的最佳境界。

立法院院長

〈推薦序〉

建構兩岸經貿平台　發揮台商全球佈局優勢

在全球經濟自由化與政府對中國大陸採取「積極開放，有效管理」政策下，兩岸經貿關係相當密切。根據統計，2004年兩岸貿易總額高達616.5億美元（約佔我對外貿易總額18%），其中，我對中國大陸出口金額為449.6億美元（約佔我出口總額25.8%），我自中國大陸進口金額為166.8億美元（約佔我進口總額9.9%），貿易順差高達282.8億美元；而台商赴中國大陸投資，依經濟部投資審議委員會統計，至2005年6月底止，累計達438.8億美元（約佔我對外投資之50.4%）。若將港澳地區列入統計，中國大陸已成為台灣最大的貿易與投資地區。惟隨著台灣對中國大陸市場依賴程度的加深，也升高我總體經濟的風險，值得我國廠商高度警惕。

為減少我國廠商過度依賴中國大陸市場，降低投資風險，現階段我國經貿政策乃以「深耕台灣，佈局全球」為目標。有關台商在中國大陸投資糾紛與保護等問題，包括投資承諾兌現、土地廠房購置、勞工聘免、海關稅務查廠查稅、銀行融資匯兌、行銷收款、工廠管理與人身財產安全等，政府已建立台商窗口機制，並透過海峽交流基金會協助處理；另一方面，政府亦將尋求透過兩岸協商，或在WTO架構下，建立諮商管道以謀求解決之道。

台灣區電機電子工業同業公會是台灣最大與最具實力的產業公會，在許理事長勝雄兄帶領下，整體電機電子產業快速升級轉型，並朝向「立足台灣、兩岸分工與全球佈局」之方向發展，營運績效斐然，有目共睹，我們敬表佩服並深切期許。電機電子公會連續6年進行「中國大陸地區投資環境與風險評估」研究，有效協助會員廠商確切掌握中國大陸投資環境與風險資訊，作為經營決策參考，以降低對中國大陸之投資風險及有效掌握佈局全球商機，對此，榮義深表讚許，並樂意為序推介。

行政院副院長

〈推薦序〉

投資大陸的一盞明燈

當台灣區電機電子工業同業公會請我爲本書撰述推薦序時，我毫不猶疑地接受這份邀請。因爲中國大陸的經濟制度未臻健全、貧富差距擴大所衍生的社會與治安問題、對外能源需求提升、國際間要求人民幣升值的壓力、公共建設不足等因素，使中國大陸雖然商機無限，高度成長的經濟卻同時埋伏許多投資風險。面對這個時局，政府亦積極爲台商尋求解決之道，但投資者最迫切的需要是瞭解目前大陸投資環境，以便作出正確的投資決策。

企業的獲利能力，除了取決於本身的技術、創新能力、人才水準等內在因素，所在的環境面因素，如：經濟文化、法令制度、政治良窳、社會互動模式等，更是影響業者利潤的關鍵。大陸投資雖有利基，包括：語言文化相近、大陸市場廣大、勞動成本較低等，但這些都不足以成爲投資成功的保證。因爲經濟行爲包括太多的非商業與非技術的互動，這些互動摻雜在台商設廠、製造、研發、銷售的過程中，任何一個環節發生問題，都將威脅台商的投資成果。有鑑於此，電電公會體認業者的需求，自2000年起委託學者專家進行大陸地區投資環境之調查，完整地解析大陸各城市的投資環境與投資風險，提供投資者赴大陸投資有系統性的資訊，以評估各地投資環境之競爭力，降低投資之風險。

本書就像一盞明燈，以問卷調查、次級資料分析、個案訪談及座談會等方式，將模糊不清的大陸投資環境，以明確的指標加以呈現。輔以十多個企業個案分析，深入報導相關經驗，使台商能夠撥雲見日，洞悉投資商機。大陸投資環境瞬息萬變，擁有及時的資訊才能在各方角力的市場中作出快速且正確的反應。在此除了眞誠地將本書推薦給關心兩岸經貿的人士外，也對電電公會及許多專家學者多年來的貢獻，致上由衷的感謝。

經濟部部長

〈推薦序〉

為台商創造最大利潤

　　廣為各界關注及參考的台灣區電機電子工業同業公會對大陸投資環境評估，「2005年中國大陸地區投資環境與風險調查」報告已分析完成。這份報告根據競爭力表現、投資環境、投資風險、台商推薦意願等綜合指標加權平均後，對大陸投資地區進行排名，前十名依次為上海閔行區、杭州蕭山、蘇州昆山、成都、無錫江陰、徐州、天津、上海浦東、揚州及南昌等。與去年相比，不同的是上海浦東再度入榜，江西南昌再前擠一名，進入前十名。

　　關於投資環境的評估及城市競爭力的評比，近年來愈來愈受到全世界的重視。以國家別為對象的投資環境評估，全世界最有名的是IMD及WEF，而WEF在2004年更首次針對全球城市競爭力調查排名，可見城市競爭力評比的重要性。此外，世界銀行、Forbes、Fortune、中國大陸社科院、大陸市場協會及大陸中央電視台等都有類似的評估。這些報告全都納為電電公會今年調查報告的參考依據，足見電電公會報告資料蒐集的全面性。

　　另外，由於時間及環境的變遷，投資者所重視的投資環境項目及權數也會因而改變，而本研究今年針對此一問題，進行專家問卷調查，調整相關指標的權重，以反映目前評估的重點，相當符合當代投資環境評估的潮流。而去年是大陸在加入WTO後，依照承諾表開放幅度較大的一年，尤其是服務業與外貿、內銷商業等領域的開放，本報告針對此議題亦有深入分析。

　　然而，大陸當前由計畫經濟轉為市場經濟的過程尚未全面完成，特定的政策變更對於台商經營影響頗大，由於難以預測，當然會增加台商經營的風險，最顯著的例子是去年四月底大陸的宏觀調控政策；而宏觀調控之後，連帶的於十月提高利息，顯示大陸官方對經濟過熱，試圖以行政手段及利率市場進行調整，這對台商在大陸的經營有一定程度的影響；而2005年7月大陸又無預警的調升人民幣匯率2%，由1美元兌8.28人民幣升為8.11人民幣，這對以外銷為主

的台商當然極為不利。另因人民幣升值幅度不足，許多人都預期還有升值的可能。

2006年的另一個政策變數是第十一個五年計畫，即所謂的「十一五計畫」，該計畫將於2005年9月審議，2006年實施，這代表中國大陸未來經濟發展的策略方向，值得台商注意。尤其是「國家發改委」指出六大重點之一是轉變經濟增長的方式，這似乎意味過去以外銷導向的經濟增長方式，可能調整為以內需為導向，吸收外資的優惠極有可能逐漸取消，以便經濟成長的動力由投資改為消費。台商對於大陸官方這些可能的政策改變要及早規劃避險措施，妥為因應。

總之，企業經營必須眼觀四方，耳聽八方，投資環境評估報告是重要的參考資料，應再輔以動態資料的蒐集，隨時注意可能的政策變動，及早擬定因應策略，也就是在追求利潤的同時，也要注意可能的風險，如此在才能瞬息萬變的環境中，趨利避害，為企業創造最大的利潤。

最後，祝福所有台商順利成功

本計畫研究顧問

高孔廉

內銷內貿 領商機

〈推薦序〉

以TEEMA把脈中國大陸市場的律動

所謂「路選對了,路再遙遠都會達到目標」,改革開放之路,讓蓄積三十載的需求,在中國大陸發展之道上,不斷地向前馳騁二十餘年,經濟上,高盛BRICs金磚四國的話題發燒;人民幣升值的預期釣足了全球政經引領翹盼的胃口;財富論壇2005年於北京揭幕,這是該論壇第三度選擇在中國境內召開;中國大陸外匯儲蓄將於2005年底跨越日本達8500億美元,2006年中更可逾1兆美元的驚人數字。政治上,第二次朝核六方會談於北京召開;連戰、宋楚瑜、郁慕明三大台灣在野政黨領袖,先後進行兩岸「和平」、「搭橋」、「民族」之旅。商業上,聯想收購IBM個人電腦事業部;TCL併購阿爾卡特手機部門;海爾擬以高價入股美國梅泰德電器;中海油一度想染指優尼科石油,此顯示從過去的「引進來」,到現在中國企業的「走出去」戰略。綜觀上述,無論從經濟、政治、商業均彰顯「中國依賴論」、「中國崛起論」、「中國衝擊論」等字眼,已吸引全世界的眼球。

為能傾聽台商內心世界的心音,為能更貼近中國大陸市場的脈動,電電公會以「競爭力」、「環境力」、「風險度」、「推薦度」的「兩力兩度」TEEMA(電電公會英文縮寫)模式,掃描中國大陸區域及城市之投資機會與風險,冀以節省台商投資中國大陸之「嘗試錯誤成本」(trial-and-error cost);更期TEEMA模式經多年的信度與權威,有臻於IMD、WEF全球競爭力評估報告之地位;然而終極的願景,就是藉由TEEMA的調查,砥礪中國大陸地方政府改善投資環境,構建優質發展條件,整合台商國際競爭優勢,共創兩岸經濟繁榮,人民生活富裕安康。

2005年TEEMA調查報告承襲過去五年諸多學者、專家、台商的智慧和經驗,融合今年重新建立「兩力兩度」專家權重的調查以及側重內銷內貿的台商標竿企業報導,此與時俱進的內容,希冀能夠詳細剖析中國大陸市場的變遷與

內銷內貿
領商機

012

趨勢，提供台商投資中國大陸內銷內貿的指引和方向。2004年TEEMA的調查報告總結之語：「壓力是成長的開始，屈膝是跳躍的前兆」，說明從2000年到2004年的這五年，台商對大陸投資城市之「競爭力」、「環境力」、「風險度」、「推薦度」等構面與指標均達到五年之最低，然而，經過宏觀調控的降溫，2005的調查評價，整體投資環境趨優，投資風險明顯驟降，台商推薦意願大幅提升，這說明，中國大陸市場仍存在極大的吸引力和競爭優勢，所謂：「一個懂得自省、自律、自惕的社會，將是充滿希冀、希求與希望的；反之，一個只知自滿、自傲、自驕的社會，則必然淪落為自轉、空轉與昏轉」。這一切均彰顯了中國大陸經濟的自我調控機制以及自我完善修正的能力。

近年來，後學在執行TEEMA調查之際，多次聆聽到台商所感悟的心聲，那就是：「心有多大，舞臺就有多大」；「世界有多大，兩岸機會就有多大」；「我們的腳，立足在島國的故鄉，但我們的視野，放眼在全球的格局」，中國大陸是台商征戰寰宇的戰略要塞，中國大陸是台商創造自有品牌，打造國際名品的必由之路。

於此2005年TEEMA報告付梓之際，濡墨為序，除希望兩岸的良性交流互動，中國大陸內地政經更透明，台商正派經營創造合理利潤外，更冀望中華民族能在兩岸優勢互補，資源分享，休戚共榮的整合、融合、競合思維下，創造盛世的「大中華經濟板塊」，以光華胄，榮耀寰宇。

計畫主持人

呂鴻德

目錄

（感謝歐新社提供本書封面照片）

內銷內貿 領商機

013

內銷內貿領商機

投資熱——
台商的機會在哪裡？

內銷內貿 領商機

016

1 躍進中的亞洲經濟體

前進中國大陸，成爲當今提昇台商競爭力之主要原因。在美歐日廠商大舉赴中國大陸投資的情況下，台灣爲了維持競爭力也紛紛跟進卡位，希望能獲取較大的優勢。

雖然中國大陸市場具備了許多誘人的條件與環境，但相對地有著許多的問題：如共產體制的束縛、教條思想依舊存在、中共政策搖擺不定、基本建設不足、能源不足且使用效率不佳、分配系統仍由國家主控且效率不彰、貪贓枉法事件層出不窮、行政效率不彰、金融環境不健全、人治色彩仍重、法治精神尚未確立等等。因此McNaughton（1998）指出，中國大陸政治與經濟環境的特殊性，結合特殊政策與都市特質的影響，讓在中國大陸投資的經驗不同於其他國家。

也因此電機電子公會針對中國大陸投資環境與投資風險之問題，集合投資中國大陸之台商，以及對中國大陸事務熟稔之專家學者切磋研究，整合各方面的意見與實務經驗，以期能提供有關當局作爲交流協商之參考，並作爲企業在前往中國大陸投資之依據。

2 崛起的金磚四國，重繪了全世界的經濟地圖

2003年10月1日，一份編號第99的高盛全球經濟報告，隨著網路傳送到歐、亞、美洲各國機構法人的電子信箱裡，立即掀起一陣巨響。高盛證券經濟研究團隊預言：2050年，世界經濟強權會劇烈洗牌，新六大經濟體的面孔將變成：中國大陸、美國、印度、日本、巴西、俄國。現有的七大工業國（G7），只剩美國與日本，英、德、法、義、加拿大將被淘汰出局，金磚四國-巴西、俄國、印度和中國大陸（BRICs）成為新經濟強權，報告中預測此四國將逐步取代全球前六大經濟體的地位。

「金磚四國」：重繪了全世界經濟地圖，震撼了全球，點出貧民窟變身金磚國的音弦。南韓總統盧武鉉率領70名重量級政商人士展開「BRICs外交」、美國國家情報委員會五年一度的報告將它列入內容、七大工業國財經首長會議首度邀請金磚四國代表列席、日本豐田汽車等跨國企業的全球棋盤因此重新部署。因此世界主要產、官、學、研各界，無不專注著此四國形成的洪流。

2005年2月初，金磚四國財政部長獲邀出席在倫敦舉辦的七大工業國財經首長會議。印度財政部長奇丹會後表示：「我想G7終於體會到在他們之外，還有一些經濟體可能在未來十到二十年間，發展成全球經濟強權。」

澳洲總理霍華德（John Howard，2005）認為，澳洲從顯著增長的亞洲經濟發展中受益匪淺，並期望拓寬與亞洲的合作領域，澳洲的經濟30%來自亞洲。中國大陸GDP過去二十五年來增長了5倍，紡織品佔澳洲國內進口的73%，與中國大陸的持續緊密接觸不可忽視。

法國總統席哈克（Jacques Chirac，2005）指出，歐洲必須要組織起來，才

能抵禦美國，或是類似中國大陸等新興強權的力量。目前世界各強權國，在思考著未來國家區域出路時，美國不再是唯一標竿，新興強權以躍進式的腳步急起直追的威脅勢力更是不容忽視。BRICs排名最前的C：中國大陸，各界更是預估為經濟強權的接棒國，高盛預計到2041年將取代美國的地位，成為世界第一大經濟體。

中國大陸經濟與商業形貌已經從過去五年來有著根本的變化，企業形態，是典範移轉的進行式，在互動中，中國大陸自身也在改變。過去的官方規章制度依舊存在，不同的是內容逐漸鬆綁；早期因嚴格管制而呆滯不前的企業也活絡起來，競爭出現在銳進的新興當地企業與外來企業中。中國大陸市場的內部需求成長明顯，市場規範亦趨西方資本世界，強勁的成長力、吸引力，使得在中國大陸成立企業不僅可行，更是必要的潮流。

美國國務卿萊斯（Condoleezza Rice，2005）認為，中國大陸無疑有其影響力，中國大陸會成為一個主要的影響源。中國大陸也瞭解自身異軍突起所造成的威脅，於是2004年在中國大陸海南舉行亞洲論壇，以「亞洲尋求共贏：一個向世界開放的亞洲」為主題，中國大陸國家主席胡錦濤發表「中國大陸的發展，亞洲的機遇」的主旨演講，表達出「中國大陸和平崛起與亞洲的新角色」的概念，意圖散播不為競爭、不為威脅的和平勢力。

前述歷歷，企業前進中國大陸佈局勢在必行。中國大陸經濟從起步到沸騰，為時短短十數年，採跳躍式飛進，地大物博、人口眾多，不論是成本考量、開發市場、或是做為全球化據點，企業外來進駐絡繹不絕，卻也造成當地社會變動速度遠緩於經濟發達。雖經第二次宏觀調控抑制，但是成效卻不若預期，潛藏的危機也意味著風險的增加。藉由觀察各界期望與中國大陸實況，正是本研究動機之源。

3 台商赴中國大陸投資的回顧與展望

內銷內貿 領商機——

從中國大陸改革開放以來，台商在中國大陸的投資經營已超過十五年。在這段期間，其實就如同我們平常出遠門一樣。出門時，必須有一套完整規劃，知道在什麼時候，完成什麼樣的任務時就會回家。當然，回家也並不表示從此不再出門，而是重新整裝待發，一直往更遠的旅程邁進。但如果一開始只是為想出門而離開，這樣的旅途肯定是條不歸路，站在沒有終點的路途上，許多人就因此在其中迷失了方向。

　　中國大陸投資，不論是機會或挑戰，都可以給台商帶來許多思考性問題。如果在出發時，就能想到回家的路、想到出發後所要完成的任務，則會使目標方向比較清楚，前進的腳步亦會比較篤定。如圖3-1所示。

◆圖3-1 台商西進中國大陸四部曲與可能結果

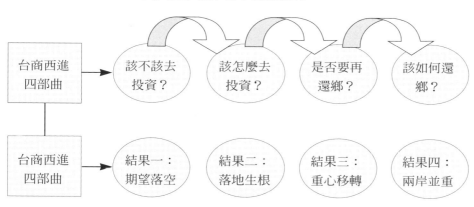

資料來源：本研究整理

台商該不該西進：投資高風險與市場吸引力的兩難

在中國大陸改革開放初期，是不確定性與風險最高的階段。大家都偏向討論是不是與對不對的問題。儘管當時政府的態度是趨於保守，但仍有許多大膽先行者，以及當時正面臨生存壓力的傳統型中小企業，企圖在中國大陸能東山再起。

其中最具代表性廠商即頂新康師傅，在目前中國大陸方便麵市場的市佔率，已達35％，而「頂新康師傅方便麵」亦早已成為中國大陸方便麵的代名詞，從大都市上海、北京或到偏遠的黃山，或遠至青康藏高原都可以發現康師傅蹤跡。以去（2004）年來看，整個中國大陸共生產一百四十億包方便麵，頂新即佔了四十九億包，而利潤亦相當可觀，低價麵市場有20％毛利率；高價麵市場則有40％毛利率。

台商該怎麼西進：戒急用忍與積極卡位的兩難

隨著經驗的累積，中國大陸內部也積極提升其基礎設施的建設，對投資廠商展現各種配合強化的措施，結合台商在中國大陸跌跌撞撞摸索出來的生存之道，開始認為有資源互補、分工雙贏的機會可行。於是政府、產業界開始討論什麼產業、什麼投資方式，是適合且可以到中國大陸投資發展。這期間政府的角色是不反對但也不鼓勵，可說是最尷尬的時期，因為唯恐中國大陸強大的吸金效應過度急速膨脹，呼籲各廠商一定要「戒急用忍」，即最典型代表。

台商西進後是否要再還鄉：撤退與持續西進的兩難

台商到中國大陸經過一番經營奮鬥後，能夠存續下來的企業都是經優勝劣敗的競爭淘汰歷練下的成果。許多中小企業因此提升了能力、擴大了規模，亦顯現可觀的獲利回收。日積月累下來，目前中國大陸仍是全球外資與台商競相追逐的目標，且在近日關切討論的「金磚四國」（BRICs）其一即為中國大陸，面對各方投資人、法人、投資銀行等對中國大陸的未來經濟都是持樂觀看

法，且中國大陸此經濟體目前也的確是持續發光發熱，可想而知，日後的台商經營必定是更加艱難，這樣的思維下，許多企業開始想到接班人計畫或衣錦還鄉等問題。

台商西進後該如何還鄉：根留台灣與母以子貴的兩難

如果台商結論是希望將經營現況做出改變，則必須有詳細規劃來評估各種可行方案，例如台商透過購併擴大營運規模與提升經營績效，企圖將公司版圖更寬廣；或委託有意願、有能力的事業夥伴或專業經理人來帶領組織。目前台灣政府也鼓勵台商根留台灣，在台設立營運總部或研發行銷中心或鼓勵台商回台灣上市，這些都是希望創造可行的誘因，以期讓台商有更多選擇。

從過去到現在，並展望未來，台商西進中國大陸有人失敗、有人鴻圖大展，亦有人在中國大陸落地生根、有人企圖將台灣與中國大陸的資源不斷擴大，一步一步往全球化企業邁進。以下將台商對中國大陸的投資結果歸類成四種類型：

1.落空期望型

雖然台灣與中國大陸的風俗民情、語言文化都大致相通，但還是有為數不少的廠商鎩羽而歸，主要是因為實際去經營、操作才發現並沒有想像如此簡單，許多企業都只看到別人光鮮亮麗的一面，或中國大陸龐大的商機與廉價的生產成本，以為只要過去投資就可以高獲利，殊不知成功台商其中的辛苦與艱難。表3-1為影響台商在中國大陸投資成敗的主要因素

2.落地生根型

早期台商赴中國大陸投資單純只是以獲利為導向，而台灣營運比重仍是最重要的，因此台商都是台灣、中國大陸兩邊跑。但隨著中國大陸環境改善，且市場潛力無窮的情況下，中國大陸的營運比重愈來愈高，許多台商都已將台灣營運單位整個移至中國大陸，因此不但帶著妻小一起到中國大陸奮鬥，很多人都在當地購屋定居，甚至第三代也到中國大陸求學，因此華南、華東地區才會設立起許多台商子弟學校，以符合需求。這些都是說明許多台商已在中國大陸

內銷內貿 領商機

■表3-1 影響台商在中國大陸投資成敗的主要因素

因素類型	主 要 因 素
一、總體環境面	1、政治環境 2、經濟環境：例如人民幣升值、人民銀行升息
二、政策法規面	3、政策法規的不明與不了解 4、重大政策的公佈：例如限電、宏觀調控
三、資金財務面	5、財務管理的問題：例如資金調度不當 6、應收帳款催收不易
四、經營管理面	7、管理不當：例如人事管理 8、產品喪失競爭力，以致淪於價格競爭 9、專業人才不足 10、行銷通路管道的開發不暢

資料來源：本研究整理

落地生根。

以台商在中國大陸最密集的城市上海來看，根據遠見雜誌所做的研究發現已高達有63%台商已經在上海購屋置產，其中以31-50歲的男性創業老闆所佔的比例最高。台商購屋後，如果是攜家帶眷的，接下來要考慮小孩的教育問題。在選擇就讀學校方面，上海台商大部分偏愛上海的國際學校，約有53%台商會將小孩送至國際學校，而讓小孩選擇就讀當地學校的佔47%。

雖然在2003年SARS疫情發生時，引起許多人不安的心理，但當時上海曾對當地台商與經理人做調查並顯示，有75%受訪者仍願意留在中國大陸工作，主要原因都是已購屋置產且打算長期定居。

3.重心移轉型

為了風險的控管，雖然台商在中國大陸的投資標的，初期都是以設立海外子公司為主，多數採取台灣或海外接單，中國大陸生產製造的方式，即使一開始就從事內銷事業，也會將其盈餘調整於外地的規劃。然而，隨著市場的機會與經營的規模不斷擴大，中國大陸子公司所展現的實力與地位已不容忽視，有時甚至凌駕母公司之上。隨著中國大陸資本市場的壯大與成熟，許多台商的中國大陸子公司有計畫成為上市、上櫃的獨立個體，若是如此，其中的營業和獲

利額的分配與擺置，都會產生敏感的效益問題。

此類型中以高科技產業最具代表。廠商去中國大陸投資可能考慮生產成本因素、配合國際大廠的要求等等，不得不西進投資，但隨著中國大陸內需市場日漸茁壯且人力、基礎建設都提升下，廠商不只是單單將中國大陸視為生產基地，更看準其龐大商機而看作一獨立經濟體。

4.兩岸並重型

把兩岸的資源整合運用，為企業發展創造最有利的條件，是該類型台商最大的宗旨，同時，也將成果分配且兼顧於兩岸，進而達到雙贏。台灣因為能結合中國大陸，而使原本內需市場狹小的腹地和能源向外推廣；中國大陸也因為有台灣的結合，使其豐富資源能更有效運用，也加快其進步的速度。因此台灣與中國大陸應該是相輔相成、成果共享，絕不是選其一的局面。

不論從上述的兩岸經貿往來、台商對中國大陸的投資型態、甚至台商生活上對中國大陸的依賴生根，都可以看出中國大陸在台商心中的地位是愈來愈吃重。展望未來，台商對中國大陸的投資可以歸納出一些總體環境下的新變化與新趨勢。

2004年，台商對中國大陸投資如同往年繼續呈現增加趨勢，但投資行為方式出現一些新的變化，使得兩岸統計的台商投資出現較大反差情形。依台灣統計，2004年1-11月，批准台商投資項目1,839個，投資金額為61.63億美元，分別較上年增長12%與51.6%。不過，依中國大陸商務部統計，2004年共批准台商投資項目為4,020個，同比下降11%；合同台資金額93.1億美元，增長8.7%，實際利用台資31.2億美元，下降7.7%，顯示台商對中國大陸投資指標低於境外投資增幅。兩岸統計的反差及中國大陸吸引台商投資增幅低於外商總體投資增幅，主要是由下列原因造成的：

1.愈來愈多的台商通過海外離岸金融中心對中國大陸投資

近年來，維爾京群島、開曼群島與百慕達等對中國大陸投資迅速增加，且均已進入中國大陸境外投資的前十名，其中大部分是台灣企業。為了防止台灣

政府的限制與打擊，或者爲了企業自身利益，台灣許多企業尤其是大企業不斷通過在國際離岸金融中心成立投資控股公司的方式，而後再對中國大陸投資，在一定程度上都降低台商投資的統計金額。

2.不少台商改以港商名義對中國大陸投資

由於兩岸關係的不確定性和不穩定性，使台商在中國大陸的投資行爲與模式亦產生作用，有些台商開始以港商名義對當地投資，使得中國大陸統計的台商實際投資情況失眞。

3.宏觀調控，一定程度上影響台商對中國大陸的投資佈局

2004年，中國大陸當局爲防止經濟過熱特別是投資過熱現象，而採行宏觀調控政策，限制鋼鐵、水泥等產業投資、緊縮銀行信用，已成爲影響當地經濟活動的最重要舉動，儘管不會對台商到中國大陸投資產生根本性影響，但也衝擊到台商的投資佈局。

4.部分台商南向政策取代西進投資

2004年中國大陸投資環境發生明顯變化，尤其是在經濟發達或台商投資較爲集中的沿海地區發生歷史上少見的電力供應緊張局面，嚴重影響台資企業的營運活動與台商的投資意向；另外，許多國家不斷對中國大陸產品出口採取反傾銷政策，此影響以加工出口爲主的中國大陸台商發展，例如十多家從事家具生產的台資企業因受美國反傾銷措施影響，轉而向越南發展，王永慶的台塑集團也曾公開邀請台灣塑膠下游企業集團到越南投資，帶動台商赴越南投資的熱潮。

台商投資行為的四種新動態

從以上的大環境背景下，台商在中國大陸的投資行爲亦出現新的動態發展：

1.投資產業格局朝高科技電子產業、基礎產業與服務業集中

2004年，台商投資產業居前五位分別爲電子電器製造、基本金屬製造、非金屬製造、化學品製造與塑膠製品製造等，合計佔投資總額的72%，投資產業

內銷內貿 領商機

集中度再次反彈升高，主要與台商在高科技產業的投資增加有關。以IT產業為主的高科技產業仍是台商在中國大陸投資的重心，筆記型電腦、手機、半導體、家電、光電等IT產業繼續加大在當地的投資，有些產業如筆記型電腦的生產線全部轉移到中國大陸生產。台商對中國大陸基礎產業領域的投資出現重大發展，中國大陸宏觀調控政策並未影響台商對中國大陸水泥與鋼鐵等嚴控產業的投資計畫，反而繼續加大這方面的投資，且多項重要投資項目獲得批准。此外，台商還看好中國大陸電力緊缺的商機，加快在中國大陸的電力投資，而且逐漸成為一種新的熱潮。另外，由於中國大陸在第三產業領域的市場開放加快，台商對商業、物流、教育、醫療等第三產業投資增多，但投資規模仍相對較小。

2.投資區域延續「長三角」與「珠三角」為投資主體

依台灣統計，台商在江蘇、上海、廣東與浙江等地投資金額合計佔對中國大陸投資總額的85%。不過，由於「長三角」與「珠三角」地區電力供應緊張，勞動力工資快速上升，以致台商和外商投資增長速度下降；另一方面，在勞動力與土地成本依舊偏低，能源電力供應卻相對有保障的遼東半島、山東半島、江西、四川、重慶等地區，台商投資明顯增加。

3.投資規模擴大，上市上櫃企業成主流

在中國大陸市場競爭日趨激烈與投資標準不斷提高的情況下，台灣中小企業在中國大陸投資優勢不再，有實力的台灣上市上櫃企業在中國大陸投資比例持續上升。依台灣統計，到2004年上半年，在中國大陸投資的台灣上市公司達462家，佔上市公司總數638家的72.4%；在中國大陸投資的上櫃公司達274家，佔上櫃公司總數467家的58.7%，充分顯示上市上櫃企業逐漸成為台商投資的主導企業。相應的，台商投資規模得以擴大，超過上千萬美元的投資項目成為普遍趨勢。

4.投資業務型態從生產製造朝研發中心邁進

台商對中國大陸投資已逐漸由過去的加工出口轉向以佔領當地市場為主，積極發展自有品牌並加快在當地設立研發中心的腳步，除IT產業普遍設立研發

中心外，台灣汽車大廠為因應台灣當局減少對汽車工業研發優惠的政策調整，逐漸與海外合作夥伴紛紛到中國大陸設立研發據點，例如裕隆汽車與日本日產汽車合作在廣州東風日產廠成立研發中心；國瑞與日本豐田在瀋陽與一汽集團合作興建研發中心；中華汽車在福建投資的東南汽車公司也計畫投資一億元人民幣設立研發中心；台灣福特六和汽車與中國大陸長達汽車在重慶合資設立研發中心。

4 台商在中國大陸投資當地化的演變與影響

近年來由於整個大環境的改變，使台灣和中國大陸在彼此經貿關係上受到不同層面的影響，因此台商赴中國大陸的投資型態也隨之變化。

台商到中國大陸投資，至今不過短短十多年，由克服進入障礙，轉移企業資源，進而開始經營管理的當地化，目前雖仍是一個現在進行式，但過程的進展速度確實比大家想像中的快且驚人。未來，隨著兩岸的經貿往來更頻繁、三通的開放，種種因素只會更加速台商投資當地化的趨勢。

其實從去（2004）年本研究的調查即發現，台商赴中國大陸投資的件數與金額、產業類別、產業結構，直到在中國大陸分佈的地區、使用的資源層次、投資策略以及中國大陸市場在台商心中的定位等，其中的行為變化未來只會更加在地化，只會更深入。圖4-1是將本研究整理出的「台商在中國大陸投資的十二大行為變遷」彙整且萃取出其中最主要的概念，即「台商在中國大陸投資的當地化」。

採購當地化的演變與影響

台商到中國大陸基於成本、準時供貨及便於管理的因素考量，採購當地化是必然的趨勢與選擇。此外，加上中國大陸政府當局「國產化」政策的推動，配合其所採取17%加值營業稅、高低不同關稅優惠和購買當地貨可退稅等措施，採購當地化的趨勢是格外明顯與快速。表4-1為台商採購當地化的驅動因素。

首先，生產製造在中國大陸市場已成為國際性的競爭。由於世界級的廠商

◆圖4-1　台商在中國大陸投資的當地化趨勢

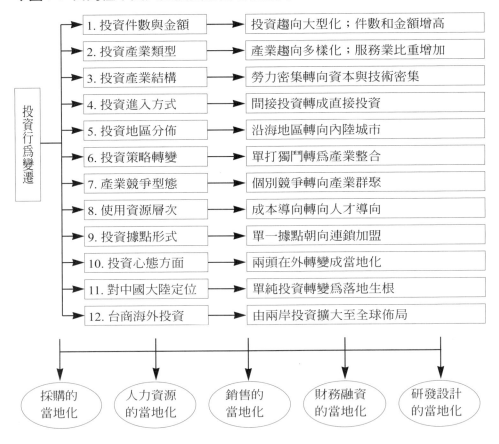

資料來源：本研究整理

■表4-1　台商採購當地化的驅動因素

趨勢	驅動因素
採購當地化	1、價格競爭 2、中國大陸的原物料和零組件品質有提升 3、群聚效應的拉力 4、外商IPO亦移到中國大陸

資料來源：本研究整理

內銷內貿領商機

都到中國大陸進行採購與投資，凡在中國大陸設廠的投資者勢必大量生產以及薄利多銷，演變到最後即價格競爭和微利時代的來臨，尤其中國大陸加入WTO後此趨勢更顯著。

其次，台商競爭對手逐漸由台商擴大到中國大陸本土廠商與外商投資者。台商原本只向台商採購原物料和零組件，但隨著台商外移，初期是留在台灣的廠商與中國大陸台商競爭，漸漸演變成中國大陸台商和中國大陸本地商的競爭。此外，中國大陸本土商在當局政府的保護傘下，結合其創業精神，雖產品品質略差於台灣廠商，但價格和速度上的考量，使台商逐漸提升向其採購。

再者，中國大陸有群聚效應的拉力，使台商加速將原本留在台灣的採購比例外移，最後不但使台灣有產業空洞化的危機，亦影響母公司員工的就業機會。依許多台商表示，台灣母公司很多都仰賴中國大陸市場的盈餘而生存，且如果採購維持在台灣對整個營運和競爭力是不利的。因此，可想而知，未來有愈多的製造業會在中國大陸產生群聚效應。

最後，外商IPO（國際採購組織）亦逐漸從台北移到深圳與上海，這樣的現象會減少台灣對中國大陸的外銷與貿易順差，改變兩岸分工的型態，亦會加速產業體系的整個外移。

029

人力資源當地化的演變與影響

台商到中國大陸投資就是看到當地質優價廉的人力，隨著台商企業規模與業務的擴展，其人力需求不但增加，所需的人力資源層次亦提升。但值得注意的是，雇用更多人力之時，台幹人力也漸漸被精簡和取代，當兩岸薪資待遇仍有差距而人力素質卻漸漸相近時，台幹的優勢與機會勢必會減少。

此外，人力當地化還有其他面臨的問題，例如中國大陸幹部逐漸爬升至管理幹部的主體，他們的價值觀與企業文化會受到中國大陸本土思維的影響，很多決策的利益考量會以中國大陸為出發點，像採購對象會增加中國大陸本地商，台灣母公司管理和控制中國大陸子公司的權力會愈來愈小與困難度會日益增加。此種趨勢是無法避免，但卻是台商應考慮的。

內銷內貿 領商機

銷售當地化的演變與影響

眾所皆知，中國大陸是二十一世紀全球最具潛力且最閃耀的明星，因其成長快速和無窮商機，使許多投資者獲得了可觀利潤，但也增加其中營運風險和競爭壓力。一開始，台商以三來一補方式營運，隨著多年投資，經過九七金融風暴、中國大陸加入WTO、中國大陸第三代胡溫體制的過渡，台商已熟悉中國大陸投資環境。因此，傳統產業、高科技業、服務業、金融業、物流配銷業等，無不群向中國大陸市場，以致台商內銷比例不斷升高，似乎也是台商進一步生存發展、再創高峰的必經之路。

近幾年，台商由沿海華南地區，轉向華東大上海地區、華北、甚至西部地區，均是銷售當地化與熱中內銷市場的表現。其中，部分製造業除外銷廠外，會另設專營內銷市場的工廠，以消除租稅上的困擾。許多台商也開始在中國大陸各省市開創通路、自創品牌、設立物流管道；有的還結合台、外商百貨公司、量販店以及大賣場，其中速度較快的，即自行設立旗艦店，倡導加盟或連鎖體系，以期建立完整的物流供應系統。

同時，以內銷為主的如汽車業，亦將其分期付款、售後服務、安全維護以及物流配套廠商召集起來，連袂到中國大陸投資。這樣的環境下，金融、保險、證券業亦都動起來，可見中國大陸的魅力所在。

不過，內銷中國大陸市場說起來容易，執行面卻是問題一籮筐。中國大陸市場一向充滿風險，除各地方政府保護主義外，經銷商不負責任、貨款追收不易、行銷廣告費用昂貴、人事不易管理、通路佈建成本高、產品被仿冒困擾、各地方消費習性有差異等都是台商內銷市場最常碰到的困難。因此，拓展內銷市場是要投入大量成本、耐心與詳細規劃，才有成功的可能。

財務融資當地化的演變與影響

早期台商的機器設備多有免稅的優惠，加上三來一補模式，台商在中國大

陸未實際購買廠房土地，因此對中資銀行的公營特質，看見台商也都是愛理不理，此時期台商的融資空間是壓縮極致。但在九七金融風暴後，中國大陸政府對金融機構呆帳嚴格整頓、台商機器設備要繳關稅、台商陸續購置廠房與土地、各地方政府重視招商政策，且重量級上市上櫃的台商注入，整體台商實力才大為提高。

加入WTO後，中資銀行迫於競爭情勢以及資金的寬鬆，對台商服務更加禮遇，這也促使台商願意與其往來。有些高科技廠商會運用集體談判或中衛體系相互保證聯貸，向中資銀行爭取更多優惠；而中資銀行也會採取國際聯貸的方式，與外商銀行合作，爭取績優的台商客戶。

研發設計當地化的演變與影響

技術研發與設計是企業競爭的基石所在，一般台商是不會太快且輕易在中國大陸推動。然而，由於外商的開放作法以及港澳商、中國大陸本土企業的努力，研發設計早已在中國大陸萌芽，目前台商也逐漸隨波逐流、順應情勢，充實其在中國大陸的開發設計能力。

高科技廠商亦有同樣壓力，現在外商在產品的設計與技術研發上都已與中國大陸的生產線連線，許多資訊電子新產品的研發的合作專案都跳過台灣，直接與中國大陸合作。雖然晶圓代工、IC設計、封裝測試等目前仍是台灣技術領先，但中國大陸方面亦不敢懈怠，努力發現更好的學習機會，例如許多美國矽谷廠商和創投公司都想到中國大陸發展，而中國大陸當局也不斷撥經費支援，借助政府力量將外商和中資廠商結合起來，共同研發產品。

未來，兩岸在技術能力方面的差距會愈來愈小，中國大陸工廠也逐漸有獨立抗衡條件，如果台商再以為研發優勢會長久留在台灣，這是昧於事實，亦是無憂患意識且無危機感的。總之，中國大陸的研發實力是相當驚人，台商如何在兩岸分工上再做更合理務實的安排，的確是不能忽視的課題。

內銷內貿 領商機

031

第二篇

前景與趨勢——
內銷內貿炒熱商機

5 中國大陸內銷與內貿市場現況與展望

中國大陸自1979年改革開放迄今已25年，前十年中國大陸從社會主義體制摸索如何改革開放，各種實驗性質的財經政策在各地推動。中國大陸在1979年改革與開放以前，是一封閉、高度集中的社會主義計畫經濟體制，改革開放之後，隨著市場經濟的逐步發展，金融體制也進行了大幅改革，中央銀行體制確立，各類金融機構紛紛設立，金融市場逐漸形成，監理機制與法規也日趨完備，而隨著中國大陸的加入世界貿易組織，原先的體制與市場將會有更多的改變。

對於台灣而言，在1980年代，面臨工資和土地價格大幅上漲，成衣和家用電器等勞力密集型產業已難以在本地經營，亟需移往海外發展。而東南亞和中國大陸工資相對便宜很多，成為台灣對外投資的對象，許多台灣中小企業前往這些地區投資製造。再由於當時中國大陸生產製造成衣、家電產品的原材料缺乏，須從台灣進口，促進台灣成衣及家電上游產業的出口的蓬勃發展，也使台灣由過去以勞力密集生產的經濟型態，轉向以資本密集生產為主的經濟型態。

1990年代以來，台灣不但進一步由資本密級產業發展成以半導體等資訊與通訊科技產業為主的經濟體，在政治方面也首度出現總統直選的民主制度。雖然辜汪會談似乎讓兩岸營造一些友善的氣氛，可惜的是千島湖事件的發生，以及中國大陸對台灣的文攻武嚇，沖淡此一氣氛。惟台商對中國大陸的投資受這些事件的影響有限，仍繼續前往投資，且規模愈來愈大，技術層次也愈提愈高。有鑑於此，政府遂有「戒急用忍」政策的出現，對大規模及顯目的投資事件產生短暫的抑制作用，但前往中國大陸投資的總金額還是繼續增加。原因在

於台灣本身市場有限，對外投資是必然趨勢，而中國大陸的低廉工資、廣大的市場和積極的招商態度，成為吸引外來投資的重要因素（周濟，2004）。

中國大陸與台灣雖近在咫尺，但兩岸之間的經濟貿易關係卻長期處於幾近隔絕的狀態。直到1979年，中國大陸實行改革開放政策，國際關係也發生了重大變化，中國大陸與台灣之間的密切聯繫在凍結了三十年之後，終於開始朝著正常經貿交往的方向發展。基於兩岸經濟貿易互有需要的基礎，近20年兩岸經貿關係的發展出現了樂觀的局面。1979年兩岸貿易總額還不到1億美元，20年後的1999年，兩岸貿易總額已超過230億美元，增長了300多倍。目前，中國大陸已成為台灣第二大出口地。

80年代中國大陸改革開放後，兩岸經貿交流從無到有日益密切，近二十年來呈現出逐年增長的良好勢頭。海峽兩岸之間的經貿交流往來，歷經二十年依然歷久彌新，常盛不衰，之所以形成這種令人欣慰的局面，其中絕不是簡單的經濟因素所能夠左右的。中國大陸這股欣欣向榮的氣息，就連美國總統布希也都深深體會到了，布希在演說中也不忘加以肯定中國大陸改革開放的經濟成就，他特別提到1979年到北京看到每個中國大陸人的服裝都一樣，「但現在高興穿什麼就穿什麼」，突顯美國自由經濟體制已在中國大陸出現，並藉此期許中國大陸繼續朝著開放的方向發展。

近二十年來，兩岸經貿交流成果顯著，營造了兩岸互利雙贏的局面，這一可喜局面既有利於中國大陸，更造福於台灣。隨著海峽兩岸加入WTO等有利因素的不斷擴大，兩岸經濟交流合作將進一步深化、密切。目前，兩岸企業界、科技界人士正著手制定和落實兩岸多領域、全方位的密切交流合作，以加速科學研究開發成果轉化為商品化、產業化、國際化的進程，實現海峽兩岸產品、產業、市場結構和研究開發等領域更加緊密的合作。

內銷內貿 領商機

035

6 中國大陸市場內銷與內貿法規分析

內銷內貿
領商機

036

近年來，中國大陸已一躍成為受全球各大生產廠商矚目的新興消費市場，台商也由原先專注外銷的型態，轉而漸漸重視中國大陸本地的內銷市場。過去不論是直接銷售或透過貿易商、代理商銷售產品或服務，甚至是作為國際主要大品牌主要的代工廠，台商一直是以打入歐美等先進國家的市場為主。這些累積十年已十分熟悉的作業方式，台商是駕輕就熟的。可是中國大陸對台商而言，卻是一個全新的市場。雖然在表象上，台商在中國大陸並無語文的隔閡，實質上因中國大陸才剛開始與國際社會接軌，其社經文化與台商所習慣的台灣社會或是國際社會的社經文化均大有不同。同時，中國大陸當局對法令規範的執行能力原本就有待加強，而新法令又更迭不已，變動過快，更重要的是其商業運作慣例仍未成形；因此，許多的未定因素時而影響外商的正常營運，令許多外商均深感不確定的風險甚高。

中國大陸法律上對於內銷的定義

內貿權的開放，是中國大陸經濟改革重要的里程碑，也帶給台商無限的機會。根據統計，中國大陸自從2004年7月開放外貿權及去年12月開放內貿權，半年間新設貿易公司高達35,000家（工商時報，2005年3月3日）。未來台灣農工特產在中國大陸拓展銷售會加速，並朝服務業方向發展，而貿易的後勤服務，如律師業、金融業等，將有必要在中國大陸設點服務。與貿易有關的融資服務，不久未來會更進一步開放。最近，中國大陸商務部已於2005年2月3日公佈《外商投資租賃業管理辦法》，並自2005年3月5日起施行（李永然，2005）。

內銷內貿 領商機

　　有關中國大陸對於內銷權的最新規定，係根據《中華人民共和國中外合資經營企業法》（2001年3月15日修改）第十條規定之鼓勵合營企業向中國大陸境外銷售產品。出口產品可由合營企業直接或與其有關的委託機構向國外市場出售，也可通過中國大陸的外貿機構出售。合營企業產品也可在中國大陸市場銷售。

　　此外，根據《中華人民共和國中外合作經營企業法實施細則》第十二條規定，合作企業合同應當載明「產品在中國大陸境內銷售和境外銷售的安排」。同時，該實施細則第四十一條規定「合作企業銷售產品，應當按照經批准的合作企業合同的約定銷售」。

　　同時，根據《中華人民共和國外資企業法實施細則》（2001年4月12日修訂）第四十三條的規定，外資企業可以在中國大陸市場銷售其產品，國家鼓勵外資企業出口其生產的產品。

　　綜合上述內容可知，中國大陸截至目前頒布有關外商投資的基本法律法規中均已經明確。外商生產企業，無論其採用合資、合作或獨資方式設立，在其經大陸政府批准並登記成立後，對於其生產的產品均有權在中國大陸國內市場銷售，即取得內銷權利（即「自產自銷」）。

　　依照中國大陸相關規定，所謂生產企業的內銷權利，均僅侷限於銷售該企業自己生產的產品，因此，在中國大陸工商行政管理部門登記、核准的生產企業經營範圍中常見有「生產××產品，銷售自產產品」之內容。換言之，生產企業依法無權銷售其他企業的產品。

　　外資生產企業生產的產品在中國大陸境內銷售，其銷售行為必然是受到中國大陸法律的規範，也必須是符合相關法律法規的規定。這就是說外商生產企業在行使內銷權時，受到中國大陸法律和法規的必要的管理和限制。總體而言，這些管理和限制主要表現在兩個方面：

1、生產銷售特定產品的事前審批和銷售許可

　　此處的事前審批和銷售許可，是指在設立生產與經營某些特定產品的生產企業之前，為設立該生產企業而需辦理的審批手續、在企業生產該等特定產品

前，應該辦理的批准手續以及企業在銷售自己的產品之前，需要符合的條件或獲得的許可等等。這些事前審批或銷售許可，都是因為生產銷售有關特定產品而受到中國大陸政府的特定管制。實際上此類管制不僅適用於外商生產企業，同樣適用於中國大陸本地的內資企業。

2、受限制的產品類別

特定產品受流通領域國家專營的限制，中國大陸政府對於關係到國計民生的重要商品或其他特殊的商品，長期以來一直實施國家專營的政策；不僅在中國大陸長期施行計畫經濟體制的時期是這樣，即使到中國大陸進入改革開放後，仍維持了對部分商品的國家專營政策。所謂國家專營是指商品的生產企業生產的產品只能銷售給國家指定的企業，透過這些企業所構建的由國家控制的商品流通通路銷售給最終的消費者。一般而言，受到中國大陸專營控制的產品，包括農業產品和農具品、石油原油和成品油產品、煙草製品、藥品等。這些產品的生產商無法直接建立自己的銷售通路，向最終消費者銷售產品。

設立各類型企業註冊資本最低限額要求

依據中國大陸《外商投資商業領域管理辦法》規定，外商投資商業企業註冊資本最低限額須符合《公司法》有關規定（即批發企業：人民幣50萬元；零售企業：人民幣30萬元）。許多台商以為只要註冊資本50萬人民幣或30萬人民幣即可設立批發、零售外商投資企業，而紛紛提出申請，但卻無法如願，關鍵在於台商對註冊資本最低理解有所誤差。

中國大陸對於不同類型的外商投資企業，規定不同的註冊資本最低限額，例如：根據中國大陸商務部頒定的《外商投資商業領域管理辦法》，批發型外商投資企業的註冊資本最低限額為人民幣50萬元，而零售型外商投資企業的註冊資本最低限額是人民幣30萬元（目前公司法正在修改，可能進一步降低最低註冊資本限額的要求）。但另外亦規定，企業的註冊資本應與企業經營規模相適應，因此不論公司法是否修改降低註冊最低限額，中國大陸相關主管部門都

將針對不同的特定行業，另外規定註冊資本最低限額要求。

由商務部審批通過的獨資貿易、零售公司中，可以發現註冊資本差異很大，有的依公司法規定，註冊資本僅50萬人民幣，例如：豐星（上海）貿易有限公司；也有的註冊資本高達1000萬美元，例如：尼康映射儀器有限公司。因此，註冊資本只是通過審批的必要條件，並非唯一條件。

中國大陸自2004年12月11日開放外資申請設立獨資貿易、零售項目，開放四個月以來，根據中國大陸商務部及上海市外資委公佈的第一批可跨足中國大陸零售、批發市場的外商名單顯示：在上海已有16家外商獨資貿易、零售項目獲商務部批准。其中大部分是日資、歐美等知名跨國企業。台灣通過申請的，目前只有長華新技一家，長華新技成為首家取得批發零售權的台商。上海長華新技是一家中外合資的半導體封裝材料及設備通路商；該公司是IT材料通路商，其上海的母公司是上海怡康化工材料有限公司，也是一家中外合資公司。未來三年內，商務部仍是審批中國大陸內銷零售批發權的唯一機關，因此，與當地商務機關及中央商務部打交道，是台商取得獨資內貿權的重要關鍵。

根據中國大陸公司法（2004年8月修定），有限責任公司的註冊資本不得少於下列最低限額：（1）以生產經營為主的公司為人民幣50萬元；（2）以商品批發為主的公司是人民幣50萬元；（3）以商業零售為主的公司是人民幣30萬元；（4）科技開發、服務性公司為人民幣10萬元。特定行業的有限責任公司，註冊資本最低限額需高於前款所定限額的，由法律、行政法規另行規定。

以下各類型公司註冊資本最低限額的要求，還是得以外資審批部門和工商行政管理部門確認的最低限額為裁定標準；近期中國大陸將公佈新修改後的公司法，屆時內資公司註冊資本的最低限額需參考所新修定的公司法。但是，有部分屬於特定行業者，即使公司法修改，仍屬於特定行業的有限責任公司，其註冊資本最低限額需高於公司法所限定額度。

中國大陸公司法草案已經國務院常務會議通過，並提交最高立法機關全國人大常委會議審議，全國人大常委會審議法律案，一般要經過常委會三次會議審議後，才能交付表決，由常委會全體組成人員的半數通過。在一般情況下，

內銷內貿 領商機

039

全國人大常委會每兩個月舉行一次會議，因此，新公司法出爐，尚須再經4月及6月舉行的會議，方能最後表決通過，預計在2005年8月份審議通過後，可頒布實行。

　　公司法草案降低了公司設立的門檻，修定草案取消了現行公司法按照公司經營內容區分註冊資本最低限額的規定，將以生產經營為主和以商品批發為主的公司，註冊資本最低限額為人民幣50萬元；以商業零售為主的公司，註冊最低限額為人民幣30萬元；以科技開發、諮詢、服務性公司的註冊最低限額為人民幣10萬元，修改為有限責任公司的註冊資本最低限額降至人民幣5萬元。修定草案規定：1名自然人或是1個法人投資設立的有限責任公司，為1人有限責任公司，註冊資本最低限額為人民幣10萬元。

商業領域的經營範圍

　　依照中國大陸《外商投資商業領域管理辦法》的規定，允許設立外商投資商業企業的範圍，是指從事以下經營活動的外商投資企業，包含了以下幾種：

1. 傭金代理：貨物的銷售代理商、經紀人或拍賣人或其他批發商通過收取費用，在合同基礎上，對他人貨物進行的——銷售及相關附屬服務。

2. 批發：對零售商和工業、商業、機構等用戶或其他批發商的貨物銷售及相關附屬服務。

3. 零售：在固定地點或通過電視、電話、郵購、互聯網路、自動售貨機，對於供個人或團體消費使用的貨物，銷售及相關附屬服務。

4. 特許經營：為獲取報酬或特許經營費，通過簽訂合同授予他人使用其商標、商號、經營模式等。

　　所以，依據上述的規定，外商投資商業企業在中國大陸的投資可以從事以下經營範圍：

1. 從事零售業務的外商投資商業企業：（1）商品零售；（2）自營商品進口；（3）採購國內產品出口；（4）其他相關配套業務。

2. 從事批發業務的外商投資商業企業：（1）商品批發；（2）傭金代理（拍賣

除外）；（3）商品進出口；（4）其他相關配套業務。

3. 外商投資商業企業可以授予他人以特許經營方式開設店鋪。外商投資商業企業經批准可以從事以上一種或幾種銷售業務，其經營的商品種類應在合同、章程有關經營範圍的內容中註明。

對於該辦法，除注意「商業領域經營範圍」的規定外，還應注意有些「特殊商品」的經營在該辦法中還有特別規定，例如：1.外商投資商業企業經營圖書、報紙、期刊，應符合中國大陸《外商投資圖書、報紙、期刊分銷企業管理辦法》；2.外商投資商業企業經營藥品，應符合國家有關藥品銷售的管理規範。具體實施辦法由「商務部」另行制定。

中國大陸市場開放規定

中國大陸自改革開放以來，1979年就頒佈了第一部外商投資的法律，但直到1990年代初（1992年 5月經國務院批准，9月企業正式成立），才允許成立第一家中外合資商業零售企業－上海第一八百伴有限公司。根據《國務院關於在浦東興辦中日合資商業零售企業有關問題的批復》文件的內容，以及與此同期頒佈的《國務院關於商業零售領域利用外資問題的批復》文件的內容，可以發現，在這個階段，中國大陸政府僅將外商投資商業流通領域作試點性質的開放。

中國大陸零售市場開放的政策，是希望透過漸進、循序、高質量的外資引進，促成中國大陸零售業的發展。中國大陸允許外資進入流通和零售領域，近年來，以專賣店形式建立的合資零售企業更是蓬勃發展，外國的零售企業通過合資、控股、合作、併購、管理技術移轉等方式，相繼在深圳、廣州、上海、北京、天津等各大城市佈局，也都獲得良好的業績，參見圖6-1。

中國大陸自2001年12月11日加入WTO，至2004年底已經滿三週年，這三年可說是中國大陸入世後的保護期。三年多前，中國大陸加入WTO，承諾利用三年的過渡期，實現商品流通業的全面對外開放，而現今世界五十大跨國零售企業中的絕大多數已經進入中國大陸市場，即使是處於西南經濟圈的重慶，

內銷內貿 領商機

041

◆圖6-1 中國大陸零售業開放階段

第一階段	**1992年7月以前** 禁止設立獨資或合資的零售、批發企業
第二階段	**1992年7月** 關於商業零售領域利用外資問題的批復
第三階段	**1993年3月以前** 國務院批轉國家計委關於全國第三產業發展規劃基本思路的通知
第四階段	**1995年6月以前** 指導外商投資方向暫行規定及外商投資產業指導目錄
第五階段	**1995年10月以前** 試辦中外合資連鎖商業企業
第六階段	**1996年9月以前** 試辦中外合資對外貿易企業
第七階段	**2001年12月以後** 中國大陸流通業的入世承諾及中美協議

資料來源：本研究整理

也吸引了眾多外資知名零售企業紛紛進駐。

　　就商務法規而言，2004年7月1日通過《對外貿易法》，企業申請經營由審批制改為備案登記制；2004年12月11日通過《開放外商在中國大陸獨資從事貿易和零售業務》；2005年3月1日通過《紡織品出口自動許可暫行辦法》；2005年3月5日通過《外商投資租賃業管理辦法》；2005年1月1日通過《外商投資產業指導目標》，將批發、零售和物流配送列為鼓勵類；2004年6月1日通過《實施外商投資商業領域管理辦法》；2005年10月1日更將通過實施《零售業態分類》，食雜店、零售、批發、可授予他人以特許經營方式開設店鋪（高孔廉，鄧岱賢，2005）。

7 中國大陸市場內銷及內貿發展之困境、障礙及應變方式

中國大陸雖有十幾億的人口、市場廣大、發展潛力無窮，但實際上賺錢者大多為OEM加工或純外銷公司，而在中國大陸內銷市場上賺到錢的台商卻是少之又少。想要攻佔中國大陸市場的台商多是慘遭虧損或是獲利不豐或許有短期的獲利機會，但長期下來能被看好的企業，目前也是只有檯面上幾間較知名的大型企業。

中國大陸市場的迷思與困境

在大家一窩峰進入中國大陸市場投資時常常只看到表面的市場訊息，卻忽略到進入中國大陸市場常會產生的迷思與問題：

1、龐大的人口並不完全等於購買力

中國大陸市場最為人所津津樂道的就是龐大的人口數。人們往往會把中國大陸人口數和購買力畫上等號，總認為中國大陸有幾十億的人口，就應該有幾十億人的購買力，實則不然。當然，也並非大陸人沒有購買力，而是企業應該先了解大陸人的購買習慣和風格。大陸人許多的購買習慣並不同於我們，因此對於他們購買行為甚至會令人覺得詫異。舉例而言，中國大陸嬰兒車的價格多半在三、四百元人民幣左右，但是也有價值上千元的高級品，依據市場調查結果顯示，高級嬰兒車在鄉村地區的銷售量比都市好，政府機關及學校附近的銷售量也比商業區高。原因在於大陸人購買高級嬰兒車並不是自用，而是拿來送禮的。所以，當我們在看中國大陸市場時，並不能只光看人口數就對他們的購買力妄下斷語，而是要依個別產品市場的不同來做判斷。

2、中國大陸並非單一市場

一般人總喜歡把中國大陸當成是一個單一市場，事實上，這種想法是個很嚴重的錯誤。許多到中國大陸投資的台商，常會妄想在中國大陸設一個廠牌就要打進全中國大陸市場，這絕對是不可能的事情。光是在台灣這個小島上都已經有南北差異，更何況是面積比台灣大上200多倍的中國大陸？最基本的，就有沿海或沿江及內陸之間的差異，所以應該依據產品的性質、各地方的不同來劃分市場區域。就如統一企業在投資中國大陸的初期，也就是把中國大陸當作是一個單一市場，進而套用在台灣的經營策略，因此而遭到挫折，目前已進行全面調整。所以，台商應切記中國大陸型與海島型市場的差異。

3、外匯儲備金額表面上增加並不等於外匯實際可運用增加

在1991年鄧小平南巡之前，中國大陸的外匯存底只有300多億，現在卻迅速的增加到1,400多億。乍看之下，中國大陸的經濟成長似乎很快速，但事實並非如此，這只是些帳面上的數字而已，中國大陸的經濟實力不見得有如此顯著的進步。另外，我們必須把中國大陸1,000多億外債也列入考慮，還有在香港發行的股票吸金以及2,000多億的外資等，都有可能使我們高估中國大陸的外匯存底，進而對中國大陸的經濟力量做出錯誤的判斷。這和日、台、新加坡無外債、有海外鉅額投資、民間持有巨額美金的情形，外匯存底表達的意義是不可相提並論。

4、中國大陸開放的是政府政策，而非法令上的全面放寬

中國大陸這幾年在經濟上的作風似乎逐漸開放，但這些都只是中國大陸的政策，而不是法令。政策和法令的差別在於，法令是要行之久遠，必須要盡力維持的；而政策只是一時的方向，是可以說改就改的。加上中國大陸的政策常常不定期轉變，因此，在投資中國大陸的時候不要被一時的政策所蠱惑。如最近的傳銷執照發照才展開，卻在一夕之間就已不符國情而宣布全面禁止，使得投資巨額者如安麗、雅芳等企業面臨極大的問題。

5、重視中國大陸地方主義塑造成的行銷障礙

中國大陸是個充滿地方主義國家，每個地方的人都以靠近上海為榮，自然

也就看不起離上海遠的都市，可見地區之間的障礙是相當大的。而這樣的障礙使得台商所習慣的管理行銷方式，將不適用於中國大陸，台商們必須另謀方式來適應中國大陸這種特殊的地方環境，以夷制夷，打入各地，突破地方主義的行銷障礙，因此結合當地人是必要的手段。

6、通路未成熟所造成的投資疑慮

中國大陸的市場開發還是這近十幾年的事，市場的通路並未達到完善的境界。在中國大陸的台商往往不太敢託中國大陸人經銷，因為常常會有收不到錢的情形，但要把企業做到收現款的地步卻又相當不易。另外，中國大陸人的逃稅問題，中國大陸的廠商幾乎每一家都想逃17.5%的貨物營業稅，而台商雖然也有以中國大陸人頭逃稅的情形，但較中國大陸廠商的少，且有被逮的危機，加上地租也較中國大陸人貴3到5倍等種種問題，都是通路上的障礙。如非法暴利、競爭的不公平，皆造成外資許多不利。

中國大陸投資的潛在障礙

台商佈局中國大陸，仍不免產生諸多問題。包括：中國大陸本身投資環境的問題、因投資佈局而導致的互動性問題等。

1. 應收帳款回收問題：中國大陸內銷倒帳嚴重，宜掌控信用，以免應收帳款變成呆帳。

2. 商品調度不易，造成存貨積壓：中國大陸幅員廣闊，鋪貨通路長，以致商品調度不易，容易造成囤積存貨。

3. 觸法風險：若同時兼營內外銷，內外銷之原料與倉儲必須明確區隔，且不得互相調度挪用，以免造成海關認定走私受罰；又所有海內外商標必須在中國大陸當地重新註冊、取得合法地位，以免觸法。

4. 外匯管制，利潤不易匯出：雖然台商表示另有管道不成問題，但地下管道具有風險，仍應提防。此外，過去的台灣接單中國大陸出口，以及在租稅天堂設立控股公司再轉投資中國大陸子公司，藉由海外控股公司上市上櫃回收投資利潤（創投的做法）等均是變通的方式。

5. 產能審核管制：中國大陸為保護其本國產業，外資企業之產能擴充計畫，必須事先申請，並經過核准才能生產。企業本身不能自由依市場狀況，隨時擴充產能。

6. 遭受仿冒與價格競爭嚴重：中國大陸員工學習力強，業者宜掌控自身關鍵技術，以免遭到仿冒、價格競爭與人員流失之風險。

7. 官商勾結下，增加企業投資成本：為免誤蹈法網，台商應遵守當地法令，必須尋求協助時，多利用台商協會等正常管道以解決問題，切勿輕啓「走後門」之念。

8. 各省之間政策執行面規範不一，且相互競爭：跨越省際之行銷佈局，必須特別注意地區間的差異性。

9. 要能適應不同地區特質：開發較早之華南及華中地區，員工薪資較高，且流動性高；對於技術性產業的佈局，有技術外流、不易累積的風險。又華中地區較華南地區具法制化，台商在華中佈局宜遵守法律規定，不宜以華南地區的經驗為之。

10. 中國大陸政策轉移快速：廠商佈局中國大陸在評估優惠政策時，宜考量政策轉移的風險。

　　關於加入WTO對兩岸中小企業之影響，中國大陸學者與台商均表示總體面所受的影響不大。而且在實質上，2002年赴中國大陸投資仍可不受限於「國民待遇」規範之要求。但自2003年起，所有進入中國大陸投資之外商皆一視同仁。故在2002年投資中國大陸者，仍可能爭取到一定程度的優惠待遇，這可能也是何以台商有恐落人後和必須爭取先機以掌握投資優勢的緣故。

中國大陸內銷市場關鍵行銷策略

1、掌握十倍速的市場決策

　　目前的市場競爭已經發展到「只有贏家通吃的時代」。如果一個企業無法進入市場前10名，就無生存的空間；如果一個企業無法進入該行業前四強，就很難賺取利潤。因此，台商應該運用「十倍速的戰略決策」，儘快佔領中國大

陸市場，縮小與跨國企業及中國大陸本土企業的差距，否則就不是賺不賺錢的問題，而是別人讓不讓你生存的問題。

2、市場先行，帶動產業同步發展

當台商制訂了拓展中國大陸內銷市場的戰略目標後，首先應考量如何實現這些目標，也就是應三思而行，考量達成這些目標所應具備的條件。即利用SWOT，充分運用自己的優點，規避自己的缺點，將不利因素轉化為有利因素，並排除各種外在威脅，把握住稍縱即逝的機會。

針對上述分析清楚後，需立即作出正確的決策，然後開始行動。一般而言，考量這些情況之後，若有六、七成的把握，就可以開始行動，因為做任何事情不可能都沒有風險的，畢竟沒有風險的市場，是永遠不存在的。

在中國大陸資訊產業發展過程中，技術要素、營運要素、市場要素、資金要素及機遇要素等五大要素，是決定一個企業生存和發展的的關鍵因素。台商在拓展中國大陸內銷市場初期，並不可能具備上述五大要素，因此，應依據自身的條件，採取「以市場先行，帶動產業同步發展的戰略」。

3、搶佔產業制高點

台商在擬定市場策略時，可採用大策劃、大手筆、大動作，而且創意要高，才能在眾多競爭廠商中，脫穎而出。此外，台商可透過與跨國企業合作，成為戰略合作夥伴，共同進軍中國大陸市場，並採用搶佔制高點戰略的作法。例如：資訊廠商與其花數倍的精力拓展中國大陸中小企業，還不如攻下一家大型企業或某一行業，在主戰場上出擊，如此才能樹立台商的形象，而且大型國有企業資金雄厚，才能得到市場巨大的回報。這就是台商搶佔制高點的戰略。因為中國大陸目前的電腦使用重點，還是以大型國有企業為主導，而非中小企業，因此台商不能本末倒置。

4、借力使力、優勢互補

企業在快速發展過程，往往會面臨自身實力及資金不足的問題。此時有兩種途徑可走，一種是量力而行，放慢發展的腳步；另一種方式是學三國演義孔明「草船借箭，巧借東風」或站在巨人的肩膀上求發展。也就是透過不斷調

內銷內貿 領商機

047

整、優勢互補。例如：同創與大慶油田兩家公司合資成立「大慶同創信息產業基地」，就是一家有錢、有資金，另一家有產品、有市場，因此，雙方一拍即合。1997年七月，英特爾公司高層到中國大陸訪問，提到年產100萬台電腦的信息產業群合作構想，沒想到四個月後，同創信息產業群已經建立完成。這種「合」字當頭，「利」在其中的作法，正是台商所應學習的。也就是做生意不要完全以自己的利益爲中心來思考，否則只是淪爲「精明而不聰明」，應採取「有錢大家賺，大家有錢賺」的雙贏戰略。

5、建立快速反應的時間成本

資訊行業的發展快速，因此「時間成本」因素是最重要的。而且時間與成本是有極大的關係。因此，資訊產業若不掌握時間成本，必敗無疑。這也就是爲何美國戴爾公司能夠異軍突起的最主要原因。美國戴爾公司利用全球網路，掌握零組件的庫存，並根據接單後生產，在7天之內完成客戶所下訂單的生產及交貨。由於週轉期的縮短，不僅降低成本，提升競爭力，而且使得市場佔有率提高，並因此提升客戶滿意度。

同樣地，台商應透過「普遍設點，全面開花」，在全國各地生產的模式，並透過網路掌握各地的設計、採購、生產、庫存、運輸及銷售情形，以達到資源共享、資訊共享來降低成本。因此，台商欲拓展中國大陸內銷市場，需建立高效快速反應運作體系。

6、逆向思考

中國大陸企業有一個普遍的現象，就是「一窩蜂」。看到什麼能賺錢，就上什麼項目，例如彩色電視機、VCD機、微波爐、洗衣機。結果產能過剩，造成供過於求，使得產品積壓，企業血本無歸。台商在制訂市場策略時，應根據未來的走向及趨勢，來判斷及進行決策，不要盲從隨波逐流。甚至台商可以考慮逆向思考、逆向操作，以達到出奇制勝的目的。例如：大家都認爲中國大陸的電腦製造廠，無法與跨國企業競爭時，中國大陸資訊廠商卻採取逆向思考說：「別人下馬，我們上馬」。事實證明，中國大陸資訊廠商對市場的洞察力及對未來發展的前瞻預測，確有獨到的過人之處。

7、動態管理模式

資訊產業是在高速發展中前進，如果一味的追求規範化的管理，將限制各級主管的權限，過分強調作業流程，就有可能限制企業的快速發展。而且一個制度，從形成、制訂到正式導入實施，至少需要一年的時間才能達到落實。因此，台商應採取「扁平化的組織」，以減少管理的掣肘。此外，應按照市場商戰的發展需要，靈活地隨時調整組織及制度，可能三個月一小變，六個月一大變。台商若欲掌握市場及競爭對手動態，應將行銷中心設在北京，以作為攻打市場的前線指揮中心，來達到動態管理的功能。此一種組織設計模式，必須發揮台商靈活彈性的創意和機動性及默契良好的團隊，才能彌補制度的不足。

8、全力保護名牌

中國大陸改革開放後，各行業崛起了實力雄厚的企業，無一不是靠創名牌發展起來的。台商康師傅能夠快速發展，其關鍵亦是靠名牌戰略。在市場經濟下，「創名牌難，保護名牌更難」。台商欲拓展中國大陸內銷市場，除了堅持走樹立名牌的道路外，更應著重於保護名牌。

內銷內貿 領商機

049

第三篇

TEEMA模式——
西進路的指引燈

8. 研究背景、動機與目的

8 研究背景、動機與目的

　　「台灣區電機電子工業同業公會」（Taiwan Electrical and Electronic Manufacturer's Association；以下簡稱TEEMA）為企業調查中國大陸市場提供完整的中國大陸投資資訊，從2000開始連續五年委託學者林震岩（2000）、林祖嘉（2001）、呂鴻德（2002）、陳麗瑛（2003）、呂鴻德（2004）進行「中國大陸地區投資環境與風險調查」報告，其成果除受台商重視外，亦是中國大陸各級政府考核地方官員的重要參考訊息。

TEEMA模式權威建立

　　TEEMA五年來，集合產、官、學、研之智慧，整合各地台商會之力量，融合最前沿的調查分析技術，符合信度與效度的學術要求，秉持客觀、中立之原則，公平、公正之態度，使得「中國大陸地區投資環境與風險調查」在所有對中國大陸的研究調查報告中，樹立權威之地位。建立良好之信譽，為賡續第一期之五年計畫成果，並基於追求卓越、臻於完美的TEEMA企圖，2005年的調查報告，將以建立TEEMA模式為重心，希冀能與全球競爭力調查的IMD、WEF模式齊名，使TEEMA報告成為投資中國大陸的指針，提供整體、系統、價值的資訊，為台商企業布局中國大陸發揮導航之效；亦是日本、新加坡、馬來西亞等亞太地區等地企業家投資中國大陸必須參酌之書籍。

　　本次調查除延續前五年的研究成果外，將以建構一個具有國際水準的TEEMA調查模式為重心，具體而言，本次計畫的主要目的有下列六端：

　　1.構建TEEMA模式的信度與效度

為使調查結果周延和嚴謹，本研究以「兩力」、「兩度」模式為核心，「兩力」乃是指「城市競爭力」和「城市環境力」；而「兩度」則是指「投資風險度」和「台商推薦度」，藉由這四個變項（variable），建構一個「城市綜合投資實力」這個構念（construct），換言之，「城市綜合投資實力」是由「城市競爭力」、「城市環境力」、「投資風險度」、「台商推薦度」四個衡量變項所組成，而每個變項再由數個構面組成，今年之研究將首先側重衡量構面的「建構效度」（construct validity），希望經由相關研究模式的文獻回顧（literature review）以及學者專家德菲法（Delphi Method）的收斂，探討出最適宜的構面和指標。當然隨著台商企業進入中國大陸投資考量因素的推移，台商側重的投資環境重心，亦會有所差異。因此，今年度將重新建立評估構面的權重（weight），以符合時代的需求，以及台商關切的重心。

2.針對台商投資密集的中國大陸內地城市，進行環境風險評估

延續過去五年之執行成果，今年將針對台商投資較為密集且未來具有發展潛力的內地城市進行「城市競爭力」、「城市環境力」、「投資風險度」、「台商推薦度」的評估調查，最後經由權重的換算，排出台商心目中最具有「城市綜合投資實力」的排行榜，並依「極力推薦、值得推薦、勉予推薦、暫不推薦」四個等次，做為台商投資中國大陸地點選擇之依據，以利台商之「安心、安全、安穩、安樂、安康」的經營。

3.針對台商特定關切主題，進行深入分析符合台商個性化投資需求

本次調查除延續過去五年「兩力」、「兩度」以及最後「城市綜合投資實力」等五項排行之外，將針對台商關切主題進行排行，諸如：

1.當地政府行政透明度城市排行；

2.當地對台商投資承諾實現度城市排行；

3.解決當地台商經貿糾紛程度最優城市排行；

4.當地台商人身安全程度最優城市排行；

5.最適合從事內銷市場城市排行；

6.最適宜服務業投資城市排行；

7.最適宜IT製造業投資城市排行；

8.當地台商企業獲利程度最優城市排行；

9.當地金融環境自由化最優城市排行；

10.當地政府歡迎台商投資的熱情度排行。

以上十項的「特別指標」可將對台商問卷調查之結果，選擇出台商最關切的十大議題做為最後的評估項目。

4.深究台商經貿糾紛案例之始末，以為後續台商投資之借鏡

為了能夠深入瞭解投資環境與投資風險的經貿糾紛案例，本研究曾舉辦過有關中國大陸台商經貿糾紛座談會，會中從投資合同糾紛、貿易糾紛、人身安全、智慧財產權糾紛、品牌糾紛、合資糾紛等從業者及政府的角度深入剖析，並將台商所面對的糾紛案例依相關類別彙總12到15家的案例，以為兩岸經貿糾紛案例及解決改善之重要參鑑，此部份仍是延續本系列研究由2000到2004這五年間的經貿糾紛部份。

5.深入訪談台商協會會長剖析目前當地之投資環境與風險評估

本研究除實證研究之外，擬與台商協會會長進行深度晤談，以實際探討目前赴中國大陸投資的台商經營現況，瞭解其赴中國大陸投資時，所面臨到的投資環境，及親身體現之投資風險，進而深入瞭解目前於中國大陸投資之台商所面對的優劣勢。以為未來及目前投資中國大陸之台商企業，剖析中國大陸之投資環境及風險，並擬定出中國大陸投資之最佳配適策略。

6.完善研究報告以發表「中國大陸地區投資環境與風險白皮書」

有鑑於中國大陸市場對區域乃至於全球經濟的影響力與日俱增，「中國大陸因子」已成為台商企業面對全球化競爭下最重要的考量因素之一；如何掌握中國大陸市場的先機，增加投資獲利的可能性，成為企業下一步成長的關鍵所在。因此，本研究之最終目的，在於建構出一個完整的中國大陸地區投資環境與風險之研究模式，將整體調查與分析流程系統化，並且透過逐年之比較，以及台商在中國大陸經營案例的實務驗證，提升研究成果之價值。往後本研究將以每年一次發表中國大陸地區投資環境與風險白皮書為目標，建立本研究之公信力。

第四篇

尋找優質城市 —
由沿海向內陸持續發展

9 中國大陸城市總體競爭力分析

本章延續過去五年：林震岩（2000）、林祖嘉（2001）、呂鴻德（2002）與陳麗瑛（2003）、呂鴻德（2004）之研究，針對中國大陸各調查城市，以及各省市與區域，利用相關之次級資料，對其總體投資環境進行系統性分析。

總體環境競爭力分析

依據國際競爭力發展歷程，進入廿一世紀的新紀元後，國際競爭力延續了廿世紀90年代的全球化和資訊技術、高新產業的快速發展，進而促進了世界主要國家和地區創新體系的形成，以及社會結構優化調整，邁入第三階段。國際貿易的發展即是最佳之驗證：世界之主要經濟體，明顯區分為歐盟、北美及亞洲，顯示區域整合發展競爭力之趨勢。推及中國大陸城市，即說明整體提升區域競爭力之重要性。

中國大陸人民大學競爭力與評價研究中心研究組（2003）自瑞士洛桑管理學院（IMD）衍生國際競爭力之定義，即在世界經濟大環境下，各國或各地區間進行綜合比較創造增加值和國民財富持續增長的系統能力。

因此現今總體環境的變化大自國家，小至區域、城市都處於競爭狀態，如何獲取外在資源，結合本身核心能力，衍生強化競爭力，係現今重要探討課題之一。

一、國家競爭力分析

國家競爭力是經由多面向關係的結合而展現出的一種綜合性國家實力的表

示。IMD（1996）對國家競爭力的定義為：「一個國家在其經濟與社會結構中，透過操控（manage）原有稟賦和創造附加價值的程序（prcesses）、對內吸引力和對外開拓力，以及國際型和國內型（proximity）經濟，來增加附加價值，並進而增加國家財富的能力」。從這個定義可以得知國家競爭力的表現，就是在增加國家財富的能力，也就是WEF（1996）所謂的「一個國家能夠永續高經濟成長（高生活水準）的能力」。

國家競爭力的表現方式包括對內及對外兩方面，對內方面，必需善用自然資源、土地和人口等既有稟賦，同時更要增進創造附加價值的程序效率。對外競爭方面，則需考慮吸引力（attractiveness）和開拓力（aggressiveness）的運用，吸引力是指國內經營環境是否健全，能否吸引外國資本及技術人才的流入，同時鼓勵本國企業繼續在國內投資與經營。

■表9-1　近六年中國大陸國際競爭力排名

項目＼年度	1998年	1999年	2000年	2001年	2002年	2003年	2004年
總體排名	21	29	30	33	31	29	24
（1）經濟運行	3	4	5	7	3	2	2
（2）政府效率	19	31	32	35	30	22	21
（3）企業效率	32	34	37	40	43	46	35
（4）基礎設施和社會系統	30	35	34	39	35	41	41

資料來源：World Competitiveness Yearbook，1998-2004，IMD.

由表9-1顯示，在IMD的《世界競爭力年鑑》中，2004年中國大陸國際競爭力在60個國家和地區中位居24位，位次比上年提升5位，國際競爭力明顯增強。中國大陸國際競爭力大幅提升，是宏觀經濟運行、政府效能、企業效益和基礎設施四個要素共同作用的結果。除基礎設施的國際競爭力位次未變外，其餘三項的國際競爭力位次都有不同程度的上升。如在經濟績效、政府效率、企業效率和基礎設施四個要素排名中，中國大陸排名最前的是經濟績效（第2），

排名最後的是基礎設施和社會系統（第41）。政府效率和企業效率要素的排名分別是第21位和第35位。

　　然而雖然近年來，中國大陸的國際競爭力整體水準不斷提升，但中國大陸由於地域廣闊、人口眾多，經濟發展的城鄉、地區差異很大，從極端貧困到中等發達，發展水準不一。按照Poter的理論，中國大陸的經濟發展總體上處於從「要素驅動」向「投資驅動」過渡時期。WFF列出了企業家在開展商業活動過程中可能面臨的主要問題，而IMD更指出了中國大陸整體競爭力提升的路徑，關鍵即在於金融改革與制度創新，所得到的啟示如下所述：

　　在被調查的中國大陸企業家中，有17%的人認為，在中國大陸開展商業活動面臨的最大問題因素是獲得金融支持。這說明，加速金融改革、完善金融市場是一項迫切任務，如果解決不好就會影響到企業的正常經營和長期發展，進而影響到國家的競爭實力。IMD在中國大陸所做的企業家問卷調查也得出了類似的結論，企業家普遍感受到了金融市場發展滯後的約束。從戰略的眼光來看，整體、穩步推進金融市場的改革是目前中國大陸經濟發展面臨的一個巨大挑戰。

　　除了當前最緊迫的金融改革問題之外，接下來的三個問題都與政府活動有關，低效的官僚機構、政策缺乏穩定性、腐敗都是影響企業家做生意的重要問題。由此看來，繼續推進政府管理體制改革很有必要，要通過改革增強政府辦事效率，要繼續提高政府行為的透明度和可問責性，保持政府政策的一致性和連續性，加大力度控制腐敗的蔓延勢頭。IMD的競爭力分析結果也表明，推動中國大陸競爭力提升的一個重要原因就是在改善國家治理方面採取了一系列措施。今後，應該按照十六大的部署，擴大政府管理體制改革力度，並穩步推進包括政治體制改革在內的國家治理改革，將改革「常態化」，避免矛盾的過度積累，變被動改革為主動改革。

　　儘管在很多人眼裡，中國大陸經濟的最大要素稟賦是勞動力資源豐富，可還是有9%的企業家認為，很難在市場上找到合格的勞動力。也就是說，中國大陸的勞動力數量雖多，但勞動力素質很低，不符合企業家的要求，勞動力市場存在著嚴重的結構缺陷。IMD的評比結果也表明，在教育領域，基礎教育和

職業教育（尤其在農村地區）存在著嚴重問題，如何解決事關國家發展大計。此外，制約中國大陸企業開展商業活動的另一重要因素是基礎設施匱乏，這是發展中國存在的普遍問題。繼續推進政府投融資體制改革、加大基礎設施建設力度，也是今後的一項重要的長期任務。

從後面幾個問題來看，政府的不穩定性（政變）、通貨膨脹、犯罪與盜竊活動都不是影響企業家做生意的主要問題，這說明中國大陸在保持政治、經濟和社會穩定方面的成績還是比較突出的，正確處理改革、發展和穩定之間的關係一直是中國大陸政府關注的重點。

從長遠來看，創新是發展的原動力，不應該一味地吃「後發優勢」的老本，要立「進取」之新功。在經濟發展的各階段之間，不可能出現沒有緣由的飛躍，經濟發展的階段調整都是從量變到質變。毫無疑問，只有創新國家/地區才能在世界競爭格局中引導潮流，立於不敗。中國大陸的發展方向也是要躋身創新國家之列，必須從現在做起，完善創新制度、培養創新精神。

依據上述，中國大陸整體競爭力所面對的挑戰整理如下：

1.金融改革問題；

2.政府管理體制的問題；

3.勞動力市場存在著嚴重的結構缺陷；

4.基礎設施匱乏；

5.應建立完善創新制度、培養創新精神。

總括來說，中國大陸經濟強勁且沒有出現宏觀經濟不平衡，反映宏觀經濟環境穩健。報告更指出，中國大陸若要提高競爭力，更需要全面開放、整頓商業規例，以增強整體競爭力。

二、城市競爭力分析

根據2004年《中國大陸城市競爭力報告》顯示，在中國大陸城市綜合競爭力排名中，如果按照200個城市的比較資料計算，居於前10位的依次是上海、北京、深圳、廣州、蘇州、杭州、天津、寧波、南京、溫州，最後10位依次是

晉城、宿州、鐵嶺、巢湖、宣城、漢中、保山、亳州、延安、池州。毫無疑問中國大陸最具競爭力的城市多位於三大都市圈內。東部沿海某些省份的一批地級市競爭力較強，提升也較快。

在本次研究中，綜合競爭力指標由人才本體競爭力、企業本體競爭力、生活環境競爭力、商務環境競爭力4大類指標綜合而成，按50個地區比較資料計算，各分項指標的排名狀況依次如下。

■表9-2　2004年中國大陸城市綜合競爭力排名

排名	2004年綜合競爭力	人才本體競爭力指標	企業本體競爭力指標	生活環境競爭力指標	商務環境競爭力指標
1	上海	北京	上海	上海	上海
2	北京	深圳	北京	北京	北京
3	深圳	廣州	深圳	深圳	廣州
4	廣州	上海	蘇州	廣州	深圳
5	蘇州	蘇州	廣州	東莞	天津
6	杭州	廈門	南京	南京	武漢
7	天津	溫州	天津	佛山	南京
8	寧波	鎮江	東莞	天津	杭州
9	南京	常州	中山	蘇州	重慶
10	溫州	佛山	惠州	杭州	瀋陽

資料來源：中國大陸城市競爭力報告（2004）
表格：本研究整理

根據表9-2總體上看，人才本體競爭力比較好的是特大城市和大城市，小城市相對較弱，同時一些中小城市如溫州、鎮江、常州、佛山等擠入全國人才本體競爭力前10名中，說明隨著城市經濟發展水準提高，加大了對人才體系的建立，為城市可持續發展提供了條件。而人才本體競爭力指標由健康水準指數、知識水準指數、技術水準指數、能力水準指數、價值取向指數、創業精神指數、創新意識指數、交往操守指數8個指標綜合而成。

而企業本體競爭力指標則由企業文化、治理結構、組織管理、戰略控制、研發設計、生產過程、行銷服務、競爭優勢8項組成。

生活環境競爭力主要由經濟吸引力和社會凝聚力加以體現，分別由私人消

費和服務、基礎設施品質、衛生教育基礎設施品質、城市自然環境、就業機會、司法環境、制度環境、文化氛圍、政府服務九個指標組成，總體來看，特大、大城市及風景宜人的城市生活環境競爭力較強。

最後，商務環境競爭力分為硬環境競爭力和軟環境競爭力兩個方面，在硬環境競爭力中主要通過要素為資源環境、產業關聯、區位及當地需求、基礎設施四大因素來體現，而法制與文化環境、市場競爭與開放環境、政府管理服務、政府行銷戰略則是商務軟環境競爭力的核心因素。

此外，由中國大陸國家統計局城市社會經濟調查總隊、中國大陸經濟景氣監測中心、中國大陸資訊報社共同舉辦的2003中國大陸綜合實力百強城市資訊發佈會暨《中國大陸城市巨變》大型歷史畫冊首發式在北京人民大會堂隆重舉行。上海、北京、深圳、廣州、天津、南京、大連、杭州、瀋陽、哈爾濱躋身綜合實力前10位。此次中國大陸綜合實力百強城市資訊發佈是首次對中國大陸地級以上城市（包括地級）的綜合實力進行全方位的綜合評估，由國家統計局城市社會經濟調查總隊根據城市人口與勞動力、經濟、社會、基礎設施、環境等5個一級大指標，19個二級子系統，50個三級小指標體系綜合評定。

百強縣綜合實力強勁，國富與民富兼顧，充滿活力，既各具特色，又均衡發展，為縣域經濟的發展樹立了優秀的榜樣。百強縣具有以下特點：

1. 經濟總量可觀，綜合發展水準較高，在國民經濟中佔有重要地位

根據2004年分縣統計結果，百強縣國土面積僅占全國全部縣域面積的1.3%，人口占全部縣域的7%，但國內生產總值占到全部縣域的23.5%，財政總收入占到33.5%，城鄉居民儲蓄存款餘額占到24.5%。

全國百強縣2004年縣域平均GDP總值達到人民幣163億元，平均財政收入為人民幣17.6億元，其中地方財政收入為人民幣8.6億元。與上年相比，百強縣的GDP總量增長了19%，財政總收入增長了26%，其中地方財政收入增長35%。以人均GDP衡量，前十強及部分百強縣的經濟發展水準接近甚至超過京、津、滬以及江、浙、粵等地級以上城市的平均水準。

按匯率換算，前十強及部分百強縣的人均GDP達到5,000美元左右，接近中等收入國家。以購買力平價換算，人均GDP接近中上收入國家。

2. 人民生活水準迅速提高

百強縣2004年人均GDP為人民幣2.4萬元，人均財政收入人民幣2,600元，人均農民純收入人民幣5,400元，人均在崗職工工資收入人民幣1.6萬元。其他指標如通訊設備擁有率、高中入學率等也已達到小康水準。

3. 基礎設施得到極大改善，城鄉一體化進程加快

近年來，隨著高速路網的建設，許多百強縣與大都市的距離縮短到2小時之內，成功納入大都市經濟圈。縣域通訊設施、市政建設、環境美化也達到很高水準，公路密度達到0.82公里/平均公里，每百戶擁有電話109門，每百戶擁有民用汽車9.8輛。城鄉一體化進程明顯加快。

4. 投資活躍，出口強勁，發展充滿活力

2003年，百強縣均完成基本建設投資17.9億元，縣均貸款餘額人民幣112億元，實際利用外資總額達到1.5億美元，分別比上年增長73%、37%、46%。縣均出口總額達到6.5億美元，比上年增加了41%。

5. 經濟結構調整取得較大成效

2003年，百強縣非農產業增加值比重達到91.6%。農林牧漁勞動力在所有勞動力中的比重為38.4%。規模以上企業個數達到37,344家，銷售收入達到2萬2千億元。在經濟結構調整過程中，百強縣一般都確立了自己的強勢產業，從農產品加工業到製造業，從普通工業到高科技產業，百強縣根據自身條件，各顯身手，競爭力明顯提升，產生了一大批著名企業和著名品牌。

6. 城鄉統籌發展走在前列，三農問題得到較好解決

百強縣的另一個特點是，城鄉統籌發展得到切實的貫徹落實，部分縣初步實現農村城市化、農業產業化、農民居民化，農村教育、衛生事業全面發展，基本普及高中教育，農村社會保障體系初步建立，三農問題得到較好解決。

表9-3則指出了2000~2010年中國大陸50城市競爭力增長指數，我們可由上表的預估看出上海、深圳、珠海、北京、廈門、廣州、溫州、蘇州、烏魯木齊、紹興等十個城市，在未來的幾年仍舊具相當的競爭力的城市。

中國大陸各城市總體競爭力分析

建立總體競爭力評估架構與指標後，本研究首先進行中國大陸各城市之總體競爭力分析。調查城市之樣本預先定為144個，在考慮評估資料之完整性後，我們在這144個城市中選取資料齊備的115個城市樣本，進行總體競爭力分析。其中，依加權分數之高低，將其分為A至E五個等級，本研究與過去五年之研究作一比較，如表9-4所示。

一、中國大陸城市競爭力排名近六年之分析

由表9-4顯示六年間城市各自之排名均有所變動，各級城市之競爭力分析如下：

二、A級城市之競爭力分析

A級城市方面，共計14個城市，其排名和呂鴻德（2004）之研究做比較，前五名的城市仍舊為上海、廣州、北京、天津及深圳等五個城市，只是排名上略有變動。而上海本身位於長江三角洲，以豐富資源為背景，加上政府積極投入建設及改善投資環境，所以今年依舊維持在第一名。除此之外，上海自從改革開放以來，上海地區國民經濟保持快速增長，綜合經濟實力顯著增強。2004年上海實現生產總值5408.76億元，在這50年來增長將近77倍。進入90年代，上海緊緊抓住開發浦東這一歷史性的發展機遇，深化改革，擴大開放，積極開拓，實現了人民經濟持續、快速、健康發展，國內生產總值已連續9年保持

■表9-3　2000～2010中國大陸50城市競爭力預測增長指數

地區	2000~2010年增長指數	排名	2000~2003年增長指數	排名	2003~2005年增長指數	排名	2006~2010年增長指數	排名
上海	14.17	1	24.83	2	10.79	3	14.19	3
深圳	14.04	2	5.78	42	13.40	1	20.82	1
珠海	11.73	3	6.88	36	11.13	2	14.88	2
北京	10.81	4	18.60	4	7.60	11	9.93	10
廈門	10.66	5	13.53	8	9.24	5	12.51	5
廣州	9.30	6	7.82	31	7.69	9	13.36	4
溫州	8.92	7	31.49	1	0.02	48	8.29	26
蘇州	8.75	8	14.47	7	6.04	22	10.06	7
烏魯木齊	8.69	9	5.57	43	9.43	4	9.15	15
紹興	8.67	10	18.16	5	5.31	35	8.94	17
杭州	8.65	11	11.65	12	6.91	13	10.12	6
蕪湖	8.5	12	11.30	16	8.23	6	6.84	40
惠州	8.37	13	8.17	28	8.03	7	9.26	12
西安	8.31	14	21.52	3	4.90	41	5.97	49
秦皇島	8.28	15	10.81	17	7.78	8	7.46	35
寧波	8.22	16	11.50	14	6.26	16	9.94	9
南寧	7.88	17	8.41	26	7.64	10	7.77	30
威海	7.77	18	11.70	11	5.86	25	9.13	16
天津	7.76	19	9.14	23	6.51	14	9.21	14
大連	7.68	20	11.36	15	5.89	23	8.79	21
金華	7.67	21	12.51.	9	5.85	26	7.88	28
濟南	7.63	22	10.34	20	6.21	18	8.82	20
中山	7.62	23	7.85	30	6.15	20	9.98	8
嘉興	7.49	24	12.27	10	4.87	42	8.92	18
福州	7.28	25	8.25	27	6.44	15	8.48	25
瀋陽	7.14	26	10.48	19	7.51	28	7.93	27
南京	7.06	27	6.27	38	6.18	19	8.77	22
無錫	6.87	28	9.31	21	4.64	46	9.23	13
青島	6.84	29	8.67	25	5.43	34	8.59	24
鎮江	6.80	30	7.98	29	5.88	24	7.72	31
常州	6.76	31	5.04	45	6.25	17	8.66	23

煙台	6.59	32	10.67	18	4.77	44	7.70	32
泉州	6.52	33	3.73	48	6.19	21	8.83	19
長沙	6.43	34	7.01	35	5.67	29	7.58	33
台州	6.42	35	9.15	22	4.82	43	7.86	29
淄博	6.37	36	8.92	24	5.16	38	7.19	38
佛山	6.34	37	-0.20	50	7.33	12	9.80	11
哈爾濱	6.20	38	6.02	39	5.81	27	7.03	39
石家庄	6.07	39	7.14	34	5.46	33	6.68	44
南通	6.03	40	7.62	32	5.21	36	6.80	41
鄭州	6.01	41	5.86	40	5.55	32	6.76	42
徐州	5.72	42	6.39	37	5.10	39	6.18	46
合肥	5.71	43	5.34	44	5.64	30	6.04	48
南昌	5.57	44	7.60	33	4.52	47	6.16	47
武漢	5.46	45	2.43	49	5.60	31	7.39	36
重慶	5.46	46	4.98	46	5.18	37	6.34	45
長春	5.45	47	5.82	41	4.75	45	6.71	43
成都	5.4	48	3.75	47	5.06	40	7.49	34
東莞	3.87	49	11.52	13	-0.85	49	7.22	37
呼和浩特	-2.56	50	16.12	6	-10.88	50	4.24	50

資料來源：中國大陸競爭力報告2

065

10%以上的增長率，「九五」期間年均增速達到11.4%。

　　而廣州今年的名次上升了一名，和去年比較起來，是由於廣州在投資條件整體的表件上較去年進步許多，顯示廣州政府為吸引外商來當地投資，做了不少的努力，且這些努力也得到了相當的成效。此外，廣州是中國大陸沿海主要開放城市，加上由於珠江口島嶼眾多，水道密佈，有虎門、橫門、磨刀門等水道出海，使廣州成為中國大陸遠洋航運的優良海港和珠江流域的進出口岸。加上廣州又是京廣、廣深、廣三、廣茂和廣梅汕鐵路的交會點和華南民用航空交通中心，與全國各地的聯繫極為密切。因此，廣州有中國大陸「南大門」的之稱，故在交通網如此發達下，更容易吸引外資的投入。

　　北京今年度的排名則往下掉了一名排第三，這是由於今年北京在基礎條件

■表9-4　中國大陸城市競爭力近六年排名分析

組別	城市	本研究加權分數	2005年排名	2004年排名	2003年排名	2002年排名	2001年排名	2000年排名	近六年排名總分	總排名
A	上海	97.33%	1	1	3	1	1	2	9	1
	廣州	96.22%	2	3	1	2	3	4	15	2
	北京	96.19%	3	2	4	3	2	1	15	2
	天津	91.50%	4	4	8	5	5	5	31	4
	深圳	90.16%	5	5	2	4	4	19	39	5
	南京	88.02%	6	6	35	13	6	6	72	10
	武漢	86.35%	7	16	--	14	11	18	82	14
	蘇州	85.19%	8	11	31	12	7	3	72	10
	大連	85.12%	9	9	5	9	13	10	55	7
	瀋陽	84.94%	10	10	7	10	8	16	61	9
	青島	84.62%	11	8	6	8	12	8	53	6
	杭州	84.21%	12	7	17	7	9	7	59	8
	成都	81.49%	13	13	9	13	21	11	80	12
	濟南	80.40%	14	14	13	15	18	23	97	16
B	佛山	79.18%	15	20	45	25	16	51	172	28
	寧波	79.15%	16	12	22	11	14	6	81	13
	長春	77.13%	17	17	20	28	31	28	141	20
	福州市區	74.88%	18	22	20	21	17	29	127	19
	廈門	74.43%	19	18	13	19	15	28	112	17
	無錫	73.84%	20	15	10	17	10	15	87	15
	哈爾濱	73.60%	21	21	15	16	25	26	124	18
	煙台	72.31%	22	23	24	26	--	--	147	23
	重慶市	71.92%	23	19	53	18	24	9	146	22
	鄭州	71.87%	24	36	21	29	26	35	171	27
	長沙	70.81%	25	26	16	27	39	27	160	25
	西安	70.68%	26	24	12	23	27	30	142	21
	昆明	69.22%	27	28	18	24	47	34	178	30
	東莞	68.72%	28	27	27	30	20	43	175	29

B	常州	68.51%	29	30	26	34	23	25	167	26
	石家莊	68.04%	30	25	40	22	22	12	151	24
	溫州	66.31%	31	31	48	32	33	14	189	32
	淄博	65.78%	32	39	39	--	--	--	227	37
	唐山	63.89%	33	29	56	28	29	31	206	34
	太原	63.62%	34	38	39	35	40	36	222	36
	珠海	63.61%	35	32	19	33	19	49	187	31
	紹興	62.35%	36	33	87	37	35	23	251	44
	蘭州	61.27%	37	52	67	42	46	42	286	50
C	中山	59.93%	38	40	41	39	32	44	234	39
	泉州	59.74%	39	35	33	40	31	56	234	39
	烏魯木齊	59.59%	40	43	25	38	41	47	234	39
	南昌	58.34%	41	45	34	59	52	39	270	47
	嘉興	57.87%	42	53	84	41	--	--	302	53
	東營	57.73%	43	51	38	--	--	--	246	42
	大慶	57.31%	44	34	32	31	--	--	203	33
	南通	57.08%	45	42	36	43	45	17	228	38
	濰坊	56.71%	46	44	54	44	42	20	250	43
	徐州	56.52%	47	37	69	36	38	24	251	44
	威海	56.12%	48	46	58	48	30	41	271	48
	合肥	55.76%	49	47	43	50	51	45	285	49
	鎮江	55.40%	50	41	46	45	34	39	255	46
	鞍山	55.24%	51	49	30	--	--	--	220	35
	包頭市	54.35%	52	66	52	61	53	59	343	61
	貴陽	54.31%	53	54	37	51	57	48	300	51
	惠州	54.16%	54	55	42	49	43	58	301	52
	揚州	51.17%	55	50	55	60	50	33	303	54
	呼和浩特	49.65%	56	70	57	--	--	--	354	64
	江門	49.16%	57	48	61	46	36	57	305	55
	吉林	48.17%	58	60	66	57	--	63	361	65

	湖州	47.85%	59	68	98	66	--	--	423	75
	南寧	47.84%	60	57	28	58	56	52	311	56
	江陰	46.84%	61	59	70	54	--	--	352	63
	洛陽	45.13%	62	61	51	53	58	50	335	60
	秦皇島	44.91%	63	69	49	74	--	--	403	72
	保定	44.84%	64	56	76	47	48	32	323	58
	邯鄲	43.70%	65	63	65	--	--	--	388	66
	蕭山	43.39%	66	75	--	65	--	--	411	73
	泰安	43.24%	67	67	85	69	59	46	393	68
	臨沂	41.89%	68	71	74	--	--	--	435	77
	柳州	41.45%	69	76	50	--	--	--	345	62
	泰州	41.25%	70	72	--	--	--	--	430	76
	宜昌	40.32%	71	64	62	67	--	--	398	70
D	常熟	39.82%	72	62	72	62	--	--	392	67
	汕頭	39.77%	73	65	44	55	44	37	318	57
	韶關	37.93%	74	86	87	--	--	--	508	90
	海口	37.77%	75	58	47	52	37	60	329	59
	盟成	36.95%	76	78	--	--	--	--	466	82
	蕪湖	36.76%	77	77	89	76	60	63	442	78
	銀川	36.66%	78	93	101	86	--	--	530	94
	湛江	36.64%	79	79	60	68	55	54	395	69
	大同	36.44%	80	82	71	80	--	--	473	84
	德州	34.12%	81	81	90	77	62	55	446	80
	漳州	33.91%	82	74	88	63	49	61	417	74
	棗莊	33.80%	83	91	80	--	--	--	494	86
	肇慶	33.37%	84	73	63	64	54	64	402	71
	攀枝花	33.24%	85	94	81	--	--	--	503	88
	襄樊	33.05%	86	90	95	82	--	--	517	91
	茂名	31.35%	87	83	--	--	--	--	502	87
	桂林	31.15%	88	84	64	79	66	62	443	79

	岳陽	31.11%	89	80	97	70	--	--	476	85
	宜興	30.59%	90	87	112	83	--	--	538	95
	衡陽	30.15%	91	88	92	78	--	--	505	89
	西寧	29.89%	92	99	94	90	--	--	555	98
	張家口	29.75%	93	85	86	75	65	53	457	81
	綿陽	29.46%	94	96	68	71	--	--	471	83
	十堰	28.62%	95	98	108	93	--	--	580	102
	齊齊哈爾	27.94%	96	95	83	81	--	--	517	91
	九江	27.82%	97	89	100	87	--	--	547	96
	海寧	26.89%	98	--	--	--	--	--	588	103
	牡丹江	23.57%	99	100	111	--	--	--	643	109
	莆田	23.03%	100	92	119	85	61	65	522	93
	梅州	20.92%	101	101	124	98	--	--	620	106
E	清遠	19.48%	102	106	123	92	--	--	607	104
	宜賓	19.45%	103	105	91	91	--	--	572	100
	阜新	19.13%	104	103	118	100	68	--	561	99
	開封	17.84%	105	109	115	97	--	--	620	107
	商丘	17.69%	106	107	105	99	67	--	551	97
	景德鎮	17.48%	107	110	102	89	--	--	586	102
E	四平	16.08%	108	102	129	96	--	--	627	108
	三亞	14.90%	109	104	116	94	--	--	611	105
	北海	13.31%	110	111	--	--	--	--	665	111
	潮州	12.97%	111	108	--	--	--	--	651	110
	黃山	11.76%	112	114	--	--	--	--	682	112
	河源	11.35%	113	112	127	--	--	--	733	115
	梧州	11.32%	114	113	121	--	--	--	711	114
	張家界	9.07%	115	--	--	--	--	--	690	113

資料來源：

1. 本研究計算整理呂鴻德（2004），陳麗瑛（2003），呂鴻德（2002）、林祖嘉（2001）、林震岩（2000）附註：1.本研究所使用之原始資料除蕭山、常熟、江陰、杭州部分數據取用自呂鴻德（2004）研究資料外，其餘資料來自中國大陸城市統計年鑑（2004）、中國大陸統計年鑑2004，以及各省市統計年鑑2004

2. 近六年排名總分，若不足六年度，則以既有年度為底數轉換為六年度。

3. 計算公式：加權分數＝（基礎條件）*20%+（財政條件）*10% +（經濟條件）*20%+（投資條件）*30%+（就業條件）*20%。

及整體投資環境的表現上，較不如以往，雖然其表現雖然依舊亮眼，但可能是受其他地區有更佳發展之影響，稀釋其吸引外商之優勢，而北京已獲得2008年之奧運舉辦權，相信往後其在整體的建設上，必定會有更亮麗的表現，這是我們將可以期待的。

　　整體而言，A級城市仍係以沿海、靠江及重要直轄市或都會城市為主，這些城市本身的各項的建設皆已十分完善，故能吸引大多數的外商進入投資。其中直轄市方面以上海、北京、天津等本身具有豐厚資源之古都，分居1、3、4名。其他城市包括廣州、深圳、南京、武漢、蘇州、大連、瀋陽、青島、青島、杭州、成都、濟南等，均為各省市省會及發展歷史重鎮，且多為台商本已聚集之地。

　　A級城市較去年而言變動不大，顯示因為原有之良好投資環境，配合地利，吸引外資進入而不斷發展進步，進而提升競爭力，創造更良好投資環境，外資受群聚效應、優秀投資環境吸引持續投入投資，成為良好循環。

B級城市之競爭力分析

　　在B級城市方面，共計23個城市。其排名和呂鴻德（2004）之研究排名比較。以鄭州、淄博、蘭州與呂鴻德（2004）之研究差異較大外，其他排名差異不大，升降不超過＋/－5名，其中尤其以鄭州及蘭州更為顯著，鄭州共上升了12名，而蘭州更由原本的52名上升到37名，共上升了15名之多。根據原始資料顯示鄭州在投資環境上，較往年而言有相當大幅度明顯的改善，也引起許多台商的注意。此外，鄭州擁有悠久的歷史、優越的區位和豐富的資源，使鄭州成為中國大陸重要的交通樞紐、著名商埠、中國大陸歷史文化名城、優秀旅遊城市和隴海蘭新經濟帶重要中心城市。如今的鄭州正站在新的起點上，向著建設全國區域性中心城市和社會主義現代化商貿城市的目標邁進。

　　而蘭州之所以會有如此大躍進的發展，根據中國大陸科技信息報導，在2003年和2004年兩年中，為了重點專案的發展，蘭州市投資470億元，對170個重大專案予以扶持，其中在建專案50個，新建專案120個。報導中並指出，這

批專案中，農、林、水行業專案有30個，投資人民幣22.6億元，主要有「引大入秦」節水灌溉工程、蘭州農村人口飲用水解困工程、蘭州市600萬畝生態防護林工程、蘭州市利用日元貸款節水灌溉工程等。工業專案41個，投資76億元。科技專案23個，投資人民幣27.8億元。社會事業項目49個，投資人民幣49億元，主要是蘭州市中小學危房改造校校通工程等。旅遊行業13個項目，總投資人民幣12.1億元，包括蘭州國際網球俱樂部、蘭州大西北商城等。故根據上述的報導，蘭州會有如此大的進步更是不容懷疑的。

自表9-5顯示，和去年比較起來B級城市除了蘭州、鄭州及淄博外，名次呈現上升的還有：佛山、福州、煙台、長沙、昆明、常州、及太原，這些城市多位於較發達省市之次級城市。表7-10也說明這些城市部分指標分數多數偏高，顯示當地政府致力於基礎條件、投資條件、經濟條件等改善投資環境有所成效。其中以落於B級城市主係因基礎條件或投資條件分數較弱影響排名。此可能係因政府資源仍係以主要城市為主，因此次級城市於此方面之評比自然較為薄弱。

和去年比較起來，B級城市中呈現下降的有寧波、廈門、無錫、重慶、西安、東莞、石家莊、唐山、珠海、紹興，其下降幅度為＋/－5名之內。故其下降幅度仍屬和緩。而其中下降五名的城市有佛山及石家莊。

導致佛山名次下滑的最大原因在於基礎建設條件方面較不如往年。根據次級資顯示佛山雖然在各項指標上皆略較去年進步，但和其他城市比較起來，其進步的幅度屬不大，故導致其名次沒有因為建設的進步而提升。此外石家莊則是由於經濟及整體的就業條件上表現較差所致，顯示當地政府應更積極改善其投資環境，並同時兼顧其他各條件之平均發展才是。

整體而言，從B級城市中可發現多屬於臨海省市之重要城鎮及內陸重要省會，顯示其地理環境及歷史發展仍有助於奠立現代化基礎，而B級城市中含有內陸都市，顯示中國大陸西進策略已有彰顯成效。

C級城市之競爭力分析

在C級城市中，共計34個城市。排名和呂鴻德（2004）、陳麗瑛（2003），

呂鴻德（2002）之研究及近六年度排名比較。與呂鴻德（2004）之研究比較，變動幅度超過10名者僅有嘉興、包頭等2個城市。其餘的變動皆在10名之內。而其中以包頭的變動為最大，而包頭市則由66名上升至52名，共上升了14名。

　　包頭市政府改掉舊有的目光短淺、狹隘的地區利益觀念等缺點，並由單向型思維轉變為複合型思維，使其在2004全市國內生產總值、財政總收入、城鎮居民人均可支配收入、農牧民人均純收入4項主要經濟指標的總量和前3項指標增加速度均居全自治區第一，並提前兩年完成了「十五」計畫目標。全市國內生產總值超過人民幣450億元，在2001年的基礎上增加了人民幣220多億元。就經濟總量來說，用2年的時間新增加了一個包頭。2004年的財政總收入完成50.2億元，比2001年增加人民幣21.8億元。全市規模以上工業實現增加值人民幣144.4億元，增長38.1％，占全自治區的28.3％。固定資產投資完成人民幣223.5億元，增長104％，占全區固定資產投資的20％。

　　在C級城市中可發現多數以中國大陸東半部之沿岸省市城市為主，和B級城市有所差異的是，這些城市大多偏往內陸；此外，屬較落後發展地區之省市省會與內陸省分之城市增加許多，由此可知，中國大陸開發策略欲地區平均化仍有成效，造成部分海岸城市之投資移往內陸城市之情事，未來內陸城市排名之提升仍有待觀察。其中應注意的是，部分C級城市排名仍未有明顯上升，也可能是受限於已發展城市（落於A、B級城市）吸引投資已經建立良好基礎以及先天自然環境之限制所致。

D級城市之競爭力分析

　　D級城市，共計30個。其排名和呂鴻德（2004）之研究及近六年度排名比較。少數城市排名有大幅度增減，而變動幅度＋/－大於10的城市有韶關、海口、銀川等城市。其中以海口的變動幅度較大且排名滑落了17名之多，除了城市本身的投資環境較無明顯改善外，可能係受到其他城市進步之影響所致。

　　D級城市中進步最大的為銀川，從93名進步到78名，共進步了15名之多，造成其進步的原因，根據銀川新聞網2005年7月11日指出近年來，銀川市提出

跳出銀川看銀川，立足全國看銀川，著力提升中心城市功能，營造一流發展環境，全面建設現代化區域中心城市，正是體現了博古通今、品位昇華的智慧和勇氣。

D級城市多屬各省市之次次級城市，且多集中於東北地區、華北地區、西南地區、華中地區等，和多數人對中國大陸區塊落後地區直覺相符，顯示中國大陸政府為何急欲推廣減少區域差異化。東北地區、華北地區多數城市基礎建設分數較其他指標高，排名上升，顯示中國大陸推行之西進效果略有成效。

E級城市之競爭力分析

最後，E級城市共計14個，其排名呂鴻德（2004）之研究及近六年度排名比較。與呂鴻德（2004）之研究之排名比較，並無較大明顯的變動，其排名+/－在6名之內，且與六年度排名比較亦沒有極大差異，排名升降不超過+/－9名。

部份E級城市為附屬於主要城鄉旁之城市，故影響了其發展。而由於部份城市受到資料之限制，亦對其排名產生了影響。

綜觀以上城市競爭力分析，仍係以直轄市、省市交會、航運發達交通便利之城市有較佳之投資環境，相符一般直覺。從與往年之研究比較，愈具競爭力之城市更容易形成良好之投資循環，致A級城市排名變動較少。

另外，本研究顯示中國大陸之西進開發策略已有成效，多數內陸城市排名均有所上升，但是分數仍舊不高，其未來之發展，是否受到其他城市採行策略、外商考慮投資因素、如何運用自身核心能力等之影響仍值得注意。

從上述排名中，發展重心仍偏屬西南沿岸，且偏北之城市排名有下降趨勢。此可能受本研究選擇之城市樣本有關，也有可能是因台商對中國大陸之投資選擇仍多考量地緣關係，以及各省縣市開發程度影響，此與上述良性循環之推論不謀而合。

中國大陸各省與直轄市總體競爭力分析

中國大陸省分及直轄市之詳細結果請見表9-5，茲將分析之結果，依照其

加權分數，每20分爲一級距，分成A、B、C、D、E等5組，如表9-5所示，而這五年變化如表9-6所示。

A級省市之競爭力分析

　　A級省市仍維持爲廣東、江蘇、山東、上海四個城市，和去年的名次比較，前四名的名次略做了更動，其中廣東由原先2004年排名第2上升到第1名，而上海則跌到第4名，其餘城市山東維持不變，而江蘇則因爲其今年整體各項指標表現都較去年進步許多，因此由去年的第4名又回升至第2名，顯示江蘇政府今年較去年而言，投入了更多的心力在提升其整體的競爭力。

　　而廣東省今年的名次上升至第1名，根據次級資料的分析結果，指標分數以就業條件的變化較大，由去年的34.48上升到今年的72.4，顯示政府積極投入就業建設，使其就業條件有明顯的進步。

　　上海省今年度排名下降至第4名，在指標得分上導至其名次下降的原因主要在其就業條件和去年比較起來，下降的幅度較大，顯示上海今年的就業條件較不如往年。

　　廣東的珠江三角洲，在中國大陸的歷史中，向來是最爲開放的區域；自然在70年代末期的改革開放中，廣東仍是走在最前線。尤其是經由香港與廣東兩地的結合，形成所謂的「前店後廠」模式，早已讓這成爲台商投資的重要基地。

　　上海位於長江三角洲，根據工商時報2004年6月29日指出，最近長江三角洲一帶，基礎建設不足，導致部分台外商的進出口出現遲滯現象，讓許多台商抱怨不已；但廣東鄰近香港、澳門，三個地區，透過高速公路網還有密集的港口緊密聯繫，形成一個全新的國際製造、航運、金融與貿易中心。此外，在廣州新白雲國際機場啓用後，當地的陸海空運輸系統，領先長三角城市群的幅度將更爲拉大。

　　而總體而言，A級省市之分數差距僅4分左右，和去年比較起來競爭更爲烈，而出現如此良性競爭乃是好現象，因爲這樣一來將使當地政府更爲謹慎，更加努力積極投入建設及吸引外資，以維持更好的競爭力。

■表9-5　中國大陸省及直轄市競爭力分析加權與排名

組別	條件/省市 權重	基礎條件 權重20%	財政條件 權重10%	投資條件 權重20%	經濟條件 權重30%	就業條件 權重20%	綜合分數 權重100%	排名
A	廣東省	64.60	100.00	94.23	96.55	72.40	0.8521	1
	江蘇省	73.25	93.10	98.83	93.05	58.60	0.8336	2
	山東省	76.70	89.60	93.07	87.93	66.63	0.8262	3
	上海市	68.93	96.50	83.87	87.93	72.37	0.8106	4
B	浙江省	74.13	86.20	87.33	89.60	43.60	0.7651	5
	遼寧省	78.40	81.00	72.37	79.25	72.37	0.7650	6
	北京市	59.45	81.00	64.30	69.78	82.73	0.7033	7
	河北省	68.08	68.90	73.53	77.58	55.10	0.6950	8
	河南省	50.83	74.10	78.13	69.78	43.63	0.6286	9
	黑龍江	58.55	56.85	43.63	61.15	91.93	0.6285	10
	湖北省	62.88	56.85	68.93	63.75	48.23	0.6082	11
C	四川省	50.80	74.10	66.63	50.80	44.80	0.5510	12
	湖南省	59.45	62.00	58.57	50.83	48.20	0.5469	13
	福建省	35.28	56.85	55.13	70.68	41.33	0.5324	14
	天津市	58.58	29.25	33.30	63.75	59.73	0.5237	15
	陝西省	59.45	36.15	51.67	32.70	52.80	0.4621	16
	山西省	66.33	36.15	30.97	38.75	53.97	0.4549	17
	吉林省	55.13	27.55	21.80	43.93	51.70	0.4166	18
D	安徽省	41.33	49.95	43.63	43.90	21.80	0.3952	19
	新疆	41.33	20.65	29.87	27.53	68.90	0.3834	20
	內蒙古	46.53	32.70	42.47	28.38	43.63	0.3831	21
	江西省	38.73	29.25	55.13	33.55	30.97	0.3796	22
	雲南省	38.75	58.60	24.07	24.95	41.33	0.3418	23
	重慶市	34.43	24.05	40.17	30.98	25.20	0.3166	24
	廣西	28.38	41.30	29.80	26.68	34.43	0.3065	25
	甘肅省	26.65	10.30	10.27	11.15	41.33	0.2003	26
E	海南省	20.60	3.40	20.63	14.60	26.40	0.1825	27
	寧夏	25.83	3.40	4.57	10.28	43.63	0.1823	28
	青海省	19.80	3.40	6.83	10.30	44.80	0.1772	29
	貴州省	15.50	15.45	14.87	8.58	16.03	0.1340	30

資料來源：本研究整理。

註：組別之分類以綜合分數為評比指標，綜合分數80～100分為A級，79～60分為B級，59～40分為C級，39～20分為D級，19～0分為E級。

■表9-6　中國大陸各省與直轄市競爭力近五年排名變化分析

組別	省市	加權分數	2005年排名	2004年排名	2003年排名	2002年排名	2001年排名
A	廣東省	85.21	1	2	1	1	1
	江蘇省	83.36	2	4	2	2	3
	山東省	82.62	3	3	3	3	6
	上海市	81.06	4	1	5	5	2
B	浙江省	76.51	5	7	4	4	5
	遼寧省	76.50	6	5	7	6	8
	北京市	70.33	7	6	10	8	4
	河北省	69.50	8	8	6	7	10
	河南省	62.86	9	11	8	9	14
	黑龍江	62.85	10	10	14	14	11
	湖北省	60.82	11	9	11	10	12
C	四川省	55.10	12	12	9	11	16
	湖南省	54.69	13	15	12	13	17
	福建省	53.24	14	14	13	12	9
	天津市	52.37	15	13	17	15	7
	陝西省	46.21	16	17	18	18	19
	山西省	45.49	17	18	20	21	18
	吉林省	41.66	18	16	21	19	13
D	安徽省	39.52	19	19	15	16	22
	新疆	38.34	20	20	24	24	15
	內蒙古	38.31	21	22	25	25	25
	江西省	37.96	22	21	22	23	26
	雲南省	34.18	23	23	16	17	21
	重慶市	31.66	24	25	23	22	23
	廣西	30.65	25	24	19	20	24
	甘肅省	20.03	26	27	27	28	27
E	海南省	18.25	27	26	28	27	20
	寧夏	18.23	28	29	30	30	-
	青海省	17.72	29	30	29	29	-
	貴州省	13.40	30	28	26	26	28

資料來源：本研究計算整理，呂鴻德（2004），陳麗瑛（2003），呂鴻德（2002）
附註：1.2005年之原始統計資料出自中國大陸統計年鑑2004。
　　　2.加權分數計算公式同城市之計算公式。

B級省市之競爭力分析

B級省市排名從5到11，分別為浙江、遼寧、北京、河北、河南、黑龍江、湖北等七省。

其中以浙江今年上升了2名排第5，此與在就業條件有相當大幅的改善有關，而在整體的評比方面，浙江的確是進步許多，顯示今年政府在各項建設上皆有積極的投入。相反地，北京地區競爭力受到就業條設的影響滑落了1名，顯示北京政府雖然積極開發建設，但確忽略了其當地的就業環境。

排名中，B級城市與去年比較起來變動不大，其中河南省及由去年的C級城市躍升至B級城市，其崛起令人注意，最主要的原因與其投資及就業條件的改善有相當大的關係。

B級省市分數從60.82至76.51，差距有16分之多，而除了浙江省及遼寧省以下分數差距較大，顯示B級省市中各省市除浙江、遼寧省外其餘省市間各自形成等級差異。

C級省市之競爭力分析

C級省市有四川省、湖南省、福建省、天津市、陝西省、江西省，吉林省共計7個城市。分數從41.66到55.10，差距有14分之多。下滑城市分別為天津市、吉林省，上升城市為湖南省、陝西省及山西省。而四川省及福建省則維持不變的名次。其名次與去年比較起來皆在2名之內，故變動屬平緩。

D級省市之競爭力分析

D級城市共計八省，分數從20.03到39.52，整體而言除了甘肅省與其他省的分數差距較大之外，其餘七個省的差距9分左右，顯示D級省市除了甘肅外，競爭仍十分的激烈。而造原甘肅與其他省差距大的原因，是由於甘肅由原來的E級省市小幅進步至D級省市，而其餘七個省和去年相同仍舊為D級省市。和去年比較起來，上升省市有內蒙古、重慶市，下降省市則為江西省及廣西。

內銷內貿領商機

而安徽省、新疆、雲南省的名次則維次不變。整體而言D級省市的名次的變動並不大，其變動的幅度僅在1名之內而已，顯示變動幅度較爲十分平緩。

E級省市競爭力分析

E級城市共計四省，分數從13.40到18.25，差距在5左右。和前幾年研究排名比較起來，除了海南之外，其餘三個省與去年皆差異不大。海南省由去年的D級省市跌至E級省市，造成其名次跌落的主要原因在於其就業條件的得分較爲低落。就原始資料看來，和去年比較起來，其除了平均職工平均工資有少許成長外，在就業率及在崗平均人員數，皆不如去年，呈現小幅的滑落的趨勢。

由各指標分析，多數競爭城市就業條件的提升是十分重要關鍵因素。也驗證了第一節提及人力素質之提升可爲區域競爭力建立良好基礎，若能結合政府支持、吸引企業投資，則更可相輔相成，建立良好投資循環。此外若想要進一步增加其在國際上的名聲，及吸引更多的外資，可以從提升投資環境著手，因爲透過優秀的投資環境可以創造出區域競爭力，及建立國際競爭力。

中國大陸區域總體競爭力分析

分析中國大陸各地區總體競爭力，仍按照先前劃分之區域，分爲華南地區、華東地區、華北地區、華中地區、東北地區、西南地區、西北地區七大區塊，計算其競爭力及排名，請詳表9-7。

由表9-8分析出近今年與去年比較起來，前五名當中除了華中維持不變的名次外，其餘四個地區的排名則略有變化，其中華東地區又超越華北地區，由去年的第2名重新回到第1名，根據細項指標分析，可知今年華東地區除了在就業條件不如華北地區外，其餘的財政條件、投資條件、經濟條件都明顯的優於華北地區，這顯示華東政府積極開發建設，有了明顯的成果。另外，東北地區雖然超越了華南地區排名第4，但其分數仍較上述三個地區分數低落許多，其除了仍維持一定水準的就業環境外，其餘的指標皆不理想，顯示出東北地區仍有很大的進步及發展空間。而華南地區今年跌至第5名，係以基礎條件、及就

■表9-7　中國大陸各地區競爭力分析結果

地　區	基礎條件		財政條件		投資條件		經濟條件		就業條件		加權分數	排名
	平均分數	排名	平均分數	排名	平均分數	排名	平均分數	排名	平均分數	排名		
華南地區	4.15	7	58.30	3	55.53	4	54.15	3	5.53	7	0.3457	5
華東地區	87.48	1	100.00	1	94.43	1	100.00	1	72.17	2	0.8360	1
華北地區	87.48	1	83.30	2	77.73	2	83.30	2	83.30	1	0.7469	2
華中地區	62.48	3	58.30	3	72.20	3	49.95	4	55.53	4	0.5330	3
東北地區	37.48	5	33.30	5	27.73	5	41.63	5	66.67	3	0.3553	4
西南地區	29.13	6	16.60	6	22.17	6	12.45	6	16.63	6	0.1732	6
西北地區	41.63	4	0.00	7	0.00	7	8.33	7	49.97	5	0.1582	7

資料來源：本研究計算整理，呂鴻德（2004），陳麗瑛（2003），呂鴻德（2002）　附註：加權分數計算公式同城市之計算公式。

■表9-8　中國大陸區域競爭力近五年排名變化分析

地　區	加權分數	2005排名	2004排名	2003排名	2002排名	2001排名
華東地區	83.60	1	2	1	1	1
華北地區	74.69	2	1	3	2	2
華中地區	53.30	3	3	2	3	4
東北地區	35.53	4	5	4	6	6
華南地區	34.57	5	4	5	4	3
西南地區	17.32	6	6	6	5	5
西北地區	15.82	7	7	7	7	7

資料來源：本研究計算整理呂鴻德（2004），陳麗瑛（2003），呂鴻德（2002）。

業條件稀釋整體競爭力，主係因基礎條件中之期末總人口、每萬人高等學校在學學生數及每萬人醫生數、及每萬人在崗職工平均人員數小於其他區域所致。

　　最後、西南、西北地區總體競爭力低落和前幾期之研究並無極大變動。也再次驗證地區良好之競爭環境和外部資源投入會形成良性循環，對外資投入資本有著極大影響。

10　中國大陸投資環境分析

中國大陸整體投資環境分析

　　本研究投資環境的指標有七個，包括自然環境、基礎建設、公共設施、社會環境、法制環境、經濟環境、及經營環境。經由專家問卷評比結果，各指標權數如表10-1所示。

　　其中自然環境指標包含有4個問項，基礎建設有6個問項，公共設施有5個問項，社會環境有5個問項，法制環境有12個問項，經濟環境有8個問項，經營環境有9個問項，全部共有49個問項。

　　中國大陸台商對於中國大陸所有城市的投資環境的各細項平均分數（如表

■表10-1　投資環境構面權重

投資環境構面	權　數	構面指標題數
❶自然環境	10%	4
❷基礎建設	10%	6
❸公共設施	10%	5
❹社會環境	10%	5
❺法制環境	25%	12
❻經濟環境	15%	8
❼經營環境	20%	9
合　計	100%	49

資料來源：本研究整理

■表10-2　2005年中國大陸投資環境細項指標評估分析

投資環境評估構面	本研究 （2005）	呂鴻德 （2004）	陳麗瑛 （2003）	呂鴻德 （2002）	林祖嘉 （2001）	林震岩 （2000）	六年度 平均
投資環境指標總平均	3.32	3.21	3.26	3.22	3.13	3.01	3.19
一、自然環境	3.51	3.46	3.58	3.65	3.67	3.48	3.56
1) 當地地理位置適合企業發展的條件	3.65	3.56	3.77	3.85	3.81	3.86	3.75
2) 當地天氣及氣候適合企業發展條件	3.58	3.52	3.61	3.65	3.62	3.61	3.60
3) 當地水資源、礦產資源豐富程度.	3.42	3.35	3.41	3.36	3.55	3.41	3.42
4) 當地土地取得價格的合理程度	3.38	3.40	3.52	3.73	3.69	3.67	3.57
整體而言，當地的自然環境條件評比	3.61	3.51	3.62	3.69	-	-	3.61
二、基礎建設	3.42	3.28	3.38	3.34	3.32	3.39	3.36
1) 當地海、陸、空交通運輸便利程度..	3.60	3.52	3.65	3.70	3.49	3.48	3.57
2) 當地的通訊設備、資訊設施、網路 建設完善程度	3.56	3.45	3.58	3.63	3.41	3.41	3.51
		3.36	3.46	3.36	3.08	3.20	2.74
3) 當地水電、能源、燃料供應完備程度	3.25	3.20	3.50	3.52	3.43	3.34	3.37
4) 當地污水、廢棄物處理設備完善程度	3.18	3.04	3.08	3.01	2.92	-	3.05
		3.02	3.05	2.95	2.86		3.01
5) 當地的倉儲物流處理能力	3.37	3.22	3.26	3.09	-	3.41	3.27
6) 未來總體發展及建設規劃完善程度	3.49	3.39	3.47	3.47	-	-	3.46
整體而言，當地的基礎建設評比	3.48	3.35	3.44	3.47	-	-	3.44
三、公共設施	3.34	3.19	3.23	3.05	3.15	2.91	3.15
1) 當地的食衣住行便利	3.52	3.41	3.42	3.38	3.39	3.31	3.41
2) 當地的醫療衛生條件	3.16	3.03	3.07	2.85	2.83	2.82	2.96
3) 當地的教育機構提供條件	3.29	3.13	3.20	3.01	2.99	2.99	3.10
4) 當地適合企業發展硬體設施完備程度	3.37	-	-	-	-	-	3.37
5) 當地的城市建設的國際化程度	3.29	3.24	3.26	3.02	-	2.83	3.13
整體而言，當地的公共設施評比	3.42	3.28	3.27	3.13	-	-	3.28
四、社會環境	3.31	3.17	3.24	3.18	3.22	3.17	3.22
1) 當地的社會治安	3.29	3.20	3.28	3.17	3.23	3.16	3.22
2) 當地民眾生活素質及文化水平程度	3.16	3.07	3.08	2.99	3.05	2.99	3.06
3) 當地民風淳樸且政府開明程度	3.32	3.16	3.23	3.16	-	3.28	3.23

4) 當地民眾的國際觀程度	3.13	3.03	3.08	2.89	-	-	2.43
5) 民眾對台商在當地投資設廠態度	3.63	3.41	3.56	3.70	3.57	3.58	3.58
整體而言，當地的社會環境評比	3.39	3.28	3.31	3.23	-	-	3.30
五、法制環境	3.23	3.01	3.01	2.93	2.92	2.76	2.98
1) 行政命令與國家法令的一致性程度	3.30	3.08	3.13	2.94	3.02	2.88	3.06
2) 當地的政策優惠條件	3.33	3.25	3.21	3.19	-	-	3.25
3) 政府與執法機構秉持公正執法態度	3.25	3.09	2.98	2.86	-	2.68	2.97
4) 當地解決糾紛的管道完善程度	3.18	3.02	2.98	2.85	2.81	2.67	2.92
5) 當地工商管理、稅務機關行政效率	3.23	3.10	3.05	2.98	2.96	2.74	3.01
		3.07	2.92	2.88	2.88	2.68	2.41
6) 當地的海關行政效率	3.22	3.06	3.00	2.83	2.80	2.76	2.95
7) 勞工、工安、消防、衛生行政效率	3.17	3.05	2.99	2.84	2.86	2.76	2.95
8) 當地的官員操守清廉程度	3.16	3.02	2.88	2.84	2.75	2.58	2.87
9) 當地的地方政府對台商友善程度	3.30	3.33	3.31	3.42	3.41	3.39	3.36
10) 當地環保法規規定適宜且合理程度	3.24	3.10	3.04	3.06	-	-	3.11
11) 當地政府政策穩定性及透明度	3.19	3.06	2.97	2.85			3.02
12) 當地政府對智慧財產權重視的態度	3.04	2.90	2.78	2.65			2.84
整體而言，當地的法制環境評比	3.27	3.15	2.99	2.94	-	-	3.09
六、經濟環境	3.27	3.13	3.12	3.07		2.92	3.20
1) 當地民眾生活條件及人均收入狀況	3.27	3.08	3.07	3.22	-		3.16
2) 當地的經濟建設程度	3.32	3.25	3.53	3.68	-	3.72	3.50
3) 當地的金融體系完善的程度	3.25	3.13	3.13	3.17		3.07	3.15
		3.01	3.01	2.99	-	-	3.07
4) 當地資金匯兌及利潤匯出便利程度	3.19	3.04	3.00	2.80	-	-	3.01
		3.02	2.88	2.68		2.42	2.84
5) 當地的資金融資便利程度	3.08	2.97	2.93	2.90		2.68	2.91
6) 當地政府的財政稅收穩定程度	3.27	3.18	3.03	2.71		2.52	2.94
7) 政府允許外商經營類型多元化程度	3.34	3.26	3.21	3.22		-	3.26
8) 當地政府改善投資環境積極程度	3.42	3.32	3.41	3.24		3.17	3.31
整體而言，當地的經濟環境評比	3.39	3.25	3.23	3.13	-	-	3.25
七、經營環境	3.30	3.25	3.29	3.26		3.04	3.23

1) 當地的基層勞力供應充裕程度	3.33	3.47	3.70	3.82	-	3.78	3.62
2) 當地專業及技術人才供應充裕程度	3.14	3.15	3.31	3.13	-	2.88	3.12
		3.07	3.09	2.98	-	-	2.29
3) 當地環境適合台商發展內需、內銷市場的程度	3.33	-	-	-	-		3.33
4) 當地外資企業之勞資關係和諧程度	3.35	3.28	3.25	3.31	-		3.30
5) 當地的經營成本、廠房與相關設施成本合理程度	3.30	3.30	3.35	3.33	-	3.20	3.30
		3.24	3.33	3.28	-	3.04	3.24
6) 當地有利於形成上、下游產業供應鏈的完整程度	3.31	3.24	3.27	3.29	-		3.28
7) 當地的整體產業技術與研發水平	3.22	3.09	3.10	2.93	-	2.84	3.04
8) 當地的市場未來發展潛力優異程度	3.43	3.45	3.38	3.52	-	3.32	3.42
9) 當地同業、同行間公平且正當競爭的環境條件	3.22	3.25	3.04	2.91	-		3.11
整體而言,當地的經營環境評比	3.35	3.31	3.32	3.38	-		3.34
七個投資環境構面,當地投資環境評比	3.37	3.32	-	3.42		3.27	3.35

資料來源:本研究整理

10-2)。表10-2顯示投資環境整體評估指標的加權平均數為3.32,高於呂鴻德(2004)得到的3.21與陳麗瑛(2003)得到的3.26與六年的平均值(3.19)。顯示經過2004年的宏觀調控後,廠商應該已經發展出因應的方式(例如依據工商時報2004年12月21日的報導指出,雖然柴油發電成本較高,但許多台資企業都已經備好發電機),使得在投資環境評比上,在2004年呈現五年來首度的下跌趨勢,在今年的結果已經呈現回穩,大部分的投資環境評比指標幾乎均呈現上升的趨勢。至於在各項環境指標中,自然環境的總平均分數為3.51,是所有項目中得分最高者。在自然環境中又以當地的地理位置(3.65)及最適合企業發展的得分(3.58)較高,當地水資源、礦產資源豐富的得分較低為3.42。但相較於2004年所做的調查分析顯示,台商對於自然環境的滿意度有較大幅度的提高(0.34)。

基礎建設的平均得分為3.42,低於台商對自然環境的滿意度。在各項細項

問題中，廠商對於中國大陸海、陸、空交通運輸的便利程度最表滿意，評分達到3.60，其次是通訊設備、資訊設施、網路建設的完善，評分也達到達3.56，另外在水電、能源與燃料的供應方面，廠商的反應則為中等（3.25）。在基礎建設中，滿意度較低的為當地的汙水、廢棄物處理設施（3.18），相較於呂鴻德（2004）的調查結果差距頗大。當地汙水、廢棄物處理仍是基礎建設中滿意度較低的指標。

公共設施方面，整體而言台商的滿意度為3.34，食衣住行便利程度為3.52，高於2004年3.41。但在教育與醫療的設施為（3.29與3.16），此兩個指標大小與2004年得到的結果（3.13與3.03）相比較高。今年新增適合企業發展硬體設施完備指標程度為3.37，另外，當地的城市建設國際化的程度項指標分別為3.29，較呂鴻德（2004）3.24較高。

在社會環境方面，台商受當地民眾歡迎的程度較高（3.63），與2004年3.41相比較高些。另一方面，上升程度最低的項目是「當地的社會治安」與「當地民眾生活素質及文化水平程度」為3.29與3.16，2004年則為3.20與3.07。

法制環境的得分為3.23，高於呂鴻德（2004）、陳麗瑛（2003）的3.01與呂鴻德（2002）的2.93、林祖嘉（2001）的2.92相比，由此可見中國大陸在2005年在法制環境的努力有獲得台商的肯定。法制環境也是各項所有環境項目中，和2004年相較進步最多的項目。在各細項當中，當地的政策優惠條件豐厚（3.33）與當地的地方政府對台商友善程度（3.3）得分較高，其中當地政策優惠條件豐厚所獲得的肯定是六年來的最高，其他指標得分也都較2004年為佳。然而其中台商對又以當地政府對智慧財產權重視程度（3.04）最不滿意。

在經濟環境方面，得分為3.27，較呂鴻德（2004）的3.13大幅提升。其中以當地政府改善投資環境的積極程度最受肯定（3.42），其次是所允許經營的產業類型的多元化程度（3.34），高於2004年所做的調查，可見中國大陸的市場正逐漸開放當中。相反的滿意程度最低的為當地融資便利的程度（3.08）、當地金融體系完善的程度（3.25）與當地資金匯兌及利潤匯出便利的程度（3.19），但相較於2004年，這些項目的得分都有明顯改善，從台商對經濟環境

滿意程度可見中國大陸已對經濟環境努力改善。

　　經營環境的得分為3.3。在各細項當中，當地的市場開發潛力得分最高3.43，其次為當地外資企業之勞資關係和諧程度（3.35）。其中以當地整體產業技術與研發水平、同業間公平且正當競爭的環境條件得分最低。Zhang（2000）的研究指出，外商到中國大陸投資的六大動機分別為當地市場規模、低的勞動成本、較佳的稅賦政策、好的利潤、友誼及低廉的土地租金。本研究的結果與Zhang（2000）實證結果頗為一致。

　　和2004年調查的結果加以比較（如表10-2所示），在自然環境方面，所有的指標皆較2004年上升，而上升較多的指標包括當地地理位置適合企業發展的條件（和2004年相較上升0.09），居所有呈現上升指標的第二十五位，同時當地水資源、礦產資源豐富程度亦呈現大幅度的上升。

　　在基礎建設方面的各項指標和2004年比較起來也呈現全面上升的趨勢，上升最多的項目是「當地通訊、資訊設備、網路建設完善程度」其指標為0.16。在公共設施方面，和2004年相較起來雖然也呈現上升的狀況，但是整體而言上升的幅度並不太大。在社會環境方面，各項指標均較去年的表現良好，比較值得注意的是「民眾對台商在當地投資設廠態度」，為所有指標上升幅度的第一名。

　　在法制環境方面，值得注意的是「行政命令與國家命令一致性程度」為所有指標上升幅度的第一名，改善較多的指標有「政府與執法機構秉持公正執法的態度」、「當地解決糾紛的管道完善程度」與「當地的海關行政效率」（上升幅度均為所有指標的第五名）。在經濟環境方面，台商覺得較2004年有大幅的改善，改善較多的項目是：「當地民眾生活條件及人均收入狀況」（上升幅度為所有指標的第三名）「當地金融體系完善的程度」（上升幅度為所有指標的第四名）與「當地的資金匯兌及利潤匯出便利程度」（上升幅度居所有指標的第五位）。

　　以下分析將本年度的調查數據和六年平均值的比較，結果如表10-3所示。其中自然環境的各項指標和五年平均值比較起來均呈現下跌的情況，公共設施

■表10-3　2005與近六年之投資環境差異分析

投資環境評估構面	本研究 （2005）	六年度 平均值	六年平均值 之差異	排名		
				▲	▼	－
一、自然環境						
1) 當地地理位置適合企業發展的條件	3.65	3.75	-0.10	0	3	0
2) 當地天氣及氣候適合企業發展的條	3.58	3.60	-0.02	0	1	0
3) 當地水資源、礦產資源豐富程度.	3.42	3.42	0.00	0	0	-
4) 當地土地取得價格的合理程度	3.38	3.57	-0.19	0	6	0
二、基礎建設						
1) 當地海、陸、空交通運輸便利程度	3.6	3.57	0.03	34	0	0
2) 當地的通訊設備、資訊設施、網路建設完善程度	3.56	3.51 2.74	0.44	3	0	0
3) 當地的水電、能源、燃料供應完備程度	3.25	3.37	-0.12	0	4	0
4) 當地的污水、廢棄物處理設備完善程度	3.18	3.05 3.01	0.15	19	0	0
5) 當地的倉儲、物流、流通相關商業設施完備程度	3.37	3.27	0.10	26	0	0
6) 當地的未來總體發展及建設規劃的完善程度	3.49	3.46	0.03	35	0	0
三、公共設施						
1) 當地的食衣住行便利	3.52	3.41	0.11	22	0	0
2) 當地的醫療衛生條件	3.16	2.96	0.20	12	0	0
3) 當地學校、教育機構設施完備程度	3.29	3.10	0.19	14	0	0
4) 當地的適合企業發展硬體設施完備程度	3.37	3.37	-	-	-	-
5) 當地的城市建設國際化程度	3.29	3.13	0.16	18	0	0
四、社會環境						
1) 當地的社會治安	3.29	3.22	0.07	31	0	0
2) 當地民眾的生活素質及文化水平的程度	3.16	3.06	0.10	27	0	0
3) 當地民風淳樸且政府開明程度	3.32	3.23	0.09	28	0	0
4) 當地民眾的國際觀程度	3.13	2.43	0.70	1	0	0
5) 當地民眾對台商在當地投資設廠的態度	3.63	3.58	0.05	32	0	0

五、法制環境						
1) 當地的行政命令與國家法令的一致性程度	3.3	3.06	0.24	10	0	0
2) 當地的政策優惠條件	3.33	3.25	0.08	29	0	0
3) 當地的政府與執法機構秉持公正的執法態度	3.25	2.97	0.28	6	0	0
4) 當地解決糾紛的管道完善程度	3.18	2.92	0.26	8	0	0
5) 當地工商管理、稅務機關行政效率	3.23	3.01	0.52	2	0	0
		2.41				
6) 當地的海關行政效率	3.22	2.95	0.27	7	0	0
7) 當地的勞工、工安、消防、衛生檢查行政效率	3.17	2.95	0.22	11	0	0
8) 當地的官員操守清廉程度	3.16	2.87	0.29	5	0	0
9) 當地政府對台商投資承諾實現程度	3.3	3.36	-0.06	0	2	0
10) 當地的環保保護、落實環保法規的程度	3.24	3.11	0.13	21	0	0
11) 當地政府政策穩定性及透明度	3.19	3.02	0.17	16	0	0
12) 當地政府對智慧財產權重視態度	3.04	2.84	0.20	13	0	0
六、經濟環境						
1) 當地民眾生活條件及人均收入相較於一般水平	3.27	3.16	0.11	23	0	0
2) 當地的商業及經濟發展相較於一般水平	3.32	3.50	-0.18	0	5	0
3) 當地的金融體系完善的程度	3.25	3.15	0.14	20	0	0
		3.07				
4) 當地資金匯兌及利潤匯出便利程度	3.19	3.01	0.26	9	0	0
	3.19	2.84				
5) 當地的資金貸款取得便利程度	3.08	2.91	0.17	17	0	0
6) 當地經濟環境使台商經營獲利程度	3.27	2.94	-	-	-	-
7) 當地政府對外商投資與經營自由化程度	3.34	3.26	0.08	30	0	0
8) 當地政府改善投資環境的積極程度	3.42	3.31	0.11	24	0	0
七、經營環境						
1) 當地的基層勞力供應充裕程度	3.33	3.62	-0.29	0	7	0
2) 當地專業及技術人才供應充裕程度	3.14	3.12	0.44	4	0	0
		2.29				

3) 當地環境適合台商發展內需、內銷市場的程度	3.33	3.33	-	-	-	-
4) 台商企業在當地勞資關係和諧程度	3.35	3.30	0.05	33	0	0
5) 當地的經營成本、廠房與相關設施成本合理程度	3.3 / 3.3	3.30 / 3.24	0.03	36	0	0
6) 當地有利於形成上、下游產業供應鏈的完整程度	3.31	3.28	0.03	37	0	0
7) 當地的整體產業技術與研發水平	3.22	3.04	0.18	15	0	0
8) 當地的市場未來發展潛力優異程度	3.43	3.42	0.01	38	0	0
9) 當地同業、同行間公平且正當競爭的環境條件	3.22	3.11	0.11	25	0	0

資料來源：本研究整理

與法制環境的各項指標則呈現揚升的情況，其他構面的各項指標雖然各有升降，但呈現升多降少的現象。

　　2005年中國大陸投資環境各項指標加權平均後的分數為3.34，高於六年平均值的3.24，在所有49個指標中，上升的有40個，佔所有指標的81.63%，下跌的有7個指標，佔14.29%，持平的則有2個指標，佔4.08%。其中以法制環境、公共設施與社會環境這三項構面的上升幅度最大，其他指標構面和六年平均值比較起來，均呈現上升的態勢。

　　若將2005年各項投資環境指標和六年平均值比較起來，上升幅度較多的指標分別是當地資金匯兌與利潤匯出便利程度等十項（如表10-4），其中分別為社會環境、法制環境、經濟環境、基礎建設共四大構面。

　　和過去六年平均值比較起來，投資環境各構面之細項指標中亦有呈現上升者，其中社會環境構面中的「當地民眾的國際觀程度」與法制環境構面中的「當地的工商管理、稅務機關行政效率」等兩項指標分居上升指標的前兩位；基礎建設構面中的「當地的通訊設備、資訊設施、網路建設完善程度」與經營環境構面中的「當地的專業級技術人才供應充裕程度」等兩項指標分居上升指標的第三名，第五名到第十名之間的指標均屬於法制環境與經濟環境下的各項指標。

　　整體而言，台商對於中國大陸自然環境與基礎建設最為滿意，可見得台商

■表10-4　2005年與近六年投資環境細項指標上升排名

投 資 環 境 指 標 項 目	2005與六年差異分數	上升前十名
社會-❹）當地民眾的國際觀程度	0.70	1
法制-❺）當地的工商管理、稅務機關行政效率	0.52	2
基礎-❷）當地通訊、資訊設施、網路建設完善程度	0.44	3
經營-❷）當地的專業級技術人才供應充裕程度	0.44	3
法制-❽）當地的官員操守清廉程度	0.29	5
法制-❸）當地的政府與執法機構秉持公正的執法態度	0.28	6
法制-❻）當地的海關行政效率	0.27	7
法制-❹）當地解決糾紛的管道完善程度	0.26	8
經濟-❹）當地的資金匯兌及利潤匯出便利程度	0.26	8
法制-❶）當地的行政命令與國家法令的一致性程度	0.24	10

資料來源：本研究整理附註：2005與六年度差異分數為正表2005年度投資環境細項指標分數上升，即台商評鑑此項指標項目較六年度平均變優。

對中國大陸投資環境的條件基本上是滿意的。除了充裕的勞力供應、相關設施成本低廉外，市場的開發潛力更是台商所感到較滿意的部份。

　　而回顧過去六年的資料，台商對中國大陸城市投資環境較為滿意的項目中以「當地地理位置及條件」六年來均位居榜首最為醒目，六年來台商均滿意的投資環境包括：「當地的天氣及氣候條件優良」、「民眾對台商在當地投資設廠態度」、「當地海、陸、空交通運輸便利程度」、「當地天氣及氣候適合企業發展的條件」、「當地的通訊設備、資訊設施、網路建設完善程度」、「當地的食衣住行便利」、「未來總體發展及建設規劃完善程度」、「當地的市場未來發展潛力優異程度」、「當地政府改善投資環境積極程度」、「當地水資源、礦產資源豐富程度」，如表10-5。

中國大陸各省市投資環境分析

一、中國大陸各地區投資環境分析

　　本節將利用回收樣本，來評估中國大陸台商對中國大陸各城市、省份、以

■表10-5　2005年與近六年投資環境細項指標下降排名

投資環境指標項目	2005與六年差異分數	下降前十名
經營-❶）當地的基層勞力供應充裕程度	-0.29	1
自然-❹）當地土地取得價格的合理程度	-0.19	2
經濟-❷）當地的商業及經濟發展相較於一般水平	-0.18	3
基礎-❸）當地的水電、能源、燃料供應完備程度	-0.12	4
自然-❶）當地地理位置適合企業發展的條件件	-0.10	5
法制-❾）當地政府對台商投資承諾實現的程度	-0.09	6
自然-❷）當地天氣及氣候適合企業發展的條件	-0.02	7

資料來源：本研究整理

附註：2005與六年度差異分數為正表2005年度投資環境細項指標分數下降，即台商評鑑此項指標項目較六年度平均變差。

及各地區的投資環境滿意度評估。在城市方面，我們選擇樣本數目在15個以上的城市，以避免樣本太少可能造成的統計誤差。結果共有75個城市可供評比。接下來，將這些城市資料加總為省級資料及區域資料，以便進一步分析各省及各地區的投資環境與投資風險。依據陳麗瑛（2003）的研究指出，區域排名以分析樣本數高於50者納入排名分析，低於50份問卷只計算得分不加以排名。因此本年度回收的問卷中，在投資環境使用的指標中，5分代表對環境「非常同意」，4分為「同意」，3分為「沒意見」，2分為「不同意」，1分為「非常不同意」。因此投資環境加權滿意程度平均分數愈高者，表示城市的投資環境愈好。

中國大陸通常根據各地方之特性，分為七大經濟區域，分別為華東、華北、華中、華南、東北、西北與西南七大區域，但因地理位置的劃分與經濟發展的程度並不一致，故本研究有關七大經濟區域的劃分主要根據「中國大陸國家計畫委員會九五計畫」，將本研究將所調查之城市分配到七大區域中。各經濟區域所涵蓋之範圍與所包括的省分，分列於下表10-6。

依照相關權值計算中國大陸各區域投資環境之結果如表10-7，但因西南地區有過半數之問卷來自於成都，其結果僅提供參考。整體而言，華東地區投資環境還是優於其他區域（加權平均得分為3.82），其次為華中地區（3.76），第

■表10-6　各經濟區域所涵蓋之範圍與所包括的省分

經　濟　區	範　　　圍
1.東北地區	遼寧、吉林、黑龍江及內蒙的三盟一市
2.西北地區	陝西、甘肅、寧夏、青海、新疆及西藏
3.華北地區（環渤海灣）	北京、天津、河北、遼寧中南部、山東、山西及內蒙中西部
4.華中地區　（中部五省）	湖南、湖北、河南、安徽、江西
5.西南地區	雲南、貴州、四川、廣西、海南及廣東一部份
6.華南地區　（東南沿海）	廣東、福建（主要是珠江三角洲、福建東南的廈門、漳州、泉州地區）
7.華東地區（長江三角洲）	江蘇、浙江、上海

資料來源：台商經貿網&本研究整理

■表10-7　中國大陸區域投資環境分析

地　　區		華北地區	華東地區	華南地區	華中地區	東北地區	西北地區	西南地區
自然環境	平均分數	3.77	3.89	3.47	4.18	3.44	3.60	3.70
	排名	3	2	6	1	3	5	4
基礎設施	平均分數	3.76	3.88	3.36	3.80	3.46	3.38	3.37
	排名	3	1	7	2	4	5	6
公共設施	平均分數	3.65	3.82	3.27	3.67	3.34	3.32	3.30
	排名	3	1	7	2	4	5	6
社會環境	平均分數	3.71	3.83	3.16	3.63	3.40	3.47	3.43
	排名	2	1	7	3	6	4	5
法制環境	平均分數	3.51	3.72	3.10	3.67	3.16	3.37	3.27
	排名	3	1	7	2	6	4	5
經濟環境	平均分數	3.61	3.77	3.20	3.61	3.14	3.32	3.22
	排名	2	1	5	2	6	3	4
經營環境	平均分數	3.52	3.74	3.24	3.80	3.15	3.50	3.36
	排名	3	2	6	1	7	4	5
綜合分數	平均分數	3.62	3.82	3.22	3.76	3.23	3.44	3.36
	排名	3	1	7	2	6	4	5
呂鴻德（2004）		2	1	3	4	-	-	-
陳麗瑛（2003）		2	1	5	3	4	-	-
呂鴻德（2002）		1	2	3	4	5	6	7
林祖嘉（2001）		1	2	7	3	4	5	6
林震岩（2000）		1	3	5	7	6	4	2

資料來源：本研究整理

內銷內貿領商機─

091

三位是華北地區（3.62），第四名是西北地區（3.44）。和2004年的研究結果一樣的是華東地區第一名，不同的是華南地區稍有退步。同時今年的調查發現中部地區的投資環境有掘起之勢，台灣廠商對華中地區的投資環境是歷年來的最高（平均3.72，排名第二）。賡續過去的研究發現，華南地區的投資環境正逐漸落後之中，本年度華南地區的投資環境敬陪末座，扣除台商投資較少的西南與西北地區之後，華南地區表現仍為最後（平均3.22）。雖然同為中國大陸早期開放的沿海地區，但呂鴻德（2002）的調查結果顯示，華南地區與華中地區的投資環境稍微落後華北地區與華東地區。謝立新（2004）的研究指出，華南地區的發展模式與華東地區不同，華南地區以輕型加工業為主（泉州模式），華東的蘇南地區則是在地方政府主導下，發展以中心城市為依託的工業化路線（蘇州模式）。所以，當高新技術湧向長江三角洲地區時，華南地區所受到的衝擊很大（周路明，2004）。林祖嘉（2001）也認為，華南地區在歷次的調查中表現並不理想的原因在於，華南地區是台商早期進入的區域，在進入之前可能並未做仔細的投資區位分析所致。

二、中國大陸各城市投資環境分析

　　為避免樣本數太低所可能造成的偏誤，本研究以回卷數達15份以上的城市才列入分析排名，因此本年度可分析的城市計有上海等75個城市，分析結果如表10-8所示。

　　林祖嘉（2005）認為，總體競爭力前十名的城市，名次在短期之內無法撼動，因為很多硬體建設很難快速追趕，但如果實力接近的中後段班，若有人顯著的進步，名次上升的空間很大，本研究的結果亦顯示此一情形，衡諸過去六年的資料（如表10-8），投資環境前十名的城市整體而言並無太大變化，只是名次稍有變動。浙江省的蕭山市繼2003、2004年之後繼續蟬聯中國大陸投資環境排行的第一名；上海市的閔行地區從上海獨立為一區後，從去年的第五名一舉進步到第二名，使得上海地區自2001年進入投資環境前十名之後，一直維持在前十名之內的城市。徐州從去年的第六名躍升到第三名；南昌則由第十名進

■表10-8　2005年中國大陸城市投資環境力排行分析

排名	城市	省份	區域	樣本數	自然環境	基礎建設	公共設施	社會環境	法制環境	經濟環境	經營環境	整體環境	環境力加權
1	杭州蕭山	浙江省	華東地區	32	4.60	4.51	4.47	4.45	4.63	4.52	4.72	4.82	4.58
2	上海閔行	上海市	華東地區	22	4.53	4.46	4.50	4.63	4.39	4.37	4.56	4.57	4.48
3	徐州	江蘇省	華東地區	41	4.62	4.51	4.41	4.50	4.44	4.43	4.44	4.52	4.47
4	蘇州昆山	江蘇省	華東地區	145	4.48	4.48	4.44	4.40	4.48	4.49	4.44	4.57	4.46
5	無錫江陰	江蘇省	華東地區	33	4.67	4.01	4.04	3.94	4.01	3.93	4.06	4.14	4.07
6	成都	四川省	西南地區	49	4.06	4.12	4.13	4.03	4.12	4.07	3.94	4.26	4.06
7	揚州	江蘇省	華東地區	31	4.65	4.09	3.96	3.98	3.94	3.90	3.99	4.00	4.04
8	南昌	江西省	華中地區	18	4.13	4.01	3.79	4.07	4.01	3.94	4.10	4.06	4.02
9	天津市	天津市	華北地區	15	3.99	4.10	4.07	4.06	4.07	3.97	3.84	4.10	4.00
10	汕頭	廣東省	華南地區	28	4.14	3.98	4.15	4.05	3.71	3.91	3.96	4.09	3.94
11	青島	山東省	華北地區	33	4.42	3.91	3.89	3.87	3.87	3.80	3.87	3.87	3.92
11	大連	遼寧省	東北地區	28	3.99	3.91	3.80	3.96	4.04	3.96	3.75	3.97	3.92
13	濟南	山東省	華北地區	24	4.03	3.95	3.85	3.99	3.88	3.82	3.61	3.90	3.85
14	上海浦東	上海市	華東地區	38	4.02	3.76	3.78	3.88	3.73	3.71	3.86	3.97	3.81
15	寧波市區	浙江省	華東地區	53	4.13	3.90	3.82	3.74	3.77	3.77	3.64	3.90	3.80
16	蘇州市區	江蘇省	華東地區	49	3.94	3.73	3.59	3.94	3.81	3.64	3.87	3.82	3.79
17	廈門	福建省	華南地區	57	3.81	4.14	3.77	3.90	3.65	3.71	3.66	3.79	3.76
18	南京市區	南京市	華東地區	17	3.96	3.87	3.72	3.66	3.65	3.66	3.86	3.93	3.75
19	上海市區	上海市	華東地區	65	3.67	3.87	4.07	3.75	3.56	3.83	3.64	3.88	3.73
20	嘉興	浙江省	華東地區	17	3.75	3.83	3.91	3.73	3.50	3.58	3.72	3.76	3.68
20	莆田	福建省	華南地區	21	3.72	3.94	3.98	3.76	3.41	3.80	3.59	3.62	3.68
22	泉州	福建省	華南地區	22	4.36	3.64	3.57	3.64	3.58	3.57	3.57	3.60	3.67
23	無錫市區	江蘇省	華東地區	23	3.78	3.96	3.87	3.69	3.48	3.58	3.61	3.53	3.66
24	合肥	安徽省	華中地區	26	3.64	3.70	3.91	3.58	3.48	3.89	3.58	3.52	3.65

25	長沙	湖南省	華中地區	28	3.83	3.71	3.6	3.73	3.60	3.62	3.53	3.68	3.64
26	南京江寧	南京市	華東地區	15	3.80	3.69	3.59	3.67	3.71	3.65	3.42	3.70	3.63
27	西安	陝西省	西南地區	18	3.95	3.87	3.73	3.73	3.37	3.59	3.55	3.78	3.62
28	重慶市	重慶市	西南地區	16	3.68	3.57	3.54	3.66	3.53	3.54	3.73	3.81	3.61
28	上海松江	上海市	華東地區	21	3.73	3.69	3.47	3.89	3.63	3.54	3.49	3.73	3.61
30	中山	廣東省	華南地區	20	3.82	3.74	3.83	3.59	3.36	3.78	3.50	3.67	3.60
31	江門	廣東省	華南地區	18	3.65	3.63	3.72	3.49	3.58	3.58	3.56	3.53	3.59
31	武漢武昌	湖北省	華中地區	26	3.80	3.53	3.54	3.80	3.76	3.51	3.30	3.46	3.59
33	北京市區	北京市	華北地區	19	3.90	3.65	3.66	3.62	3.47	3.37	3.58	3.62	3.57
34	南通	江蘇省	華東地區	23	3.71	3.50	3.27	3.57	3.38	3.46	3.61	3.57	3.49
35	廣州其他	廣東省	華南地區	19	4.04	3.64	3.37	3.28	3.42	3.18	3.52	3.38	3.47
36	常州	江蘇省	華東地區	17	3.50	3.53	3.40	3.63	3.37	3.37	3.5	3.47	3.45
37	寧波奉化	浙江省	華東地區	26	3.43	3.58	3.63	3.26	3.37	3.32	3.45	3.38	3.42
38	杭州市區	浙江省	華東地區	23	3.44	3.63	3.63	3.51	3.22	3.59	3.23	3.29	3.41
39	寧波餘姚	浙江省	華東地區	19	3.56	3.53	3.33	3.32	3.40	3.30	3.41	3.46	3.40
39	福州馬尾	福建省	華南地區	19	3.48	3.30	3.29	3.45	3.39	3.53	3.36	3.21	3.40
41	北京其他	北京市	華北地區	15	3.73	3.49	3.32	3.37	3.23	3.31	3.31	3.36	3.36
42	東莞厚街	廣東省	華南地區	17	3.48	3.47	3.31	3.55	3.26	3.47	3.15	3.24	3.35
43	武漢漢陽	湖北省	華中地區	16	3.58	3.45	3.17	3.38	3.33	3.36	3.24	3.50	3.34
43	珠海	廣東省	華南地區	17	3.59	3.58	3.46	3.02	3.19	3.33	3.39	3.43	3.34
45	海寧	浙江省	華東地區	32	3.58	.3.59	3.45	3.00	3.18	3.33	3.38	3.41	3.33
46	蘇州常熟	江蘇省	華東地區	15	3.58	3.49	3.29	3.05	3.24	3.20	3.42	3.29	3.32
46	泰州	江蘇省	華東地區	30	3.33	3.36	3.21	3.43	3.36	3.19	3.33	3.37	3.31
46	衡陽	湖南省	華中地區	16	3.65	3.50	3.36	3.08	3.23	3.11	3.37	3.40	3.31
46	桂林	廣西省	西南地區	27	3.36	3.26	3.20	3.57	3.35	3.14	3.32	3.44	3.31
50	武漢漢口	湖北省	華中地區	18	3.61	3.33	3.27	3.24	3.23	3.21	3.38	3.42	3.31
51	瀋陽	遼寧省	東北地區	15	3.41	3.61	3.50	3.19	3.00	3.30	3.27	3.38	3.27

51	蘇州吳江	江蘇省	華東地區	30	3.65	3.32	3.38	3.30	3.08	3.18	3.22	3.18	3.25
51	張家界	湖南省	華中地區	15	3.67	3.29	3.11	3.30	3.13	3.19	3.28	3.29	3.25
54	上海其他	上海市	華東地區	35	3.30	3.23	3.16	2.81	2.89	3.04	3.06	3.27	3.25
55	岳陽	湖南省	華中地區	15	3.70	3.33	3.20	3.42	3.33	3.02	2.96	3.17	3.24
56	福州市區	福建省	華南地區	23	3.46	3.38	3.29	3.06	3.05	3.22	3.30	3.37	3.22
57	蘇州張家港	江蘇省	華東地區	15	3.43	3.20	2.99	3.24	3.21	3.28	3.07	3.16	3.19
58	上海嘉定	上海市	華東地區	23	3.25	3.15	3.02	3.20	3.18	3.23	3.21	3.22	3.18
58	蘇州太倉	江蘇省	華東地區	18	3.40	3.30	3.26	2.88	3.01	3.20	3.26	3.58	3.17
60	深圳市區	廣東省	華南地區	44	3.40	3.30	3.26	2.88	3.01	3.20	3.26	3.18	3.17
61	煙台	山東省	華北地區	15	3.50	3.35	3.16	3.14	3.03	3.06	3.13	2.18	3.16
62	東莞石碣	廣東省	華南地區	15	3.69	3.38	3.17	3.13	2.84	3.02	3.14	3.36	3.13
63	惠州	廣東省	華南地區	20	3.23	3.27	3.07	3.06	3.02	3.03	3.22	3.07	3.12
63	東莞長安	廣東省	華南地區	24	3.58	3.63	3.57	3.53	3.38	3.41	3.27	2.89	3.11
65	昆明	雲南省	西南地區	15	3.35	3.21	3.18	2.80	2.91	3.20	3.19	3.27	3.11
65	廣州市區	廣東省	華南地區	21	3.40	3.24	3.08	2.91	2.96	3.09	3.19	3.16	3.10
67	深圳其他	廣東省	華南地區	44	3.30	3.23	3.16	2.81	2.89	3.04	3.06	3.18	3.10
68	深圳寶安	廣東省	華南地區	29	3.14	3.20	3.03	3.01	2.83	2.92	3.21	3.05	3.04
69	深圳龍崗	廣東省	華南地區	27	3.33	3.02	3.01	2.95	2.84	2.98	2.95	3.13	3.03
70	東莞虎門	廣東省	華南地區	25	3.36	3.13	3.10	2.61	2.68	2.92	3.05	3.19	2.98
71	東莞清溪	廣東省	華南地區	17	3.24	2.95	2.84	2.74	2.75	2.86	3.00	3.03	2.94
72	東莞市區	廣東省	華南地區	36	3.24	2.95	2.84	2.74	2.75	2.86	3.00	3.04	2.90
73	東莞樟木頭	廣東省	華南地區	17	2.88	2.99	2.90	2.95	2.70	2.83	2.91	2.69	2.85
74	東莞其他	廣東省	華南地區	60	3.87	3.36	3.24	3.45	3.09	3.06	3.03	2.81	2.76
75	北海	廣西省	西南地區	18	3.09	2.77	2.52	2.71	2.61	2.51	2.55	2.38	2.60

資料來源：本研究整理

註：（1）加權滿意程度=自然環境×10%+基礎建設×10%+公共設施×10%＋社會環境×10%+法政環境×25%＋經濟環境×15%+經營環境×20%。

（2）問卷給分如下：「非常同意」5分，「同意」4分，「沒意見」3分，「不同意」2分，「非常不同意」1分。

內銷內貿 領商機

095

步到第八名。而在2005年，前十名新進榜的城市只有華北地區的天津市（排名為九）；徐州則持續的進步中，由2004年的第六名前進至第三名，蘇州昆山的表現也一直不錯，在2000年時排名第十二名，在2001年與2002年都居第四名，雖然2003年落居十八名，然而在2004年的評比中上升爲第九名，今年已然重回第四名的位置。揚州在2004年的調查中爲第二名，然而今年卻滑落至第六名；由於2004年的研究城市區分單位更爲詳細，江陰市的表現卻十分亮眼，在2004年排名就高居第三名，而今年雖有滑落，仍位居第五名；此外成都從2004年的第四名，在今年也是稍微滑落至第六名，汕頭則由去年的第八名退步到第十名。

以下幾個城市，雖然不在十名的名單內，但其進步幅度卻值得關注。上海浦東在2004年的排名爲三十五名，2005年進步到第十四名；上海市區2004年的排名僅居第二十八名，2005年也進步到十九名。

嘉興在2004的投資調查中排名第七名，但今年的調查中退步到第二十名；蘇州的吳江市在前三年一直維持在前十名內，但最近兩年已退出十名榜外，

■表10-9 2000至2005前十名城市投資環境排名變化分析

排名	本研究 （2005）	呂鴻德 （2004）	陳麗瑛 （2003）	呂鴻德 （2002）	林祖嘉 （2001）	林震岩 （2000）
1	杭州蕭山	杭州蕭山	杭州蕭山	蘇州市區	吳江	嘉定
2	上海閔行	揚州	青島	蘇州昆山	寧波	杭州蕭山
3	徐州	無錫江陰	漳州	揚州	杭州	奉化
4	蘇州昆山	成都	寧波市區	無錫	昆山	揚州
5	無錫江陰	上海閔行	中山	杭州蕭山	奉化	餘姚
6	成都	徐州	揚州	寧波奉化	上海	蘇州
7	揚州	嘉興	無錫	寧波市區	無錫	杭州
8	南昌	汕頭	蘇州市區	上海市區	蘇州	寧波
9	天津市	蘇州昆山	汕頭	杭州市區	鎮江	吳江
10	汕頭	南昌	上海市區	上海浦東	溫州	武漢

資料來源：本研究整理

2005年更退居五十一名；杭州在前兩年的評估有不錯的表現，最近三年也未再進入前十名，今年由2004年的投資調查中之四十九名稍微進步至三十八名；青島是在2004年調查時，其投資環境之優越高居所有城市的第十三位，但今年有小幅進步，和大連並居第十一名的成績；無錫在2001年與2003年都名列第七，2003年則落居第三十八名，今年稍微進步至第二十三名；與無錫相同的是廣東省中山縣，雖然在2002年與2003年的調查中均爲居第五名，2004年的投資環境則退步到第三十八名，而今年則也有小幅度的進步（第三十名）；廈門的投資環境則一直在十名前後徘徊（2001年第十六名，2002年第六名，2003年第十四名），2004年也下滑至第二十九名，今年則回升至第十七名。

11 中國大陸投資風險分析

中國大陸整體投資風險分析

　　本研究問卷調查中採用的風險因素指標有四個，包括社會風險、法制風險、經濟風險、及經營風險。與2004年相比，指標的種類與權數略有不同，不過各項風險項目中的細項略有調整，但整個內容與2004年仍十分接近，故風險指標可以與2004年直接加以比較。至於在細項風險指標中，社會風險含有4個問項，法制風險有8個問項，經濟風險有9個問項，經營風險有12個問項，全部共有33個問項。經由專家問卷評比結果，各指標權數如表11-1所示。

　　2005年台商對中國大陸投資風險的評估，經加權平均後為2.58，略低於呂鴻德（2004）所做的調查（2.76）。在四項投資風險整體評估的高低順序，分別為經濟風險、經營風險、法制風險與社會風險，各個構面所得到的分數均呈現低於2000至2004年所做的調查，結果整理如表11-2所示。

　　在各風險構面方面，社會風險得分最低，只有2.32，與2004年的2.70相比

■表11-1　投資風險構面權重

投資風險指標	權　數	構面指標題數
❶社會風險	10%	4
❷法制風險	25%	8
❸經濟風險	30%	9
❹經營風險	35%	12

資料來源：本研究整理

■表11-2　2005年中國大陸投資風險細項指標評估分析

投資環境評估構面	本研究 （2005）	呂鴻德 （2004）	陳麗瑛 （2003）	呂鴻德 （2002）	林祖嘉 （2001）	林震岩 （2000）	六年度 平均
投資風險指標總平均	2.58	2.76	2.67	3.01	3.14	3.14	2.88
一、社會風險	2.32	2.70	2.57	2.77	2.86	2.85	2.68
1) 勞工抗議、抗爭事件頻繁發生的風險	2.26	2.59	2.48	2.54	2.77	2.80	2.57
2) 當地的外來民工造成社會問題風險	2.39	2.71	2.59	2.85	2.95	2.95	2.74
3) 發生勞資或經貿糾紛不易排解風險	2.33	2.72	2.63	2.85	3.00	2.92	2.74
4) 當地人身財產安全受到威脅的風險	2.33	2.76	2.57	2.86	2.92	2.93	2.73
整體而言，當地的社會風險程度	2.28	2.71	-	2.86	-	-	2.62
二、法制風險	2.36	2.79	2.70	3.13	3.14	3.22	2.89
1) 當地的行政命令經常變動的風險	2.35	2.79	2.67	3.16	3.21	3.33	2.92
2) 當地企業及人民對法令、合同、規範不遵守的風險	2.42	2.82	2.78	3.29	3.13	3.21	2.94
		2.81	2.76	3.28	3.13	3.21	2.53
3) 當地官員對法令、合同、規範執行不一致的風險	2.36	2.81	2.76	3.21	2.96	3.08	4.30
4) 與當地政府協商過程難以掌控的風險	2.37	2.80	2.74	3.17	3.19	3.28	2.93
5) 當地政府調解、仲裁糾紛對台商不公平程度的風險	2.36	2.76	2.63	2.97	3.00	-	2.74
		2.78	2.66	3.02	-	-	2.12
6) 當地機構無法有效執行司法及仲裁結果的風險	2.39	2.81	2.71	3.03	-	-	2.74
7) 當地政府要求不當回饋頻繁的風險	2.32	2.78	2.68	2.96	3.08	3.17	2.83
8) 當地常以刑事方式處理經濟案件的風險	2.31	2.75	2.62	2.97	3.59	-	2.85
整體而言，當地的法制風險程度	2.32	2.79	-	3.12	-	-	2.74
三、經濟風險	2.43	2.79	2.74	3.23	3.33	3.21	2.96
1) 當地的原物料經營成本上漲的風險	2.58	2.64	-	2.99	2.99	3.06	2.38
2) 外匯嚴格管制與利潤匯出不易的風險	2.49	2.82	2.80	3.48	3.60	-	3.04
		2.84	2.80	3.21	3.36	3.40	2.60
3) 當地的地方稅賦政策變動頻繁的風險	2.39	2.77	2.66	3.09	3.14	3.27	2.89
4) 藉由當地體系籌措與取得資金困難風險	2.53	2.89	2.82	3.40	3.59	3.58	3.14
		2.88	2.82	3.50	3.56	-	2.55

5) 政府優惠政策變動頻繁且不透明的風險	2.4	2.79	2.75	3.09	2.88	2.91	2.80
6) 政府對台商的優惠政策無法兌現的風險	2.34	2.75	2.70	2.99			2.70
7) 台商企業在當地發生經貿糾紛頻繁風險	2.34	2.75	2.69	-	-	-	2.59
8) 政府保護主義濃厚影響企業獲利的風險	2.37	2.78	-	-	-	-	2.58
9) 政府收費、攤派、罰款項目繁多的風險	2.43	2.81	2.69				1.32
整體而言，當地的經濟風險程度	2.37	2.77	-	3.16	-	-	2.77
四、經營風險	2.41	2.77	2.65	2.97	3.10	3.11	2.84
1) 水電、燃氣、能源供應不穩定的風險	2.52	2.80	2.51	2.80	2.94	3.00	2.76
2) 運輸、物流、通路狀況不易掌握的風險	2.31	2.63	2.52	2.76	2.86	2.95	2.67
3) 當地跨省運輸不當收費頻繁的風險	2.37	2.74	2.64	3.05	-	-	2.70
4) 當地的配套廠商供應不穩定的風險	2.35	2.70	2.63	2.93	3.08	3.09	2.80
5) 當地的市場通路開拓困難的風險	2.39	2.77	-	2.80	2.99	3.02	2.79
6) 當地企業信用不佳，欠債追索不易風險	2.59	2.95	2.67	3.09	3.18	3.10	2.93
7) 當地適任的員工招募與留用不易的風險	2.5	2.88	2.93	3.37	3.54	3.53	3.13
8) 當地員工缺乏敬業精神與忠誠度的風險	2.59	2.94	2.66	3.12	3.16	3.05	2.92
9) 經營企業維持人際網絡成本過高的	2.44	2.79	2.59	2.78	2.85	3.02	2.75
10) 當地政府干預企業經營運作的風險	2.25	2.61	2.60	2.74	2.81	-	2.17
11) 台商因經貿、稅務糾紛被羈押風險	2.4	2.74	2.61	2.88	3.19	3.21	2.84
12) 企業貨物通關受當地海關行政阻擾風險	2.37	2.78	2.68	3.10	3.22	3.19	2.89
整體而言，當地的經營風險程度	2.39	2.77	-	3.00	-	-	2.72

資料來源：本研究整理

■表11-3　2005與近六年之研究投資風險差異分析

投資風險評估構面	本研究 （2005）	六年度 平均值	2005-六年 度之差異	排名		
				▲	▼	—
一、社會風險						
1) 勞工抗議、抗爭事件頻繁發生風險	2.26	2.57	-0.31	25	0	0
2) 當地的外來民工造成社會問題風險	2.39	2.74	-0.35	19	0	0
3) 發生勞資或經貿糾紛不易排解風險	2.33	2.74	-0.41	13	0	0
4) 當地人身財產安全受到威脅的風險	2.33	2.73	-0.40	14	0	0
二、法制風險						
1) 當地的行政命令經常變動的風險	2.35	2.92	-0.57	4	0	0
2) 當地企業及人民對法令、合同、規範不 遵守的風險	2.42	2.94 2.53	-0.32	24	0	0
3) 當地官員對法令、合同、規範執行不一致 的風險	2.36	4.30	-1.94	1	0	0
4) 與當地政府協商過程難以掌控的風險	2.37	2.93	-0.56	5	0	0
5) 當地政府調解、仲裁糾紛對台商不公平程 度的風險	2.36	2.74	-0.38	16	0	0
6) 當地機構無法有效執行司法及仲裁結果的 風險	2.39	2.12	-0.27	27	0	0
7) 當地政府要求不當回饋頻繁的風險	2.32	2.74	-0.42	12	0	0
8) 當地常以刑事方式處理經濟案件風險	2.31	2.83	-0.52	7	0	0
三、經濟風險						
1) 當地的原物料經營成本上漲的風險	2.58	2.38	0.20	0	1	0
2) 外匯嚴格管制與利潤匯出不易的風險	2.49	3.04	-0.55	6	0	0
3) 當地的地方稅賦政策變動頻繁的風險	2.39	2.60	-0.21	29	0	0
4) 台商藉由當地銀行體系籌措與取得資金困 難的風險	2.53	2.89	-0.36	17	0	0
5) 政府優惠政策變動頻繁且不透明風險	2.40	3.14	-0.74	2	0	0
6) 政府對台商的優惠政策無法兌現風險	2.34	2.55	-0.21	29	0	0
7) 台商企業發生經貿糾紛頻繁的風險	2.34	2.80	-0.46	9	0	0
8) 政府保護主義濃厚影響企業獲利風險	2.37	2.70	-0.33	21	0	0
9) 政府收費、攤派、罰款項目繁多風險	2.43	2.59	-0.16	31	0	0

四、經營風險						
1) 水電、燃氣、能源供應不穩定風險	2.52	2.76	-0.24	28	0	0
2) 運輸、物流、通路狀況不易掌握風險	2.31	2.67	-0.36	17	0	0
3) 當地跨省運輸不當收費頻繁的風險	2.37	2.70	-0.33	31	0	0
4) 當地的配套廠商供應不穩定的風險	2.35	2.80	-0.45	10	0	0
5) 當地的市場通路開拓困難的風險	2.39	2.79	-0.40	15	0	0
6) 企業信用不佳，欠債追索不易的風險	2.59	2.93	-0.34	20	0	0
7) 適任的員工招募與留用不易的風險	2.5	3.13	-0.63	3	0	0
8) 員工缺乏敬業精神與忠誠度的風險	2.59	2.92	-0.33	21	0	0
9) 經營企業維持人際網絡成本過高風險	2.44	2.75	-0.31	25	0	0
10) 當地政府干預企業經營運作的風險	2.25	2.17	0.08	0	2	0
11) 台商因經貿、稅務糾紛被羈押風險	2.4	2.84	-0.44	11	0	0
12) 台商企業貨物通關時，受當地海關行政阻擾的風險	2.37	2.89	-0.52	7	0	0

資料來源：本研究整理

■表11-4　2005年與近六年投資風險細項指標變化排名分析

投資風險構面	本研究（2005）	近六年平均值	2005與近六年差異	下降名次
一、社會風險	2.32	2.68	-0.36	4
二、法制風險	2.36	2.89	-0.53	1
三、經濟風險	2.43	2.96	-0.53	1
四、經營風險	2.41	2.84	-0.43	2
投資風險指標總平均	2.38	2.84	-0.46	-

資料來源：本研究整理

附註：2005與近六年差異分數為負，表2005年度投資風險細項指標分數下降，即台商評鑑此指標風險較去年低，即風險改善。

下降了。因此台商對於中國大陸地方政府在社會風險上的努力已見改善。

　　法制風險得分2.36，和前一節法制環境大幅改善的結果加以比較，顯示台商雖然對於中國大陸的法制環境改善程度給予正面的評價，但同時也透露出中國大陸在法制方面仍有進步的空間。在各細項問題中，以當地企業及人民對法令、合同規範不重視不遵守的風險最為嚴重（2.42），其次為當地機構無法有

效執行司法及仲裁結果的風險（2.39）。

　　經濟風險的平均得分為2.43，此結果顯示，台商除了法制風險之外，對於經濟環境不確定所產生的風險疑慮也高。風險較高的項目則分別是：「當地的原物料經營成本上漲的風險（2.58）」、「台商藉由當地銀行體系籌措與取得資金困難的風險（2.53）」、「當地外匯嚴格管制與利潤匯出不易的風險（2.49）」。

　　在經營風險方面加權平均值為2.41，較經濟風險低，但高於社會風險、法制風險。其中風險較低的項目包含：政府干預運作（2.25）、運輸狀況不易掌握（2.31）等兩項。而經營風險較高的項目包括：「企業信用不佳（2.59）、「當地員工缺乏敬業精神與忠誠度（2.59）」與「當地的水電燃氣供應不穩定的風險（2.52）」。

　　2005年中國大陸投資風險各個評估構面所得到的風險分數，均低於六年平均值。在33個細項指標中，排名上升（風險降低）的指標有31個，佔所有指標93.93%，排名下降（風險提升）的指標有2個，佔所有指標的6.07%。

　　若以總體的觀點比較2005年的投資風險與六年平均值發現，2005年中國大陸投資風險（2.38）也低於六年平均值（2.84），各構面的風險值亦低於六年平均值（見表11-5）。

　　審視2005年中國大陸投資風險低於六年平均值的原因在於經濟、經營與法制風險的顯著降低（如表11-6）。風險下降最多的項目是法制風險中的「當地官員對法令、合同、規範執行不一致的風險」，其次依序是經濟風險中的「當地政府優惠政策變動頻繁且不透明的風險」；接下來是經營風險中的「當地適任的員工招募與留用不易的風險」、法制風險中的「當地行政命令經常變動的風險」與「與當地政府協商過程難以掌控的風險」、經濟風險中的「當地的外匯嚴格管制與利潤匯出不易的風險」、法制風險中的「當地常以刑事方式處理經濟案件的風險」、經營風險中的「台商企業貨物通關時，受當地海關行政阻擾的風險」、經濟風險中的「台商企業在當地發生經貿糾紛頻繁的風險」、經營風險中的「當地的配套廠商供應不穩定的風險」；其中又以法制風險中有四個

■表11-5 2005年與近六年投資風險平均觀點與總體觀點差異分析

投資風險 平均觀點	本研究 (2005)	近六年 平均值	2005與近 六年差異	投資風險 整體觀點	本研究 (2005)	六年度 平均值	2005與近 六年差異
一、社會風險	2.32❶	2.68❶	-0.36❸	一、社會風險	2.38❸	2.62❶	-0.24❹
二、法制風險	2.36❷	2.89❸	-0.53❶	二、法制風險	2.32❶	2.74❸	-0.42❶
三、經濟風險	2.43❹	2.96❹	-0.53❶	三、經濟風險	2.37❷	2.77❹	-0.40❷
四、經營風險	2.41❸	2.84❷	-0.43❷	四、經營風險	2.39❹	2.72❷	-0.33❸
細項平均值	2.38	2.84	-0.46	總體平均值	2.37	2.71	-0.34

資料來源：本研究整理

附註：2005與近六年差異分數為負，表2005年度投資風險細項指標分數下降，即台商評鑑此指標風險較去年低，即風險改善。

■表11-6 2005年與近六年投資風險細項指標下降排名

投資風險指標項目	2005-六年度 差異分數	風險下降 前十名
經營-4）當地的配套廠商供應不穩定的風險	-0.45	1
經濟-7）台商企業在當地發生經貿糾紛頻繁的風險	-0.46	2
經營-12）台商企業貨物通關，受當地海關行政阻擾的風險	-0.52	3
法制-8）當地常以刑事方式處理經濟案件的風險	-0.52	4
經濟-2）當地的外匯嚴格管制與利潤匯出不易的風險	-0.55	5
法制-4）與當地政府協商過程難以掌控的風險	-0.56	6
法制-1）當地行政命令經常變動的風險	-0.57	7
經營-7）當地適任的員工招募與留用不易的風險	-0.63	7
經濟-5）當地政府優惠政策變動頻繁且不透明的風險	-0.74	9
法制-3）當地官員對法令、合同、規範執行不一致的風險	-1.94	10

資料來源：本研究整理

附註：2005與近六年差異分數為負，表2005年度投資風險細項指標分數下降，即台商評鑑此指標風險較去年低，即風險改善。

項目進入風險降低排行中，為下降最多的項目。

　　整體而言，中國大陸投資風險較去年的低，同時也低於六年的平均值，不過未來投資風險的發展趨勢將會是值得注意的焦點，尤其是中國大陸正在進行宏觀調控的政策，實施地區均為台商群聚的重要據點，中國大陸投資風險會持續下降？值得審慎觀察。

　　同時由分析結果也可以看出中國大陸投資環境仍有一定的風險，比較投資環境與投資風險，可看出兩者的一致性與相關性，投資環境愈好者其投資風險就相對較小，相反的投資環境較差者投資風險就較大。整體投資風險最近六年變化整理如表11-7所示。

　　盱衡最近六年對中國大陸投資風險的調查發現，台商所擔心的投資風險有若干項目有明顯的變化（如表11-8），有些投資風險在早期是台商所關心，最近已未再出現。從表11-8觀察，前十大投資風險集中在法制風險、經濟風險與經營風險，社會風險的各項指標未曾出現在十大投資風險項目中。

　　值得注意的是經濟風險中的「當地外匯管制措施嚴格」，這五年來一直都在十大投資風險排行榜中，只是每年排名稍有不同，此外「當地政府優惠政策變動頻繁且不透明的風險」這兩三年均出現在投資風險排行內；在法制風險方面「官員對法令認知及執行不一致風險」也一直高掛十大投資風險項目中；經營風險的「當地適任的員工招募與留用不易的風險」也躍升到今年風險排行的前三名。而早期一度曾經被台商視為投資風險的項目，包括：「當地利潤匯出

■表11-7　　最近六年中國大陸投資風險變化情形彙總表

風險評估構面	2005年度	2004年度	2003年度	2002年度	2001年度	2000年度
投資風險總平均	2.58	2.76	2.67	3.01	3.14	3.14
社會風險	2.32	2.70	2.57	2.77	2.86	2.85
法制風險	2.36	2.79	2.70	3.13	3.14	3.22
經濟風險	2.43	2.79	2.74	3.23	3.33	3.21
經營風險	2.41	2.77	2.65	2.97	3.10	3.11

資料來源：本研究整理

■表11-8 最近六年前十大投資風險項目變化表

排序	2005年度	2004年度	2003年度	2002年度	2001年度	2000年度
1	當地官員對法令、合同、規範執行不一致的風險	企業信用不佳，欠債追索不易風險	當地帳款的回收困難	當地銀行及信用業務無法滿足台商需求	當地的外匯管制措施嚴格	當地的資金籌措與取得困難
2	當地政府優惠政策變動頻繁且不透明的風險	當地員工缺乏敬業精神與忠誠度難.	1.當地的資金籌措與取得困難 2.當地銀行及信用業務無法滿足台商需求	當地的外匯管制措施嚴格	1.當地的資金籌措與取得困難 2.當地以刑事方式處理經濟案件	當地帳款的回收困難
3	當地適任的員工招募與留用不易的風險	當地的資金籌措與取得困難的風險	--	當地的資金籌措與取得困難	--	當地的利潤匯出不易
4	當地的行政命令經常變動的風險	1.銀行信用業務無法滿足台商需求 2.適任的員工招募與留用不易風險	1.當地的外匯管制措施嚴格 2.當地的利潤匯出不易	當地帳款的回收困難	當地銀行及信用業務無法滿足台商需求	當地經營企業維持人際網絡的相關成本過高
5	與當地政府協商過程難以掌控的風險	--	--	當地人民對法令認知有不同	當地帳款的回收困難	當地的行政命令經常變動
6	當地的外匯嚴格管制與利潤匯出不易的風險	當地的利潤匯出不易的風險	當地員工的敬業精神與忠誠度低	當地人民對合同規範認知常有不同	當地的利潤匯出不易	與當地政府的協商時間難以掌握
7	1.台商企業貨物通關時，受當地海關行政阻擾的風險 2.當地常以刑事方式處理經濟案件的風險	當地的外匯管制措施嚴格的風險	當地人民對法令認知有不同	當地的物價水準高	當地的物價水準高	當地的稅賦、規費變動頻繁

內銷內貿領商機

8	--	企業人民對法令不重視不遵守風險	1.當地官員對法令認知常有不同 2.當地人民對合同規範認知常有不同	當地員工的敬業精神與忠誠度低	當地經營企業維持人際網絡的相關成本過高	當地員工的敬業精神與忠誠度低
9	台商企業在當地發生經貿糾紛頻繁的風險	1.企業人民對合同規範不重視風險 2.官員對法令認知及執行不一致風險 3.機構無法有效執行司法及仲裁風險 4.政府對台商優惠政策兌現程度風險	--	1.當地官員對法令認知常有不同 2.當地的利潤匯出不易	當地海關通關的障礙高	1.當地人民對法令認知常有不同 2.當地人民對合同規範認知常有不同 3.當地有台商無端因經貿糾紛羈押之紀錄
10	當地的配套廠商供應不穩定的風險	--	當地政府對台商的優惠政策不夠透明	--	當地的行政命令經常變動	--

資料來源：本研究整理

不易」、「當地資金籌措困難」、「當地銀行及信用業務無法滿足台商需求」、「當地帳款回收困難」、「當地企業與人民對合同規範不重視風險」等，已經未再出現於前十大投資風險項目中。

　　今年新出現的投資風險項目則爲：「當地的行政命令經常變動的風險」、「與當地政府協商過程難以掌控的風險」、「台商企業貨物通關時，受當地海關行政阻擾的風險」、「當地常以刑事方式處理經濟案件的風險」、「台商企業在當地發生經貿糾台商企業在當地發生經貿糾紛頻繁的風險」、「當地的配套廠商供應不穩定的風險」。

中國大陸各省市投資風險分析

中國大陸各地區投資風險分析

　　本節將利用回收樣本，來評估中國大陸台商對中國大陸各城市、省份、以及各地區的投資風險評估。在投資風險採用的指標中，5分代表「非常同意」風險很大，4分代表「同意」風險很大，3分代表「沒意見」，2分代表「不同意」，1分代表「非常不同意」。風險指標愈大，表示投資風險愈高；反之，則風險愈少。

　　和前六年比較起來（如表11-9），華東地區的投資風險逐年降低，華中地區投資風險也相對較低。

各城市投資風險指標分析比較

　　在分析各城市投資風險時，對於城市選取的標準亦如對投資環境評估時一樣，共選出75個城市來加以比較，亦列出其分數並排序之，以供參考，如表11-10所示。

　　在評估的75個城市中，上海閔行的投資風險最低（1.24），杭州蕭山、成

■表11-9　最近六年中國大陸區域投資風險評估變化彙總表

區域	樣本數	社會風險	法制風險	經濟風險	經營風險	加權風險	推薦投資	投資風險排名					
								2005	2004	2003	2002	2001	2000
華北	121	2.34	2.49	2.55	2.50	2.50	3.77	3	2	1	1	2	2
華東	900	2.16	2.16	2.27	2.27	2.23	3.99	1	1	4	2	7	4
華南	644	2.79	2.77	2.82	2.82	2.80	3.34	7	4	5	3	1	6
華中	180	2.14	2.33	2.36	2.32	2.32	4.00	2	3	2	4	6	7
東北	49	2.34	2.58	2.57	2.54	2.54	3.42	5	-	3	5	3	5
西北	23	2.57	2.56	2.55	2.55	2.55	3.48	6	-	-	6	5	1
西南	132	2.40	2.51	2.57	2.51	2.52	3.46	4	-	-	7	4	3

資料來源：本研究整理

都、蘇州昆山的投資風險加權平均數也都低於2，為低度投資風險的城市。各城市投資風險細項指標請參閱附錄。

　　盱衡過去六年的調查評估資料，中國大陸各城市的投資風險有所不同，其變化情形整理如表11-10所示。從表11-11中可以看出各年度變化相當大，六年來幾乎沒有城市可以穩居前十名。觀察這六年的資料，昆山在2001年與2002年均入榜，但在2003與2004年退出榜外，2005年即獲得（第四名）。2005年投資風險較低的前十大城市分別說明如下：

1.上海閔行：

　　上海閔行在2003年的調查中僅名列第31名，2004年名列第七名，2005年更大幅躍進為第一名。造成其風險急遽下降的原因，以2004與2005兩年度比較，在於以下幾項風險指標的下跌，分別是：台商藉由當地銀行體系籌措與取得資金（-1.41）、當地經營企業維持人際網絡成本過高（-1.33）、當地的行政命令經常變動（-1.29）、當地員工缺乏敬業精神與忠誠度（-1.22）、當地的市場通路開拓困難（-1.18）。

2.杭州蕭山：

　　杭州蕭山2004年的投資風險評估名列第二名，但是2004年小退一名到第三名，在2005年的投資風險評估躍升一名，回到第二名，檢視其風險指標的各項得分，和2004年相較指標有些許波動的情形，有些上升有些下降，但以兩年度比較，其進步較多的項目包括：當地的外來民工造成社會問題（-0.86）、當地的勞工抗議、抗爭事件頻繁發生（-0.66）、當地官員對法令、合同、規範執行不一致（-0.21）、當地企業及人民對法令、合同、規範不遵守（-0.21）、當地的行政命令經常變動（-0.10）、當地企業信用不佳，欠債追索不易的風險（-0.10）；其上升最多的項目為：當地的原物料經營成本上漲（0.61）、台商企業貨物通關時，受當地海關行政阻擾（0.30）、當地政府干預企業經營運作（0.28）、當地的配套廠商供應不穩定（0.22）、當地適任的員工招募與留用不易（0.21）。

■表11-10　2005年中國大陸城市投資風險度排行分析

排名	城市	省份	區域	樣本數	社會風險	法制風險	經濟風險	經營風險	整體風險	風險度加權
1	上海閔行	上海市	華東地區	22	1.33	1.18	1.24	1.26	1.26	1.24
2	杭州蕭山	浙江省	華東地區	32	1.37	1.28	1.39	1.35	1.35	1.35
3	成都	四川省	西南地區	49	1.50	1.43	1.53	1.53	1.51	1.50
4	蘇州昆山	江蘇省	華東地區	145	1.60	1.66	1.70	1.67	1.60	1.67
5	無錫江陰	江蘇省	華東地區	33	1.82	1.75	1.86	1.85	1.82	1.82
6	徐州	江蘇省	華東地區	41	1.75	1.87	1.82	1.84	1.86	1.83
7	揚州	江蘇省	華東地區	31	2.11	2.00	2.13	1.97	2.04	2.04
8	南昌	江西省	華中地區	18	2.80	2.94	2.99	2.86	2.16	2.15
9	上海浦東	上海市	華東地區	38	2.01	2.04	2.20	2.25	2.16	2.16
10	天津市	天津市	華北地區	15	2.03	2.11	2.23	2.22	2.13	2.17
11	寧波市區	浙江省	華東地區	53	2.03	2.04	2.27	2.24	2.17	2.18
12	汕頭	廣東省	華南地區	28	2.12	2.16	2.25	2.28	2.22	2.22
13	濟南	山東省	華北地區	24	2.25	2.12	2.23	2.31	2.24	2.23
14	廈門	福建省	華南地區	57	2.25	2.25	2.29	2.19	2.24	2.24
15	南京市區	南京市	華東地區	17	2.30	2.16	2.21	2.36	2.38	2.26
16	大連	遼寧省	東北地區	28	2.20	2.33	2.33	2.34	2.32	2.32
17	青島	山東省	華北地區	33	2.28	2.23	2.42	2.41	2.35	2.36
18	蘇州市區	江蘇省	華東地區	49	2.28	2.43	2.47	2.33	2.38	2.39
19	上海市區	上海市	華東地區	65	2.41	2.42	2.44	2.36	2.37	2.40
19	北京市區	北京市	華北地區	19	2.40	2.34	2.37	2.48	2.41	2.40
19	南京江寧	江蘇省	華東地區	15	2.24	2.40	2.47	2.37	2.34	2.40
19	泉州	福建省	華南地區	22	2.38	2.35	2.44	2.42	2.51	2.40
23	無錫市區	江蘇省	華東地區	23	2.44	2.40	2.40	2.45	2.42	2.42
23	上海松江	上海市	華東地區	21	2.18	2.42	2.45	2.47	2.37	2.42

23	西安	陝西省	西北地區	18	2.38	2.42	2.43	2.41	2.47	2.42
26	杭州市區	浙江省	華東地區	23	2.40	2.37	2.31	2.49	2.38	2.43
27	嘉興	浙江省	華東地區	17	2.27	2.56	2.51	2.35	2.43	2.44
27	莆田	福建省	華南地區	21	2.28	2.41	2.48	2.48	2.44	2.44
29	重慶市	重慶市	西南地區	16	2.16	2.30	2.50	2.60	2.44	2.45
30	合肥	安徽省	華中地區	26	2.38	2.49	2.61	2.62	2.46	2.48
31	江門	廣東省	華南地區	18	2.37	2.34	2.49	2.63	2.49	2.49
32	常州	江蘇省	華東地區	17	2.35	2.43	2.56	2.58	2.51	2.52
32	寧波奉化	浙江省	華東地區	26	2.07	2.57	2.57	2.57	2.5	2.52
34	南通	江蘇省	華東地區	23	2.57	2.50	2.68	2.42	2.59	2.53
34	上海嘉定	上海市	華東地區	23	2.29	2.50	2.58	2.58	2.52	2.53
36	武漢漢口	湖北省	華中地區	18	1.99	1.91	2.01	2.04	1.99	2.54
36	上海其他	上海市	華東地區	35	2.42	2.42	2.60	2.61	2.53	2.54
38	中山	廣東省	華南地區	20	2.36	2.45	2.64	2.60	2.57	2.55
39	武漢武昌	湖北省	華中地區	26	2.46	2.50	2.56	2.64	1.80	2.56
40	廣州其他	廣東省	華南地區	19	2.67	2.46	2.56	2.63	2.58	2.57
40	北京其他	北京市	華北地區	15	2.38	2.61	2.61	2.56	2.30	2.57
42	寧波餘姚	浙江省	華東地區	19	2.45	2.51	2.59	2.66	2.50	2.58
42	東莞厚街	廣東省	華南地區	17	2.59	2.55	2.65	2.54	2.61	2.58
42	珠海	廣東省	華南地區	17	2.44	2.79	2.61	2.46	2.52	2.58
45	福州馬尾	福建省	華南地區	19	2.52	2.59	2.60	2.61	2.65	2.59
46	瀋陽	遼寧省	東北地區	15	2.36	2.64	2.71	2.68	2.63	2.65
47	蘇州常熟	江蘇省	華東地區	15	2.67	2.58	2.72	2.72	2.70	2.68
47	武漢漢陽	湖北省	華中地區	16	2.45	2.75	2.77	2.64	2.60	2.68
49	海寧	浙江省	華東地區	32	2.72	2.51	2.82	2.70	2.69	2.68
50	蘇州太倉	江蘇省	華東地區	18	2.67	2.74	2.80	2.65	2.20	2.69
51	張家界	湖南省	華中地區	15	2.89	2.99	2.93	2.94	2.94	2.72

內銷內貿 領商機

111

52	蘇州張家港	江蘇省	華東地區	15	2.45	2.51	2.59	2.66	2.74	2.74
53	蘇州吳江	江蘇省	華東地區	30	2.52	2.60	2.79	2.94	2.83	2.76
54	衡陽	湖南省	華中地區	16	2.78	2.73	2.83	2.78	2.71	2.77
54	廣州市區	廣東省	華南地區	21	2.68	2.76	2.74	2.87	2.70	2.78
56	岳陽	湖南省	華中地區	15	2.63	2.83	2.76	2.83	2.72	2.78
57	深圳市區	廣東省	華南地區	44	2.82	2.78	2.91	2.78	2.82	2.79
57	泰州	江蘇省	華東地區	30	2.88	2.84	2.84	2.77	2.85	2.82
59	福州市區	福建省	華南地區	23	2.38	2.42	2.43	2.41	2.85	2.82
60	昆明	雲南省	西南地區	15	2.64	2.88	2.97	2.91	2.91	2.86
61	東莞長安	廣東省	華南地區	24	2.92	3.08	2.83	2.84	2.84	2.89
62	長沙	湖南省	華中地區	28	2.20	2.08	2.13	2.21	2.89	2.90
63	煙台	山東省	華北地區	15	3.00	2.88	2.92	2.93	2.92	2.91
64	東莞石碣	廣東省	華南地區	15	2.77	2.93	2.99	2.98	2.77	2.92
64	桂林	廣西省	西南地區	27	2.95	2.91	2.97	2.95	2.95	2.95
66	深圳其他	廣東省	華南地區	44	3.13	3.02	2.89	3.01	2.99	2.95
67	惠州	廣東省	華南地區	20	2.85	2.96	3.10	3.00	2.99	2.99
68	東莞虎門	廣東省	華南地區	25	3.00	3.01	3.13	2.93	3.01	3.00
69	深圳寶安	廣東省	華南地區	29	2.94	2.96	2.98	3.15	2.93	3.02
70	東莞清溪	廣東省	華南地區	17	3.00	3.17	3.28	2.94	3.09	3.03
71	東莞其他	廣東省	華南地區	60	3.08	3.05	3.18	3.17	3.13	3.11
72	東莞市區	廣東省	華南地區	36	3.30	3.04	3.08	3.26	3.13	3.13
73	深圳龍崗	廣東省	華南地區	27	3.37	3.20	3.21	3.25	3.26	3.15
74	東莞樟木頭	廣東省	華南地區	17	3.31	3.31	3.26	3.22	3.26	3.24
75	北海	廣西省	西南地區	18	3.00	3.17	3.28	2.94	3.09	3.26

資料來源：本研究整理

註：　(1) 加權滿意程度=社會風險×10%+法制風險×25%＋經濟風險×30%+經營風險×35%。

　　　(2) 問卷給分如下：「極高度風險非常同意」5分，「高度風險」4分，「中度風險」3分，「低度風險」2分，「完全無風險」1分。

3.成都：

成都在2003年與2004年的投資風險評估中均排名第五名，2005年則更進一步到第三名，以2004年與2005年兩年度比較其風險指標，在風險項目表現成長較佳的部分爲：當地的配套廠商供應不穩定（-0.87）、當地機構無法有效執行司法及仲裁結果（-0.84）、當地企業信用不佳，欠債追索不易（-0.83）、台商藉由當地銀行體系籌措與取得資金（-0.77）。

4. 蘇州昆山：

蘇州昆山在2004年的調查中僅名列第14名，2005年大幅躍進到第四名，和2004年相較檢視其風險指標各項得分，全部指標均呈下降的情形，造成其風險下降的原因，以兩年度比較，以下幾項風險指標改善情形最佳，分別是：當地員工缺乏敬業精神與忠誠度（-1.29）、當地適任員工招募與留用不易（-1.25）、當地的水電、燃氣、能源供應不穩定（-1.20）、當地經營企業維持人際網絡成本過高（-1.11）、當地的地方稅賦政策變動頻繁（-1.09）。

5. 無錫江陰：

無錫江陰2004年的投資風險評估名列第三名，在2005年名次退後兩名到第五名，雖然大部分的風險指標的各項分數均呈現下降狀況，但其降幅波動情況不大，與2004年相較，僅當地的原物料經營成本上漲（0.04）風險上升；降幅較少的項目爲：當地的勞工抗議、抗爭事件頻繁發生（-0.02）、當地政府對台商的優惠政策無法兌現（-0.06）、當地市場通路開拓困難當地政府調解（-0.06）、仲裁糾紛對台商不公平程度（-0.08）、當地的運輸、物流、通路狀況不易掌握（-0.12）；改善較多的項目是：當地企業信用不佳，欠債追索不易（-0.80）、當地的水電、燃氣、能源供應不穩定（-0.57）、當地政府保護主義濃厚影響企業獲利（-0.55）、台商企業貨物通關時，受當地海關行政阻擾（-0.53）。

內銷內貿領商機

113

6. 徐州：

2004年徐州在投資風險評估中的排名異軍突起，獲得第一名，在2005年的表現僅名列第六名，以兩年度比較，各項風險指標中有兩個風險指標上升為：當地的原物料經營成本上漲（0.18）、當地的勞工抗議、抗爭事件頻繁發生（0.07）；且其各項得分表現大部分風險降低，但其進步幅度不大，相較後進展空間較不佳者為：當地的配套廠商供應不穩定（持平）、當地的市場通路開拓困難（-0.01）、當地的水電、燃氣、能源供應不穩定（-0.04）、當地台商因經貿、稅務糾紛被羈押（-0.05）、當地政府調解、仲裁糾紛對台商不公平程度（-0.09）、當地發生勞資或經貿糾紛不易排解（-0.13）；進步表現較佳的項目分別為：當地企業信用（-0.05）、不佳，欠債追索不易（-0.56）、當地政府保護主義濃厚影響企業獲利（-0.55）、當地政府干預企業經營運作（-0.49）、台商企業在當地發生經貿糾紛頻繁（-0.48）。

7. 揚州：

揚州在2004年的風險評估中排名第二名，2005年則名列為第七名，以兩年度比較，其全部指標均有下降，其降幅最少的的項目包括：台商企業在當地發生經貿糾紛頻繁（-0.38）、當地政府優惠政策變動頻繁且不透明（-0.51）、當地的外來民工造成社會問題（-0.56）、當地政府對台商的優惠政策無法兌現（-0.57）、當地政府收費、攤派、罰款項目繁多（-0.57）。

8. 南昌：

南昌在2004年的投資風險評估中排名第八，2005年持平，仍然維持第八名，以兩年度比較審視結果其風險指標大部分是上升的，僅當地的市場通路開拓困難（-0.31）下降。

9. 上海浦東:

上海浦東在2004年的調查中僅名列第34名,2005年大幅躍進到第九名,造成其風險急遽下降的原因,以兩年度比較,在於以下幾項風險指標的下跌,分別是:當地政府收費、攤派、罰款項目繁多(-1.13)、當地政府要求不當回饋頻繁(-1.08)、當地官員對法令、合同、規範執行不一致(-0.98)、當地人身財產安全受到威脅(-0.97)、當地的行政命令經常變動(-0.91)。

10. 天津市:

天津市在2004年的投資風險評估中排名第13名,2005年調查中名列第十,上升三名,比較其風險指標全部是下降,表現較佳的部分為:台商藉由當地銀行體系籌措與取得資金困難(-1.57)、當地經營企業維持人際網絡成本過高(-1.32)、當地台商因經貿、稅務糾紛被羈押(-0.98)、台商企業貨物通關時,受當地海關行政阻擾(-0.98)、當地官員對法令、合同、規範執行不一致(-0.82)、當地的水電、燃氣、能源供應不穩定(-0.82)。

■表11-11　2000至2005前十名城市投資風險排名變化分析

排名	2005年度	2004年度	2003年度	2002年度	2001年度	2000年度
1	上海閔行	徐州	青島	寧波奉化	吳江	蕭山
2	杭州蕭山	揚州	杭州蕭山	杭州蕭山	濟南	奉化
3	成都	杭州蕭山	重慶	揚州	福州	餘姚
4	蘇州昆山	無錫江陰	無錫	蘇州吳江	惠州	上海嘉定
5	無錫江陰	成都	成都	蘇州市區	保定	南京
6	徐州	嘉興	揚州	無錫	石家莊	無錫
7	揚州	上海閔行	福州	蘇州昆山	鄭州	杭州
8	南昌	南昌	杭州市區	寧波市區	桂林	吳江
9	上海浦東	汕頭	汕頭	杭州市區	昆山	青島
10	天津市	寧波餘姚	寧波市區	中山	寧波	寧波

資料來源:本研究整理

12　推薦投資城市

台商整體推薦排名

　　本研究將相同城市問卷中有關推薦當地城市給未來台商赴中國大陸投資設廠的程度問項加以平均，得到台商對中國大陸各城市推薦程度的分數，分數愈高推薦的傾向愈高。分析結果並與過去四年研究之結果作一比較，如表12-1。推薦城市排名第一名的是上海閔行，其次是杭州蕭山，第三名是蘇州昆山；排名最後的分別是：北海、東莞樟木頭與東莞其他。

　　將本年度推薦分數與排名分別和2004年與六年平均值作比較分析，結果如表12-2。和2004年相比較結果推薦分數進步最多的城市分別是：泉州（1.36）、泰州（1.31）、深圳市區（1.13）、北京市區（1.04）與上海閔行（0.98）；退步最多的城市則是：東莞樟木頭（-0.46）、深圳寶安（-0.39）、蘇州太倉（-0.22）、珠海與深圳龍崗（-0.17）。排名方面和2004年比較起來推薦排名進步最多的城市依序分別為：泉州（進步43名）、杭州市區（進步37名）、長沙（進步28名）、北京市區（進步22名）、廈門（進步21名）、寧波市區（進步20名）；推薦排名退步較多的城市則分別是：蘇州太倉（退步33名）、珠海（退步28名）、深圳市區（退步24名）、桂林（退步23名）。

■表12-1　2005年中國大陸城市台商推薦排名分析

城市	省份	2005台商推薦		2004台商推薦		2003台商推薦		2002台商推薦		2001台商推薦		2000台商推薦	
		平均數	排名	平均數	排名	平均數	排名	平均數	排名	平均數	排名	平均數	排名
上海閔行	上海市	4.90	1	3.92	6	3.53	10	3.42	19	3.4	19	3.26	23
杭州蕭山	浙江省	4.81	2	4.36	1	3.94	1	3.54	6	3.19	37	3.39	16
蘇州昆山	江蘇省	4.72	3	3.77	11	3.49	16	3.82	1	3.66	10	3.5	6
無錫江陰	江蘇省	4.64	4	4.24	3	-	-	-	-	-	-	-	-
成都	四川省	4.55	5	4.24	3	3.57	7	3.5	12	3.12	42	3.71	3
徐州	江蘇省	4.52	6	4.07	5	-	-	-	-	-	-	-	-
揚州	江蘇省	4.51	7	4.25	2	3.53	8	3.54	5	3.2	36	3.44	11
南昌	江西省	4.36	8	3.76	12	-	-	-	-	-	-	-	-
北京市區	北京市	4.33	9	3.29	31	3.19	31	3.24	35	3.21	34	3.39	16
天津市	天津市	4.28	10	3.81	10	3.18	32	3.36	26	3.18	38	2.86	47
寧波市區	浙江省	4.27	11	3.29	31	3.38	20	3.44	16	3.43	18	3.5	6
青島	山東省	4.18	12	3.45	21	3.52	12	3.52	10	3.36	22	3.36	19
濟南	山東省	4.16	13	3.55	17	3.40	19	3.33	29	3.55	13	2.8	49
汕頭	廣東省	4.14	14	3.89	8	3.53	9	3.41	21	3.15	41	3.11	39
廈門	福建省	4.14	14	3.24	35	3.36	23	3.35	28	3.36	22	3.38	18
上海浦東	上海市	4.13	16	3.45	21	3.42	18	3.42	20	3.4	19	3.26	23
蘇州市區	江蘇省	4.01	17	3.61	15	3.58	4	3.69	2	3.69	7	3.57	5
南京市區	江蘇省	3.95	18	3.44	23	3.21	29	3.29	34	3.45	15	3.23	26
上海市區	上海市	3.94	19	3.38	27	3.62	3	3.42	19	3.4	19	3.26	23
泉州	福建省	3.89	20	2.53	63	2.64	52	3.18	39	-	-	3	42
南京江寧	江蘇省	3.87	21	-	-	-	-	-	-	-	-	-	-
西安	陝西省	3.85	22	-	-	-	-	-	-	-	-	-	-
杭州市區	浙江省	3.84	23	2.71	60	3.47	17	3.42	17	3.25	28	3.33	20
無錫市區	江蘇省	3.84	23	3.25	34	3.78	2	3.51	11	3.45	15	3.15	32
嘉興	浙江省	3.83	25	3.88	9	-	-	-	-	-	-	-	-
莆田	福建省	3.83	25	3.52	20	3.19	30	2.53	51	-	-	3.4	14

上海松江	上海市	3.83	25	3.44	23	3.50	13	3.42	19	3.4	19	3.26	23
大連	遼寧省	3.81	28	3.76	12	3.57	6	3.33	29	3.36	22	3.42	13
長沙	湖南省	3.81	28	2.87	56	-	-	-	-	-	-	-	-
寧波奉化	浙江省	3.78	31	3.9	7	3.27		3.53	7	3.54	14	3.34	14
重慶市	重慶市	3.77	32	3.18	38	3.00	41	3.06	45	3.26	27	3.63	4
常州	江蘇省	3.76	33	3.38	27	3.58	5	3.31	33	3.65	11	3.1	40
江門	廣東省	3.71	34	3.27	33	-	-	-	-	-	-	-	-
上海嘉定	上海市	3.66	35	3.07	47	3.22	27	3.42	19	3.4	19	3.26	23
南通	江蘇省	3.62	36	3.39	25	4.58	3.36	-	-	-	2.75	-	
上海其他	上海市	3.60	37	3.17	39	3.50	13	3.42	19	3.4	19	3.26	23
武漢武昌	湖北省	3.60	38	3.33	29	3.30	-	-	-	-	-	-	-
武漢漢口	湖北省	3.59	39	3.33	29	3.30	-	-	-	-	-	-	-
中山	廣東省	3.56	40	3.39	25	3.52	11	3.54	4	3.16	40	3.09	41
廣州其他	廣東省	3.53	41	-	-	-	-	-	-	-	-	-	-
珠海	廣東省	3.52	42	3.69	14	3.50	13	3.55	3	3.18	38	3.2	27
寧波餘姚	浙江省	3.52	42	3.17	39	2.90	46	3.36	25	3.79	4	3.47	9
北京其他	北京市	3.52	42	3.17	39	-	-	-	-	-	-	-	-
福州馬尾	福建省	3.50	45	-	-	-	-	-	-	-	-	-	-
張家界	湖南省	3.47	46	-	-	-	-	-	-	-	-	-	-
武漢漢陽	湖北省	3.43	47	3.33	29	3.30	-	-	-	-	-	-	-
瀋陽	遼寧省	3.43	47	-	-	-	-	-	-	-	-	-	-
東莞厚街	廣東省	3.41	49	3.14	43	-	-	-	-	-	-	-	23
蘇州常熟	江蘇省	3.37	50	-	-	-	-	-	-	-	-	-	-
蘇州張家港	江蘇省	3.34	51	-	-	-	-	-	-	-	-	-	-
蘇州太倉	江蘇省	3.31	52	3.53	19	3.55	-	-	-	-	-	-	-
蘇州吳江	江蘇省	3.31	52	3.3	30	3.23	25	3.53	8	4.06	1	3.5	6
海寧	浙江省	3.30	54	-	-	-	-	-	-	-	-	-	-

深圳寶安	廣東省	2.78	55	3.17	39	3.00	41	2.98	48	3.23	30	3.12	35
衡陽	湖南省	3.28	56	-	-	-	-	-	-	-	-	-	-
廣州市區	廣東省	3.24	57	2.95	54	2.95	44	3.08	43	2.98	46	3.31	21
岳陽	湖南省	3.29	58	-	-	-	-	-	-	-	-	-	-
泰州	江蘇省	3.19	59	1.88	65	1.00	54	-	-	-	-	-	-
福州市區	福建省	3.15	60	2.77	58	3.29	24	3.23	36	3.75	5	3	42
昆明	雲南省	3.14	61	3.06	48	2.83	3.4	22	3.25	28	3.2	27	
東莞石碣	廣東省	3.12	62	3.00	51	2.58	53	2.96	49	2.89	47	3.14	33
東莞長安	廣東省	3.08	63	2.62	61	2.76	49	2.96	49	2.89	47	3.14	33
深圳其他	廣東省	3.05	64	3.04	49	3.18	33	3.13	41	3.23	30	3.12	35
煙台	山東省	3.04	65	-	-	-	-	-	-	-	-	-	-
桂林	廣西	3.03	66	3.15	43	4.50	3.48	14	3.45	15	3.2	27	
深圳市區	廣東省	3.00	67	2.96	53	2.90	46	3.13	41	3.23	30	3.12	35
惠州	廣東省	2.88	68	2.89	55	3.13	35	3.48	13	3.31	26	3.14	33
東莞清溪	廣東省	3.21	69	3.21	36	3.05	40	2.96	49	2.89	47	3.14	33
深圳龍崗	廣東省	2.95	70	3.13	46	2.96	43	3.04	47	3.23	30	3.12	35
東莞虎門	廣東省	2.72	71	2.55	62	2.83	48	2.96	49	2.89	47	3.14	33
東莞市區	廣東省	2.68	72	2.79	57	2.95	45	2.96	49	2.89	47	3.14	33
東莞其他	廣東省	2.57	73	3.03	50	2.65	50	2.96	49	2.89	47	3.14	33
東莞樟木頭	廣東省	2.56	74	2.72	59	3.47	-	-	-	-	-	-	-
北海	廣西省	2.24	75	-	-	-	-	-	-	-	-	-	-

資料來源：本研究整理

內銷內貿 領商機 —

119

■表12-2 中國大陸城市台商推薦分數與排名變化分析

| 城 市 | 台商推薦 | | | | | | 2005-2004 差異 | | 2005-六年平均 之差異 | |
| | 2005 | | 2004 | | 六年平均 | | | | | |
	平均數	排名	平均數	排名	平均數	排名	分數	排名	分數	排名
上海閔行	4.90	1	3.92	6	3.74	9	0.98	5	1.16	2
杭州蕭山	4.81	2	4.36	1	3.87	5	0.45	21	0.94	3
蘇州昆山	4.72	3	3.77	11	3.83	6	0.95	7	0.89	4
無錫江陰	4.64	4	4.24	3	4.44	1	0.40	25	0.20	32
成都	4.55	5	4.24	3	4.40	2	0.31	32	0.15	39
徐州	4.52	6	4.07	5	4.30	3	0.45	21	0.22	28
揚州	4.51	7	4.25	2	3.75	8	0.26	37	0.76	8
南昌	4.36	8	3.76	12	4.06	4	0.60	13	0.30	25
北京市區	4.33	9	3.29	31	3.44	29	1.04	4	0.89	4
天津市	4.28	10	3.81	10	3.45	28	0.47	19	0.83	7
寧波市區	4.27	11	3.29	31	3.55	13	0.98	5	0.72	9
青島	4.18	12	3.45	21	3.57	11	0.73	10	0.61	13
濟南	4.16	13	3.55	17	3.47	23	0.61	12	0.69	10
汕頭	4.14	14	3.89	8	3.54	14	0.25	39	0.60	14
廈門	4.14	14	3.24	35	3.47	23	0.90	9	0.67	11
上海浦東	4.13	16	3.45	21	3.51	17	0.68	11	0.62	12
蘇州市區	4.01	17	3.61	15	3.69	10	0.40	25	0.32	23
南京市區	3.95	18	3.44	23	3.43	31	0.51	18	0.52	16
上海市區	3.94	19	3.38	27	3.50	18	0.56	17	0.44	20
泉州	3.89	20	2.53	63	3.05	54	1.36	1	0.84	6
南京江寧	3.87	21	-	-	-	-	-	-	-	-
西安	3.85	22	-	-	-	-	-	-	-	-
杭州市區	3.84	23	2.71	60	3.34	40	1.13	3	0.50	17
無錫市區	3.84	23	3.25	34	3.50	18	0.59	14	0.34	22

嘉興	3.83	25	3.88	9	3.86	6	-0.05	52	-0.03	47
莆田	3.83	25	3.52	20	3.29	44	0.31	32	0.54	15
上海松江	3.83	25	3.44	23	3.48	22	0.39	27	0.35	21
大連	3.81	28	3.76	12	3.54	14	0.05	46	0.27	27
長沙	3.81	28	2.87	56	3.34	40	0.94	8	0.47	18
寧波奉化	3.78	31	3.90	7	3.56	12	-0.12	54	0.22	28
重慶市	3.77	32	3.18	38	3.32	43	0.59	14	0.45	19
常州	3.76	33	3.38	27	3.46	26	0.38	28	0.3	25
江門	3.71	34	3.27	33	3.49	20	0.44	23	0.22	28
上海嘉定	3.66	35	3.07	47	3.34	40	0.59	14	0.32	23
南通	3.62	36	3.39	25	3.54	14	0.23	40	0.08	43
上海其他	3.60	37	3.17	39	3.39	35	0.43	24	0.21	31
武漢武昌	3.60	38	3.33	29	3.41	33	0.27	35	0.19	33
武漢漢口	3.59	39	3.33	29	3.41	33	0.26	37	0.18	34
中山	3.56	40	3.39	25	3.38	36	0.17	41	0.18	34
廣州其他	3.53	41	-	-	-	-	-	-	-	-
珠海	3.52	42	3.69	14	3.44	29	-0.17	57	0.08	43
寧波餘姚	3.52	42	3.17	39	3.37	37	0.35	30	0.15	41
北京其他	3.52	42	3.17	39	3.35	38	0.35	30	0.17	36
福州馬尾	3.50	45	-	-	-	-	-	-	-	-
張家界	3.47	46	-	-	-	-	-	-	-	-
武漢漢陽	3.43	47	3.33	29	3.35	38	0.1	44	0.08	43
瀋陽	3.43	47	-	-	-	-	-	-	-	-
東莞厚街	3.41	49	3.14	43	3.28	45	0.27	35	0.13	42
蘇州常熟	3.37	50	-	-	-	-	-	-	-	-
蘇州張家港	3.34	51	-	-	-	-	-	-	-	-
蘇州太倉	3.31	52	3.53	19	3.46	26	-0.22	58	-0.15	53

蘇州吳江	3.31	52	3.30	30	3.49	20	0.01	47	-0.18	54
海寧	3.30	54	-	-	-	-	-	-	-	
東莞清溪	2.78	55	3.21	36	3.08	51	0	50	0.13	42
衡陽	3.28	56	-	-	-	-	-	-	-	
廣州市區	3.24	57	2.95	54	3.09	50	0.29	34	0.15	39
岳陽	3.29	58	-	-	-	-	-	-	-	
泰州	3.19	59	1.88	65	2.02	62	1.31	2	1.17	1
福州市區	3.15	60	2.77	58	3.20	46	0.38	28	-0.05	48
昆明	3.14	61	3.06	48	3.15	47	0.08	45	-0.01	46
東莞石碣	3.12	62	3.00	51	2.95	56	0.12	43	0.17	36
東莞長安	3.08	63	2.62	61	2.91	58	0.46	20	0.17	36
深圳其他	3.05	64	3.04	49	3.13	49	0.01	49	-0.08	50
煙台	3.04	65	-	-	-	-	-	-	-	-
桂林	3.03	66	3.15	43	3.47	23	-0.12	54	-0.44	60
深圳市區	3.00	67	2.96	53	3.06	53	0.04	48	-0.06	49
惠州	2.88	68	2.89	55	3.14	48	-0.01	51	-0.26	56
深圳寶安	3.21	69	3.17	39	3.05	54	-0.39	59	-0.27	57
深圳龍崗	2.95	70	3.13	46	3.07	52	-0.17	57	-0.12	51
東莞虎門	2.72	71	2.55	62	2.85	61	0.17	42	-0.13	52
東莞市區	2.68	72	2.79	57	2.90	59	-0.11	53	-0.22	55
東莞其他	2.57	73	3.03	50	2.87	60	-0.46	60	-0.30	58
東莞樟木頭	2.56	74	2.72	59	2.92	57	-0.16	56	-0.36	59
北海	2.24	75	-	-	-	-	-	-	-	-

資料來源：本研究整理

內銷內貿領商機──

■表12-3　中國大陸城市綜合實力排行分析

排名	城市	省份	區域	競爭力加權 競爭力	排名	投資環境加權平均 環境力	百分位數	排名	投資風險加權平均 風險度	百分位數	排名	推薦意願加權平均 推薦度	百分位數	排名	綜合指標	總排名	評價
1	上海閔行	上海市	華東地區	97.33	1	4.48	98.60	2	1.24	100.00	1	4.90	100.00	1	98.97	A01	
2	杭州蕭山	浙江省	華東地區	84.21	30	4.58	100.00	1	1.35	98.70	2	4.81	98.60	2	97.07	A02	
3	蘇州昆山	江蘇省	華東地區	85.19	21	4.46	95.90	4	1.67	96.00	4	4.72	97.20	3	94.38	A03	極
4	成都	四川省	西南地區	81.49	32	4.06	93.20	6	1.50	97.30	3	4.55	94.50	5	92.73	A04	
5	無錫江陰	江蘇省	華東地區	73.84	40	4.10	94.50	5	1.82	94.60	5	4.64	95.90	4	91.54	A05	力
6	徐州	江蘇省	華東地區	56.52	62	4.47	97.20	3	1.83	93.30	6	4.52	93.20	6	89.50	A06	
7	天津市	天津市	華北地區	91.50	11	4.00	89.10	9	2.17	87.90	10	4.28	87.80	10	88.27	A07	推
8	上海浦東	上海市	華東地區	97.33	1	3.81	82.40	14	2.16	89.20	9	4.13	79.70	16	86.24	A08	
9	揚州	江蘇省	華東地區	51.17	65	4.04	91.80	7	2.04	91.90	7	4.51	91.80	7	85.66	A09	薦
10	南昌	江西省	華中地區	58.34	59	4.02	90.50	8	2.15	90.60	8	4.36	90.50	8	85.63	A10	
11	濟南	山東省	華北地區	80.40	33	3.85	83.70	13	2.23	83.80	13	4.16	83.70	13	83.12	A11	
12	青島	山東省	華北地區	84.62	29	3.92	85.10	11	2.36	78.40	17	4.18	85.10	12	82.51	A12	
13	寧波市區	浙江省	華東地區	79.15	34	3.80	81.00	15	2.18	86.50	11	4.27	86.40	11	82.40	A13	
14	大連	遼寧省	華北地區	85.12	27	3.92	85.10	11	2.32	79.80	16	3.81	60.80	28	81.09	A14	
15	南京市區	南京市	華東地區	88.02	16	3.75	77.00	18	2.26	81.10	15	3.95	77.00	18	79.72	A15	
16	廈門	福建省	華南地區	74.43	39	3.76	78.30	17	2.24	82.50	14	4.14	81.00	14	79.13	A16	
17	汕頭	廣東省	華南地區	39.77	68	3.94	87.80	10	2.22	85.20	12	4.14	81.00	14	79.02	A17	
18	蘇州市區	江蘇省	華東地區	85.19	21	3.79	79.70	16	2.39	77.10	18	4.01	78.30	17	78.81	A18	

	城市	省份	地區													值得推薦
19	上海市區	上海市	華東地區	97.33	1	3.73	75.60	19	2.40	75.70	19	3.94	75.60	19	74.72	B01
20	北京市區	北京市	華北地區	96.19	9	3.57	56.70	33	2.40	75.70	19	4.33	89.10	9	74.45	B02
21	上海松江	上海市	華東地區	97.33	1	3.61	62.10	28	2.42	70.30	23	3.83	64.80	25	74.13	B03
22	南京江寧	南京市	華東地區	88.02	16	3.63	66.20	26	2.40	75.70	19	3.87	72.90	21	74.08	B04
23	無錫市區	江蘇省	華東地區	73.84	40	3.66	70.20	23	2.42	70.30	23	3.84	68.90	23	73.81	B05
24	泉州	福建省	華南地區	59.74	58	3.67	71.60	22	2.40	75.70	19	3.89	74.30	20	73.04	B06
25	嘉興	浙江省	華東地區	57.87	60	3.68	72.90	20	2.44	64.90	27	3.83	64.80	25	71.19	B07
26	西安	陝西省	西南地區	70.68	45	3.62	64.80	27	2.42	70.30	23	3.85	71.60	22	70.54	B08
27	合肥	安徽省	華中地區	55.76	63	3.65	68.90	24	2.48	60.90	30	3.81	60.80	28	67.68	B09
28	杭州市區	浙江省	華東地區	84.21	30	3.41	50.00	38	2.42	70.30	23	3.84	68.90	23	66.77	B10
29	重慶市區	重慶市	西南地區	71.92	43	3.61	62.10	28	2.45	62.20	29	3.77	58.10	32	66.68	B11
30	莆田	福建省	華南地區	23.03	73	3.68	72.90	20	2.44	64.90	27	3.83	64.80	25	65.23	B12
31	武漢武昌	湖北省	華中地區	86.35	18	3.59	58.10	31	2.56	48.70	39	3.60	50.00	37	61.99	B13
32	寧波奉化	浙江省	華東地區	79.15	34	3.42	51.30	37	2.52	58.20	32	3.78	59.40	31	61.20	B14
33	江門	廣東省	華南地區	49.16	66	3.59	58.10	31	2.49	59.50	31	3.71	55.40	34	60.61	B15
34	廣州其他	廣東省	華南地區	96.22	7	3.47	54.00	35	2.57	47.30	40	3.53	45.90	41	60.58	B16
35	常州	江蘇省	華東地區	68.51	55	3.45	52.70	36	2.52	58.20	32	3.76	56.70	33	59.84	B17
36	中山	廣東省	華南地區	59.93	57	3.60	60.80	30	2.55	50.00	38	3.56	47.20	40	59.80	B18
37	南通	江蘇省	華東地區	57.08	61	3.49	55.40	34	2.53	55.50	34	3.62	52.70	36	58.26	B19
38	北京其他	北京市	華北地區	96.19	9	3.36	45.90	41	2.57	47.30	40	3.52	41.80	42	56.44	B20
39	長沙	湖南省	華中地區	70.81	44	3.64	67.50	25	2.90	17.60	62	3.81	60.80	28	56.15	B21

內銷內貿領商機——

125

序號	城市	省份	地區												代碼
40	武漢漢口	湖北省	華中地區	86.35	18	3.31	33.70	47	2.54	52.80	36	3.59	48.60	39	54.23	B22
41	寧波餘姚	浙江省	華東地區	79.15	34	3.40	47.20	39	2.58	44.60	42	3.52	41.80	42	54.15	B23
42	福州馬尾	福建省	華南地區	74.88	37	3.40	47.20	39	2.59	40.60	45	3.50	40.50	45	53.36	B24
43	上海嘉定	上海市	華東地區	97.33	1	3.19	22.90	58	2.53	55.50	34	3.66	54.00	35	52.69	B25
44	上海其他	上海市	華東地區	97.33	1	3.24	25.60	55	2.54	52.80	36	3.60	50.00	37	51.82	B26
45	武漢漢陽	湖北省	華中地區	86.35	18	3.34	40.50	43	2.68	37.90	47	3.43	36.40	47	51.38	B27
46	東莞厚街	廣東省	華南地區	68.72	47	3.35	44.50	42	2.58	44.60	42	3.41	35.10	49	50.80	B28
47	珠海	廣東省	華南地區	63.61	56	3.34	40.50	43	2.58	44.60	42	3.52	41.80	42	50.79	B29
48	蘇州常熟	江蘇省	華東地區	85.19	21	3.32	39.10	46	2.68	37.90	47	3.37	33.70	50	50.22	B30
49	瀋陽	遼寧省	東北地區	84.94	28	3.27	32.40	51	2.65	39.20	46	3.43	36.40	47	48.87	C01
50	海寧	浙江省	華東地區	26.89	69	3.34	40.50	43	2.68	37.90	47	3.30	28.30	54	44.50	C02
51	蘇州吳江	江蘇省	華東地區	85.19	21	3.25	28.30	52	2.76	29.80	53	3.31	29.70	52	44.20	C03
52	蘇州張家港	江蘇省	華東地區	85.19	21	3.22	24.30	57	2.74	31.10	52	3.34	32.40	51	43.02	C04
53	蘇州太倉	江蘇省	華東地區	85.19	21	3.18	21.60	59	2.69	33.80	50	3.31	29.70	52	42.30	C05
54	泰州	江蘇省	華東地區	41.25	67	3.31	33.70	47	2.82	23.00	58	3.19	21.60	59	38.06	C06
55	福州市區	福建省	華南地區	74.88	37	3.24	25.60	55	2.82	23.00	58	3.15	20.20	60	37.86	C07
56	衡陽	湖南省	華中地區	30.15	72	3.31	33.70	47	2.77	28.40	54	3.28	25.60	56	37.61	C08
57	深圳市區	廣東省	華南地區	90.16	12	3.17	18.90	60	2.79	24.40	57	3.00	10.80	67	37.12	C09
58	廣州市區	廣東省	華南地區	96.22	7	3.10	10.80	66	2.78	27.10	55	3.24	24.30	57	35.69	C10
59	張家界	湖南省	華中地區	9.07	75	3.25	28.30	52	2.72	32.50	51	3.47	39.10	46	34.48	C11
60	桂林	廣西省	西南地區	31.15	69	3.31	33.70	47	2.95	13.60	65	3.03	12.10	66	33.17	C12

（C01–C12：勉予推薦）

內銷內貿領商機

126

序號	城市	省	地區													暫不推薦
61	岳陽	湖南省	華中地區	31.11	70	3.25	28.30	52	2.78	27.10	55	3.21	22.90	58	33.16	C13
62	煙台	山東省	華北地區	72.31	42	3.17	18.90	60	2.91	16.30	63	3.04	13.50	65	32.91	C14
63	東莞石碣	廣東省	華南地區	68.72	47	3.13	17.50	62	2.92	14.90	64	3.12	17.50	62	30.51	C15
64	昆明	雲南省	西南地區	69.22	46	3.11	13.50	64	2.86	20.30	60	3.14	18.90	61	30.31	C16
65	東莞長安	廣東省	華南地區	68.72	47	3.11	13.50	64	2.89	19.00	61	3.08	16.20	63	29.72	C17
66	深圳其他	廣東省	華南地區	90.16	12	3.10	10.80	66	2.95	13.60	65	3.05	14.80	64	29.54	C18
67	東莞清溪	廣東省	華南地區	68.72	47	2.94	5.40	71	3.03	6.80	70	3.29	27.00	55	26.66	C19
68	惠州	廣東省	華南地區	54.16	64	3.12	16.20	63	2.99	10.90	67	2.95	9.40	68	19.68	D01
69	深圳龍崗	廣東省	華南地區	90.16	12	3.03	8.10	69	3.15	2.80	73	2.78	6.70	70	18.69	D02
70	深圳寶安	廣東省	華南地區	90.16	12	3.04	9.40	68	3.02	8.20	69	2.88	8.10	69	17.82	D03
71	東莞虎門	廣東省	華南地區	68.72	47	2.98	6.70	70	3.00	9.50	68	2.72	5.40	71	16.73	D04
72	東莞市區	廣東省	華南地區	68.72	47	2.90	4.00	72	3.13	4.10	72	2.68	4.00	72	13.75	D056
73	東莞其他	廣東省	華南地區	68.72	47	2.85	2.70	73	3.11	5.50	71	2.57	2.70	73	13.41	D0
74	東莞樟木頭	廣東省	華南地區	68.72	47	2.76	1.30	74	3.24	1.40	74	2.56	1.30	74	11.41	D07
75	北海	廣西省	西南地區	13.31	74	2.60	0.00	75	3.26	0.00	75	2.24	0.00	75	2.00	D08

資料來源：本研究整理

內銷內貿 領商機

127

■表12-4　2000-2005年中國大陸城市台商綜合推薦比較分析

2005年推薦城市	2004年推薦城市	2003年推薦城市	2002年推薦城市	2001年推薦城市	2000年推薦城市
極力推薦 上海閔行、杭州蕭山、蘇州昆山、成都、無錫江陰、徐州、天津、上海浦東、揚州、南昌、濟南、青島、寧波市區、大連、南京市區、廈門、汕頭、蘇州市區	**極力推薦** 杭州蕭山、上海閔行、成都、揚州、徐州、無錫江陰、天津、蘇州昆山、嘉興、大連、南昌、汕頭、濟南、青島	**極力推薦** 杭州蕭山、青島、無錫、上海市區、寧波市區、大連、蘇州市區、成都、杭州市區、揚州	**極力推薦** 蘇州、無錫、寧波市區、蘇州昆山、杭州市區、揚州、杭州蕭山、青島	**優先推薦** 蘇州、昆山、吳江、餘姚、寧波、無錫	**大力推薦** 蘇州、嘉定、寧波、餘姚、吳江、奉化、蕭山
18/75 (24%)	14/65 (22%)	10/54 (19%)	8/52 (15%)	6/46 (13%)	7/35 (20%)
值得推薦 上海市區、北京市區、上海松江、南京江寧、無錫市區、泉州、嘉興、西安、合肥、杭州市區、重慶、莆田、武漢武昌、寧波奉化、江門、廣州其他、常州、中山、南通、北京其他、長沙、武漢漢口、寧波餘姚、福州馬尾、上海嘉定、上海其他、武漢漢陽、東莞厚街、珠海、蘇州常熟	**值得推薦** 蘇州市區、南京市區、蘇州太倉、寧波市區、漳州、紹興、珠海、寧波餘姚、上海松江、常州、莆田、上海浦東、南通、重慶、江門、上海市區、北京市區、中山、廈門、寧波奉化、東莞厚街、蘇州吳江、武漢、上海其他	**值得推薦** 中山、汕頭、廈門、上海寶山、上海松江、珠海、上海浦東、上海閔行、福州、上海其他、常州、鄭州、漳州、蘇州昆山、濟南、重慶、瀋陽、上海嘉定、北京、惠州、武昌、深圳福田、南京、天津、蘇州吳江、廣州市區、深圳龍崗	**值得推薦** 寧波奉化、中山、蘇州、吳江、上海市郊、上海浦東、上海市區、成都、天津、大連、廈門、鄭州、惠州、長沙、漳州、南京、桂林、石家莊、汕頭、瀋陽、珠海	**可予推薦** 昆山、佛山、揚州、大連、成都、北京、廈門、清遠、青島、杭州、廣州、武漢、上海、南京、珠海、瀋陽、無錫、東莞、惠州、深圳、天津、常州、中山	**可予推薦** 昆山、佛山、揚州、大連、成都、北京、廈門、清遠、青島、杭州、廣州、武漢、上海、南京、珠海、瀋陽、無錫、東莞、惠州、深圳、天津、常州、中山
30/75 (40%)	24/65 (37%)	27/54 (50%)	21/52 (40%)	35/46 (76%)	23/35 (66%)

內銷內貿 領商機──

128

2005年推薦城市	2004年推薦城市	2003年推薦城市	2002年推薦城市	2001年推薦城市	2000年推薦城市
勉予推薦：瀋陽、海寧、蘇州吳江、蘇州張家港、蘇州太倉、泰州、福州市區、衡陽、深圳市區、廣州市區、張家界、桂林、岳陽、煙台、東莞石碣、昆明、東莞長安、深圳其他、東莞清溪	勉予推薦：無錫市區、杭州市區、桂林、北京其他、深圳龍崗、深圳寶安、上海嘉定、南寧、東莞石碣、昆明、廣州市區、東莞其他、深圳其他、佛山、長沙、福州市區、河源、東莞長安、東莞清溪、深圳市區	勉予推薦：深圳其他、深圳市區、南寧、鎮江、深圳寶安、東莞虎門、莆田、東莞清溪、寧波餘姚	勉予推薦：武漢、北京、佛山、濟南、鎮江、福州市區、餘姚、常州、昆明、溫州、深圳布吉、廣州、深圳龍崗、深圳、深圳寶安、福州福清、重慶	勉予推薦：汕頭、海口、東莞	不擬推薦：汕頭、福州、西安
19/75 (25%)	20/65 (31%)	9/54 (17%)	17/52 (33%)	3/46 (7%)	3/35 (9%)
暫不推薦：惠州、深圳龍崗、深圳寶安、東莞虎門、東莞市區、東莞其他、東莞樟木頭、北海	暫不推薦：惠州、東莞市區、東莞虎門、東莞樟木頭、泉州、保定、泰州	暫不推薦：佛山、泉州、東莞石碣、溫州、東莞市區、東莞長安、東莞其他、泰州	暫不推薦：南寧、保定、泉州、東莞、南昌、莆田	絕不推薦：黃岡、湛江	暫不推薦：黃岡、哈爾濱
8/75 (11%)	7/65 (10%)	8/54 (14%)	6/52 (12%)	2/46 (4%)	2/35 (5%)

資料來源：本研究整理

中國大陸城市綜合實力分析

　　本年度之綜合指標計算延續歷年計算方式，整合各城市在（1）城市總體競爭力分析、（2）投資環境分析、（3）投資風險分析以及（4）台商推薦投資等四部分所得到的調查與研究結果，計算評估各城市總體競爭力與投資環境優劣之綜合性指標，並予以評價以供台商前往投資參考，詳見表12-3。

　　本研究將各城市在各項調查結果之原始分數，依其高低換算為百分等級，

再分別乘上適當的權數後得到綜合指標及城市總排名。其中，投資風險得分係以越低者越佳，因此百分位數越高，此百分位數列於各指標加權平均分數項下。

權數決定方面，延續過去研究，以城市競爭力加權平均給予15％之權重，投資環境給予40％之權重，投資風險給予30％之權重，推薦意願則給予15％之權重。

將換算結果及加權平均後，算出各項綜合指標分數，其係以0到100為百分位數加權計算，予以排序，列出名次如表12-3。再以25分為一級距，75分以上城市為A級城市，是本研究「極力推薦」台商前往投資之城市；75分到50分城市為B級城市，歸屬「值得推薦」之評價；50分到25分城市為C級城市，是本研究「勉予推薦」之城市；25分以下之城市則為D級「暫不推薦」之城市。將六年來推薦城市之分析結果列於表12-4。

中國大陸城市單項主題十大城市排名分析

本研究除延續過去五年「兩力」、「兩度」以及最後「城市綜合投資實力」等五項排行之外，另外針對台商關切主題進行單項評估：

（一）當地政府行政透明度城市排行

從當地政府行政透明度城市排行來看。我們用法制環境與經濟環境來作為評估的構面。法制環境方面，當地的各級官員操守清廉程度這個選項是重點的評估項目。經濟風險方面，當地政府優惠政策變動頻繁且不透明的風險與當地政府收費、攤派、罰款項目繁多的風險則是重點的評估項目。

評估價值結果如表12-5顯示前五名幾乎集中在華東地區。其中華東地區有杭州、蕭山、上海閔行、徐州、無錫江陰。只有西南地區的成都是五名內比較特別的城市。

（二）當地對台商投資承諾實現度城市排行

從當地對台商投資承諾實現度城市排行來看。我們用法制環境與經濟環境

■表12-5　當地政府行政透明程度十大城市排行

排　名	城　市	省　份	區　域	平均數
1	杭州蕭山	浙江省	華東地區	4.67
2	上海閔行	上海市	華東地區	4.60
3	徐州	江蘇省	華東地區	4.55
4	成都	四川省	西南地區	4.35
5	無錫江陰	江蘇省	華東地區	4.27
6	揚州	江蘇省	華東地區	4.06
7	南昌	江西省	華中地區	4.05
8	上海浦東	上海市	華東地區	4.02
9	天津市	天津市	華北地區	3.95
10	蘇州昆山	江蘇省	華東地區	3.89

資料來源：本研究整理

來作為評估的構面。法制環境方面，當地政府對台商投資承諾實現的程度與當地政府政策穩定性及透明度是重點的評估項目。經濟風險方面，當地政府優惠政策變動頻繁且不透明的風險與當地政府對台商的優惠政策無法兌現的風險則是重點的評估項目。

　　如表12-6的資料排行可以顯示出前五名皆在華東地區。包括有蘇州昆山、杭州蕭山、無錫江陰、上海閔行、徐州。

（三）當地台商經貿糾紛程度最優城市排行

　　從當地台商經貿糾紛程度最優城市排行來看。我們用法制環境、經濟環境、社會風險、法制風險、經濟風險與經營風險來作為評估的構面。法制環境方面，當地的政府與執法機構秉持公正的執法態度、當地解決糾紛的管道完善程度與當地的各級官員操守清廉程度是重點的評估項目。經濟環境方面，台商企業在當地之勞資關係和諧程度則是重點的評估項目。社會風險方面，當地發生勞資或經貿糾紛不易排解的風險則是重點的評估項目。法制風險方面，當地政府的行政命令經常變動的風險、當地企業及人民對法令、合同、規範不遵守的風險、當地官員對法令、合同、規範執行不一致的風險、與當地政府的協商

■表12-6　當地對台商投資承諾實現度十大城市排行

排　名	城　市	省　份	區　域	平均數
1	蘇州昆山	江蘇省	華東地區	4.69
2	杭州蕭山	浙江省	華東地區	4.59
3	無錫江陰	江蘇省	華東地區	4.56
4	上海閔行	上海市	華東地區	4.45
5	徐州	江蘇省	華東地區	4.18
6	揚州	江蘇省	華東地區	4.16
7	濟南	山東省	華北地區	4.03
8	南昌	江西省	華中地區	4.00
9	天津市	天津市	華北地區	3.90
10	青島	山東省	華北地區	3.88

資料來源：本研究整理

過程難以掌控的風險、當地政府調解、仲裁糾紛對台商不公平程度的風險、當地機構無法有效執行司法及仲裁結果的風險、當地政府要求不當回饋頻繁的風險與當地常以刑事方式處理經濟案件的風險則是重點的評估項目。經濟風險方面，當地外匯嚴格管制及利潤匯出不易的風險、當地的地方稅賦政策變動頻繁的風險、當地政府優惠政策變動頻繁且不透明的風險、當地政府對台商的優惠政策無法兌現的風險、台商企業在當地發生經貿糾紛頻繁的風險、當地政府保護主義濃厚，企業獲利不佳的風險與當地政府收費、攤派、罰款項目繁多的風險為重點項目。經營風險方面，當地企業信用不佳，欠債追索不易的風險、當地政府干預企業經營運作的風險、當地台商因經貿、稅務糾紛被羈押的風險、台商企業貨物通關時，受當地海關行政阻擾的風險為重點項目。

　　評估結果如表12-7，從表12-7的資料排行可以顯示出前五名皆集中在華東地區。包括有上海閔行、杭州蕭山、蘇州昆山、徐州。其中只有西南地區的成都佔據第四名，是五名內比較特別的城市。

（四）當地台商人身安全程度最優城市排行

　　接連發生台商在中國大陸遇害的消息後，人身安全成為台商非常重視的議

■表12-7　當地台商經貿糾紛程度十大城市排行

排　名	城　市	省　份	區　域	平均數
1	上海閔行	上海市	華東地區	4.65
2	杭州蕭山	浙江省	華東地區	4.60
3	成都	四川省	西南地區	4.56
4	蘇州昆山	江蘇省	華東地區	4.38
5	徐州	江蘇省	華東地區	4.23
6	無錫江陰	江蘇省	華東地區	4.07
7	揚州	江蘇省	華東地區	4.07
8	南昌	江西省	華中地區	3.93
9	上海浦東	上海市	華中地區	3.91
10	天津市	天津市	華北地區	3.91

資料來源：本研究整理

題，因此本研究特別評估台商人身安全程度最優城市。我們用公共設施、社會環境、法制環境、社會風險，經濟環境與經營風險來作為評估的構面。公共設施方面，當地的醫療、衛生設施完備程度是重點的評估項目。社會環境方面，當地的社會治安是重點的評估項目。法制環境方面，當地的政府與執法機構秉持公正的執法態度是重點的評估項目。社會風險方面，當地的勞工抗議、抗爭事件頻繁發生的風險、當地的外來民工造成社會問題的風險、當地發生勞資或經貿糾紛不易排解的風險與當地人身財產安全受到威脅的風險則為重點的評估項目。經濟風險方面，台商企業在當地發生經貿糾紛頻繁的風險則是重點的評估項目。經營風險方面，當地台商因經貿、稅務糾紛被羈押的風險為重點評估項目。

評估結果如表12-8，從表12-8的資料排行可以顯示出前五名皆在華東地區，只有第二名為西南地區的城市為成都。換句話說，台商認為，在華東地區經商相對於其他地區在人身安全上是比較安全一些。

（五）最適合從事內銷市場城市排行

自從中國大陸開放內銷/內貿市場之後，許多廠商皆將關注的焦點轉向於此，因此，本研究亦選取相關指標進行評估，期望選出最適合從事內銷市場的

■表12-8　當地台商人身安全程度十大城市排行

排　名	城　市	省　份	區　域	平均數
1	杭州蕭山	浙江省	華東地區	4.60
2	成都	四川省	西南地區	4.47
3	上海閔行	上海市	華東地區	4.43
4	蘇州昆山	江蘇省	華東地區	4.42
5	無錫江陰	江蘇省	華東地區	4.17
6	揚州	江蘇省	華東地區	4.09
7	南昌	江西省	華中地區	4.04
8	汕頭	廣東省	華南地區	3.96
9	天津市	天津市	華東地區	3.96
10	濟南	山東省	華北地區	3.86

資料來源：本研究整理

城市。從最適合從事內銷市場城市排行排行來看。我們用基礎建設、法制環境、經濟環境、經營環境、經營風險與推薦意願來作爲評估的構面。基礎建設方面，當地的倉儲、物流、流通相關商業設施完備程度爲重點評估項目。法制環境方面，當地政府對智慧財產權重視的態度爲重點評估項目。經濟環境方面，當地經濟環境促使台商經營獲利程度爲重點評估項目。經營環境方面，當地環境適合台商發展內需、內銷市場的程度和當地同業、同行間公平且正當競爭條件爲重點評估項目。經營風險方面，當地的運輸、物流、通路狀況不易掌握的風險、當地跨省運輸不當收費頻繁的風險、當地的市場通路開拓困難的風險、當地企業信用不佳，欠債追索不易的風險與當地政府干預企業經營運作的風險爲重點評估項目。推薦意願方面，就內銷市場開拓您願意推薦給未來台商投資的程度爲重點評估項目。

評估結果如表12-9，評估結果可以顯示出前五名皆在華東地區。包括有杭州蕭山、上海閔行、徐州、無錫江陰、蘇州昆山。

（六）最適宜服務業投資城市排行

隨著中國大陸加入ＷＴＯ承諾開放服務業市場給予外資經營，那些城市適

■表12-9 最適合從事內銷市場十大城市

排　名	城　市	省　份	區　域	平均數
1	杭州蕭山	浙江省	華東地區	4.64
2	上海閔行	上海市	華東地區	4.52
3	徐州	江蘇省	華東地區	4.49
4	無錫江陰	江蘇省	華東地區	4.41
5	蘇州昆山	江蘇省	華東地區	4.10
6	揚州	江蘇省	華東地區	4.07
7	成都	四川省	西南地區	4.02
8	南昌	江西省	華中地區	3.95
9	濟南	山東省	華北地區	3.93
10	青島	山東省	華北地區	3.81

資料來源：本研究整理

合經營服務產業成為大家關注的焦點，本研究從投資環境與投資風險評估的指標中選取若干適合評估服務業設立的準則，評估最適合服務投資的城市。

評估結果如表12-10，從表12-10中顯示，前五名的城市大都集中在華東地區。包括有上海閔行、杭州蕭山、蘇州昆山、徐州。只有第二名為西南地區的成都。

（七）最適宜IT製造業投資城市排行

最適宜IT製造業投資城市排行來看。用基礎建設、社會環境、法制環境、經濟環境、經營環境、社會風險、法制風險、經濟風險與經營風險等構面中選取若干指標加以評估。

如表12-11的資料排行可以顯示出前五名皆在華東地區。包括有杭州蕭山、蘇州昆山、上海閔行、徐州、上海浦東。這大概是因為ＩＴ廠商已經在華東地區形成群聚，配套產業完整，使的台商們大部分認為在華東地區適合ＩＴ製造業的投資。

（八）當地台商企業獲利程度最優城市排行

■表12-10　最適宜服務業投資十大城市排行

排　名	城　市	省　份	區　域	平均數
1	上海閔行	上海市	華東地區	4.6
2	成都	四川省	西南地區	4.53
3	杭州蕭山	浙江省	華東地區	4.47
4	蘇州昆山	江蘇省	華東地區	4.43
5	徐州	江蘇省	華東地區	4.07
6	無錫江陰	江蘇省	華東地區	4.01
7	揚州	江蘇省	華東地區	3.99
8	南昌	江西省	華中地區	3.89
9	天津市	天津市	華北地區	3.88
10	濟南	山東省	華北地區	3.80

資料來源：本研究整理
註：風險項目的評比採逆向編碼

■表12-11　最適宜IT製造業投資十大城市排行

排　名	城　市	省　份	區　域	平均數
1	杭州蕭山	浙江省	華東地區	4.57
2	蘇州昆山	江蘇省	華東地區	4.56
3	上海閔行	上海市	華東地區	4.48
4	上海浦東	上海市	華東地區	4.41
5	徐州	江蘇省	華東地區	4.05
6	揚州	江蘇省	華東地區	4.04
7	無錫江陰	江蘇省	華東地區	4.03
8	南昌	江西省	華中地區	3.88
9	寧波市區	浙江省	華東地區	3.87
10	大連	遼寧省	華北地區	3.82

資料來源：本研究整理

　　從當地台商企業獲利程度最優城市排行來看。我們用經濟環境、經營環境、經濟風險、經營風險與推薦意願來作為評估的構面。

　　評估結果如表12-12，評估結果顯示的資料排行可以顯示出前五名皆在華

■表12-12　當地台商企業獲利程度十大城市排行

排　名	城　市	省　份	區　域	平均數
1	杭州蕭山	浙江省	華東地區	4.57
2	徐州	江蘇省	華東地區	4.50
3	無錫江陰	江蘇省	華東地區	4.40
4	蘇州昆山	江蘇省	華東地區	4.07
5	揚州	江蘇省	華東地區	4.05
6	南昌	江西省	華中地區	4.00
7	天津市	天津市	華北地區	3.86
8	青島	山東省	華北地區	3.80
9	汕頭	廣東省	華南地區	3.79
10	大連	遼寧省	華北地區	3.65

資料來源：本研究整理

東地區，包括有杭州蕭山、徐州、無錫江陰、蘇州昆山、揚州。其原因可能因為華東地區的投資環境較佳，且高科技廠商群聚，投資規模亦較早期進入華南地區者為大等相關因素的結合。此外，華北地區的天津、青島與大連三地的投資環境對廠商經營獲利情形的幫助亦屬優異。

（九）當地金融環境自由化最優城市排行

從當地金融環境自由化最優城市排行看。我們用經濟環境與經濟風險作為評估的構面。

評估結果如表12-13，從表12-13中可以顯示，第一名為華中地區的南昌，第二名到第五名皆在華東地區。包括有蘇州昆山、揚州、上海閔行、無錫江陰。華北地區的濟南與天津市分居第六名與第八名，華南地區的汕頭則為居第十名。

（十）當地政府歡迎台商投資的熱情度排行

從當地政府歡迎台商投資的熱情度排行來看。我們用社會環境、法制環境、經濟環境、經濟風險、經營風險等構面中選擇若干項指標來作為評估的項目。

內銷內貿 領商機

評估結果整理如表12-14，從表12-14中顯示，第一名為杭州的蕭山市，第二名為江西省的南昌，第三名到第七名皆在華東地區，分別是：無錫江陰、蘇州昆山、揚州、上海閔行與徐州。西南地區的成都獲得第八名，山東省的濟南與廣東的汕頭分獲第九與第十名。

■表12-13　當地金融環境自由化十大城市排行

排　名	城　市	省　份	區　域	平均數
1	南昌	江西省	華中地區	4.52
2	蘇州昆山	江蘇省	華東地區	4.51
3	揚州	江蘇省	華東地區	4.43
4	上海閔行	上海市	華東地區	4.38
5	無錫江陰	江蘇省	華東地區	4.01
6	濟南	山東省	華北地區	4.01
7	杭州蕭山	浙江省	華東地區	3.94
8	天津市	天津市	華北地區	3.84
9	徐州	江蘇省	華東地區	3.77
10	汕頭	廣東省	華南地區	3.76

資料來源：本研究整理

137

■表12-14　當地台商企業獲利程度十大城市排行

排　名	城　市	省　份	區　域	平均數
1	杭州蕭山	浙江省	華東地區	4.70
2	南昌	江西	華中地區	4.61
3	無錫江陰	江蘇省	華東地區	4.60
4	蘇州昆山	江蘇省	華東地區	4.43
5	揚州	江蘇省	華東地區	4.29
6	上海閔行	上海市	華東地區	4.14
7	徐州	江蘇省	華東地區	4.14
8	成都	四川省	西南地區	4.05
9	濟南	山東省	華北地區	3.97
10	汕頭	廣東省	華南地區	3.96

資料來源：本研究整理

第五篇

結論與建議 ——
穩健成長，大膽前進

13　研究結果與發現

　　本研究之主要研究結果，可歸納分述如下：

　　1. 開放內銷內貿市場的影響：由於中國大陸市場經濟逐年的大幅成長，引起世界各國重視，再加上，中國大陸加入WTO後開始開放內銷、內貿權，因此大陸內銷市場已成為各國爭奪掠地的目標。目前大陸商務部已通過第一批16家申請設立外商投資商業企業項目，而上海市外資委截至2005年3月為止，也已接受近90個外商投資商業項目的申請，其中49個項目已獲批准。由上述資料可知，大陸雖已加速審批外商投資商業企業的申請案件，但相關規定仍不清楚，地方官員尚難遵循，遑論一般廠商。中國大陸逐步開放內銷市場，雖有利台灣產品對中國大陸出口，但也因為中國大陸取消進口管制，台商也面臨其他國家的競爭；尤其大型跨國企業挾有雄厚資金及技術的優勢，對於以中小企業為主的台商而言，不論投資或貿易都將面臨全面性的競爭。

　　另外，內貿權的開放，也是中國大陸經濟改革重要的里程碑。過去由於行政壟斷造成市場分割和市場秩序混亂，阻礙了市場機制的作用，妨礙經濟結構調整和競爭力的提高，對中國大陸參與國際競爭帶來不利的影響。入世後，中國大陸為了整頓和規範市場秩序，一連串進行了消除行政壟斷與市場分割的改革手段。這些改革行動如果能在未來能予有效推動及落實，那對中國大陸的經濟和台商投資設廠的意願，將有重大的轉變。

　　2. 城市競爭力研究結果：A級城市包括上海、廣州、北京、與天津、深圳等14個城市。以地區而論，華東地區仍為第一，西北地區仍屬最弱。

　　3. 投資環境調查結果：中國大陸的整體投資環境，本年度擺脫2004年來的

下滑趨勢，各構面的評價均有上升。在地區方面，華中地區的投資環境評價快速躍升僅次高於華東地區，華中地區的城市有崛起之勢，例如江西省的南昌，其投資環境評比已經連續兩年在前十名，此外安徽省的合肥與湖南省的長沙，在今年的評比中亦分別位居第廿四與第廿五名，後續的投資環境變化值得未來繼續給予注意。華東地區之整體投資環境再次回到第一，但此地區有雄厚經濟基礎、高素質人力資源和開放市場經濟管理，累積的實力使其能長期在投資環境的評價上都有優異的表現。在城市排名方面排名領先城市包括：杭州蕭山、上海閔行、徐州、蘇州昆山、無錫江陰、成都、揚州、南昌、天津市與汕頭等城市，多數城市位於華東地區，呈現地區累積實力之良性循環影響力；最落後城市，則包括東莞樟木頭、東莞市區、深圳寶安、北海等多屬華南地區或西南地區主要城市邊緣之次級城市。

4. 投資風險調查結果：整體投資風險2005年度較2004年度降低，地區別而言以華東地區之風險最低，主要包括江蘇省及浙江省在內的多個城市，但有多個城市在投資風險項目評價上深獲肯定，例如上海閔行、杭州蕭山、蘇州昆山、無錫江陰、徐州、揚州、上海浦東等；華中地區雖退居第二名，但代表城市南昌也有不錯的表現。而華北地區以天津市的投資風險較低。另外，風險最高城市包括深圳市區、深圳寶安、深圳龍崗、東莞市區、東莞樟木頭、北海城市，多位於華南地區與西南地區。（參見表11-10）

5. 台商推薦投資部分：過去五年在台商推薦這個項目的評比，都是用單一題項進行，但是否推薦台商前往當地投資可能需要考量多個面向，因此本研究以「城市競爭力」、「城市環境力」、「投資風險度」、「城市發展潛力」、「投資效益」、「內貿與內銷市場開拓」等六個指標分別請受訪人評估。經加權平均計算，排名在前之城市有：上海閔行、杭州蕭山、無錫江陰、成都、徐州、揚州、南昌、北京市區與天津市等城市。

6. 綜合指標與推薦城市：綜合指標之計算，是將城市競爭力、投資環境、投資風險以及台商推薦投資四部分做一整合，分別換算為百分位數後，再乘上適當的權重而得。依據綜合指標分數之高低，我們得出本研究今年度「極力推

■表13-1　2005本研究推薦城市彙整表

評價	城　　　　市
極力推薦	上海閔行、杭州蕭山、蘇州昆山、成都、無錫江陰、徐州、天津市、上海浦東、揚州、南昌、濟南、青島、寧波市區、大連、南京市區、廈門、汕頭、蘇州市區
值得推薦	上海市區、北京市區、上海松江、南京江寧、無錫市區、泉州、嘉興、西安、合肥、杭州市區、重慶市、莆田、武漢武昌、寧波奉化、江門、廣州其他、常州、中山、南通、北京其他、長沙、武漢漢口、寧波餘姚、福州馬尾、上海嘉定、上海其他、武漢漢陽、東莞厚街、珠海、蘇州常熟
勉予推薦	瀋陽、海寧、蘇州吳江、蘇州張家港、蘇州太倉、泰州、福州市區、衡陽、深圳市區、廣州市區、張家界、桂林、岳陽、煙台、東莞石碣、昆明、東莞長安、深圳其他、東莞清溪
暫不推薦	惠州、深圳龍崗、深圳寶安、東莞虎門、東莞市區、東莞其他、東莞樟木頭、北海

薦」、「值得推薦」、「勉予推薦」和「暫不推薦」之城市，如表13-1所示。其中南昌（華中地區）本年度進入極力推薦行列，合肥、武昌、長沙、漢口、漢陽等地也都進入值得推薦的名單中，可見中部地區的投資環境已呈現改善的趨勢，因此未來華中地區的發展值得繼續給予高度的關注。

在中國大陸投資的台灣高科技廠商生產所需要的半成品、零組件及原料有逐漸「就地取材」的趨勢。面對競爭越來越激烈的市場需求，以及降低成本的策略下，台商在中國大陸投資設廠後，越來越多地採取原料供應在地化的策略，因此也造就許多的衛星廠商登陸中國大陸投資的現象產生。此外，雖然台灣仍是中國大陸企業生產所需原料或零組件的主要供應地，但是，台商對台灣原料或零組件的供應依賴度逐年下降。尤其是高科技企業由當地提供所需原料的比重已超過對台灣的依賴。台灣電子零部件廠商投資內地主要集中在華南及華東兩地。其中，深圳、東莞、惠州、廣州、中山等華南一帶約有65％的廠商；上海、昆山、蘇州，吳江、嘉定等華東一帶約有30％廠商，投資規模都在持續增長中。台灣晶圓雙雄——「台積電」和「聯電」相繼選中上海、蘇州為

投資中國大陸的灘頭陣地。可見台灣高科技企業生產原料在地化的趨勢越見明顯，並成為台商在中國大陸經營和發展投資企業的重要策略。

　　台灣高科技產業對中國大陸投資地區，從過去以華南沿海地區為「主戰場」轉向華東沿海地區，並將進一步向環渤海灣經濟圈北移擴展。台商對珠江三角洲和閩南的投資步伐已明顯放緩，投資重心轉向以上海為中心，蘇南、浙北為兩翼的長江三角洲，包括蘇州、無錫、常州、杭州、寧波等地。尤其是近年的電子資訊產業投資主要集中在這些地區，占80％以上。原先在中國大陸東南沿海地區投資的台灣高科技廠商，在新一波的投資熱潮中，亦有部份將生產據點北移，發展到以京、津地區為中心，山東半島和遼東半島為兩翼的環渤海灣經濟圈。不僅是為了擴充產能，更重要的是進行全方位的市場佈局，以搶佔新商機、新市場。而從長遠趨勢看，未來台灣高科技廠商對中國大陸的投資，將在環中國大陸沿海地帶的基礎上，進一步由東向西、由沿海向內陸輻射，形成全方位的發展格局。

內銷內貿　領商機

14　對各界之建議

對台商之建議

1. 台商投資前應審慎評估當地投資環境與風險：由於中國大陸幅員廣大，中央、各省、各市又各有權限，因此中央與地方各有法規，再加上「上有政策、下有對策」的做法以及「人治」現象仍時有所聞，使得各地區與各城市間的投資環境與風險差異很大，尤其是法制環境更是如此。因此我們建議台商在前往中國大陸投資之前，必須先詳細閱讀本調查，並調查該城市之投資環境，多聽取當地台商之經驗，特別是必須了解各級政府的各項法令規定。唯有充分的評估與了解，才得以減少未來投資所可能遭遇的風險。同時就研究結果觀察，廠商未來的佈局以華東為主，華南地區因為投資環境的下滑，使得未來企業往華東、華北及華中佈局的可能性提升，在考量配套產業完整與產業群聚效益的因素下，後續投資佈局的區位應更審慎評估。

2. 台商應更加積極投入研發科技及企業升級的兩岸專業分工模式：首先，中國大陸近年來因民營企業蓬勃發展，部分地區強調自有經濟的發展，這使得某些地方政府不再積極進行招商。因此台商未來仍應加強企業本身的科技研發展，若不圖進步依然僅從事固有的來料加工生產模式，將容易被中國大陸當地廠商所取代。此外，世界各國的企業對於中國大陸的認識程度越來越深，而這些國際大企業的科技水平高於台灣的情形下，同樣的，台商企業在中國大陸的發展容易遭到這些大廠取代。因此本研究建議唯有加強台灣本地的研發能力，將技術提升到國際水準，並充分利用大陸長處，才是避免遭到取代的最佳

利器。再者，利用提升台灣的研發技術與台灣在兩岸佈局的學習曲線作爲本身優勢，更可以讓國際企業願意將台灣視爲進軍中國大陸的跳板，藉由技術往低處流的原理，進一步提升台灣的國際競爭力。

3. 加入台商協會與產業公會，便於取得外力的協助：建議台商應加入當地台商協會，並與之多加互動。一方面可以藉由他人分享的投資經驗，減少失敗的風險並降低進入障礙；另一方面，以台商協會爲後盾，在有需要時可以隨時請求幫助與支援。中山市台商協會會長陳中和（2005）表示：「台商到中國大陸投資，人生地不熟，對相關政策、法律、法規不瞭解，經常會遇到各式各樣的難題，非常渴望有一個能幫他們聯繫和溝通的團體，一旦他們找到協會，就會產生一種親切感」。此外，產業同業公會，如台灣區電機電子工業同業公會等，亦有相當專業資訊，且與大陸關係良好，能開拓內銷市場，並能提供台商更佳的助力，也是能夠尋得幫助的管道之一。

4. 掌握對中國大陸熟悉度之優勢，開拓內銷市場並自創品牌：由於加入WTO，中國大陸於2004年12月11日起，允許設立外資商業企業，隨著台商對中國大陸市場的熟悉程度越來越深，因此本研究建議，台商應該掌握機會自創品牌，主動拓銷中國大陸市場，而非將中國大陸單單只是視爲一個代工生產基地，以取代過去的內銷轉出口的投資模式，擺脫OEM/ODM的宿命，並積極拓展產業升級及企業產品的區隔。同時爲了拉攏高科技產業，中國大陸過去提出種種租稅優惠措施（例如兩免三減半），未來均會「國民待遇」與內企平等待遇。因此，未來高科技業者前往中國大陸投資，不能只看眼前的優惠，必須將WTO的國際因素納入評估，而如果已前往投資者，必須擬妥因應方案。

5. 二級城市的崛起：蓋洛普公司在2005年四月公布的中國大陸調查結果指出，中國大陸除了十大城市（北京、上海、廣州、重慶、天津、瀋陽、武漢、南京、成都與西安）外，人口超過百萬的眾多中小型「二級城市」正在崛起，未來並將成爲中國大陸經濟成長的主要動力。此一結論和本研究的結果有相當的一致性，以A級城市而言，蓋洛普所公布的十大城市僅佔其五（5/18），因此未來廠商在選擇投資區位時，除了大城市外，可以參考本身的產業特性、當地

配套產業完整程度與本研究所公布的調查結果，併同考量。

6. 泛珠江三角洲的整合發展：雖然近年來的調查發現華南地區主要城市的投資環境、投資風險與台商推薦情況都日漸下滑，但2004年11月30日在廣東所舉行的「2004年粵澳合作聯席會議」所做成的決議，廣東與澳門將共同推動泛珠江三角洲的整合，將廣東發展為世界上重要的製造業基地之一，在CEPA的架構下加強粵澳服務業的合作。深圳發展藍皮書中也揭櫫，通過CEPA的實施，進一步強化香港對華南地區乃至於全中國大陸經濟的牽引作用。廣州近期發展加上泛珠三角的建設與整合，對未來華南地區城市競爭力的發展仍值得觀察。

7. 人民幣升值的潛在風險：中國大陸過去一直扮演「世界工廠」的角色，但是隨著中國大陸日前宣布人民幣升值百分之二，未來人民幣的走向，對於以出口製造為主的台商企業應增加匯兌風險之規避考量。

對台灣當局之建議

1. 應繼續維持兩岸穩定並促進經貿持續交流：隨著台灣加速產業科技升級的推動，兩岸分工共榮的趨勢越來越明顯，尤其是五年後，中國大陸辦完奧運會、世博會，東協自由貿易區及東協加三逐漸形成後，兩岸關係如未獲改善，台灣將面對「邊緣化」的挑戰。過去我們常常會擔心台商西進後，會有產業空洞化的危機，但衡諸研究結果我們發現，僅有少部分廠商表示會結束在台灣的業務，大部分台商表示未來會採取「台灣母公司繼續生產營運」與「擴大對中國大陸投資生產」的兩岸同時佈局策略，更有一些廠商表示「希望回台投資」的意願，台商大陸投資為全球佈局一環，因此有必要更加強兩岸經濟性協商議題之規劃，健全相關法令及加強民間經貿交流，加強對話與協商，不要一味緊縮兩岸交流，如何「有效管理」甚至推動兩岸產業科技標準的制定，及「如何引導廠商回台投資」，才是未來必須繼續進行的重點工作。如此，才能在兩岸經貿交流上，更能符合整體發展需要。

2. 兩岸經貿糾紛及智財權保護有待兩岸主管機關重視及解決：中國大陸台

商經常遇到許多經貿糾紛，但在尋找有關部門協助時，往往無法獲得滿意的解決，特別是當糾紛進入司法或仲裁程序後，更需要專業人士或單位的協助，因此建議政府應該可以成立民間的法律顧問團，其中可同時聘僱台灣的律師與中國大陸的律師，共同協助台商於中國大陸進行法律訴訟。隨兩岸經貿交流擴大，大陸廠商亦有來台訴訟需求，因此也希望兩岸雙方能互派仲裁員，以利糾紛的解決。再者，對於台灣企業所擁有的專利、商標等智慧財產權部分，亦是台商企業所面臨的重要法律問題。因此兩岸今後宜設法建立管道，使兩岸主管機構的管理經驗與實際運作情形及法令制度（包括出版的文獻，諸如：專利公報、商標公報、著作，各種審查基準）等能互相交流，相互參考，相信對於兩岸改善智慧財產權之保護與加強創作發明及促進交易秩序一定有莫大助益。

3. 開放三通，方便兩岸佈局：台商赴中國大陸投資已是不可抵擋的趨勢，政府也曾做出「積極開放、有效管理」之政策宣示。在現階段，台灣應該繼續加強增加兩岸的人員、資金與貨品的自由流動，因此本研究建議仍需將把政治的爭議放在一旁，正視三通的必要性，為台商創造競爭優勢，亦為台灣在國際的競爭地位加分。

對大陸當局之建議

1. 以平常心解讀調查結果的解讀：東吳大學政治系教授盛治仁（2005）指出，作跨城市的民調有其特殊的限制，各城市受限於客觀環境、歷史背景、發展階段以及居民結構等因素，本來就會存在有先天的落差，加上各城市為獨立母體，比較的樣本並非同一群人，若斤斤計較於排名，會犯了見樹不見林的錯誤。因此各城市不必斤斤計較排名高低，可以大致瞭解自己的落點，做為城市間良性競爭的開端，因此，行政首長如果可以從善用自己的優勢，來拉抬另一方面的缺陷的角度加以解讀，本研究的結果是相當值得參考的。

2. 回應台商所面臨的主要問題：盱衡過去六年所作的研究發現，在投資環境的評估中，「當地政府對智慧財產權重視的態度」、「當地的資金融資便利程度」，一直是台商對投資環境中最不滿意的項目，顯示過去這兩件事情中國

大陸官方的作爲並未能達成企業的高度期望。除此而外，觀察今年的經貿糾紛案例，過去的智慧財產權糾紛以專利、商標的仿冒居多，然而「網域註冊」隱然成爲另一種新型態的智慧財產糾紛，值得有關當局拿出積極作爲。另外「當地外匯管制措施嚴格」一直名列十大投資風險項目之一，如今中國大陸已累積相當的外匯存底，是否應考慮適度的開放？同時過去台商對中國大陸的投資可能著眼於便宜的勞動力，但隨著競爭環境的改變，台商必須隨之作技術的升級，高科技產業尤甚，然而「專業人才」的供給未能符合廠商的需求，「當地的專業及技術人才供應充裕程度」成爲近年來台商普遍反應的問題，專業人才的供給不足包括流動率過高，今年已經成爲十大最不滿意投資環境項目的第四名，十大風險項目的第三名。同時，台商對於「行政透明程度」也不是十分滿意，過去五年來名列十大投資環境最不滿意與十大投資風險項目中，今年也再度上榜，與此相關而陪同上榜的風險項目還包括「台商企業貨物通關時，受當地海關行政阻撓的風險」。雖然中國大陸已經積極對於台商在中國大陸所發生的經貿糾紛採取若干措施改善，過去幾年台商在中國大陸發生幾件「命案」，或者是台商遭到扣押的事件，讓「當地解決糾紛的管道完善程度」、「當地常以刑事方式處理經濟案件的風險」、「台商企業在當地發生經貿糾紛頻繁的風險」等評估指標，相對表現不佳。這些問題期待中國大陸有具體的作爲，積極改善投資環境，同時我們亦希望大陸當局注重台商投訴，最好有專責單位積極處理台商投訴。

3. 中國大陸當局應減少「人治重於法治」之情形：對中國大陸台商而言，產生投資風險最普遍之原因，就是中國大陸地區「人治大於法治」的情況，地方官員的異動更加深此一不確定因素對於台資企業的影響，因此，「當地政府優惠政策變動頻繁與不透明的風險」、「官員對法令認知及執行不一致的風險」在最近幾年不斷出現在十大風險項目中，「當地官員對法令、合同、規範執行不一致的風險」雖然是本年度風險改善最多的項目，但仍是六年來十大投資風險的第一名。顯示中國大陸在此情形已獲得一定程度上的改善，但卻仍有進步的空間存在。畢竟這些不確定性因素皆會造成台商無所適從，甚至徒增損失。

4. 中國大陸地區金融應加強現代化：中國大陸自改革開放後，金融市場之開放亦隨之進行，雖然相較於過去，市場規模之擴大成效較明顯，但在體制及結構上，不論在銀行、證券、債券、保險都還有很大的空間。同時由於人民幣匯價長期釘住美元，加上美元近年來的弱勢，使得國際熱錢流入，人民銀行為收購美元每月即高達150多億，讓貨幣供給量大增；而國外投資人把中國大陸當成高效率生產平台，再把產品出口到世界各國所形成的加工貿易（process trade），是中國大陸對外貿易成長最快的部分，也是對美貿易順差的一大主因，而鉅額的貿易順差，雖然累積鉅額外匯存底，而國際貿易摩擦也日益嚴重。對中國大陸而言，最重要的挑戰是入世後，透過學習外國經營、管理的方式，培養金融人才，提高其競爭力。此外，金融開放對中國大陸經濟也將帶來波動，使中國大陸在金融調控之自主能力下降。為減少弊病之產生或將衝擊降至最低，勢必要有加強金融監督及管理之能力，這就需要健全的法規、制度之訂定、明確的政策方向、強有力的執行力及好的公司治理。

5. 加強智慧財產權的保護：中國大陸在2004年四月份承諾採取的措施包括：降低對侵犯智慧財產權行動實施行政處分的門檻，持續在全國各地加強打擊盜版和仿冒的稽查行動，落實新的海關措施以打擊仿冒品的進出口活動，持續對企業和政府使用正版軟件進行檢查，並加強對公眾尊重智慧財產權的宣導工作。冀望中國大陸政府能徹底落實以保護台商企業在仿冒上所遭遇的困難點。

6. 政策之延續性：儘管2004年宏觀調控為的是將中國大陸近幾年來過熱經濟降溫，但是政策是需有延續性的，政策發佈，需風行草偃，不可因人而異，在此講求的是「誠信」二字，面對合同亦同，但是政策是不可凌駕合同之上，更不可因為宏觀調控而撕毀或背信合同。因為如此一來，外資面對的不僅是政策法紀的錯亂、合同的不受保證；誠信一旦受損，隨之而來的將是各方面風險不斷的上升。

第六篇

前車之鑑——
常見的糾紛案例解析

（感謝賴文平、石賜亮、杜啓堯、林淑怡、史芳銘提供以下案例）

15　內銷內貿常見糾紛案例剖析

案例一　商標權糾紛：商標、品牌均被仿冒

一、案例背景

　　中國大陸華南地區A食品公司故意生產與台商B企業相近似之「B品牌」仙草蜜及八寶粥，甚至連包裝、外觀、圖案都相近似於「B品牌」系列食品。B企業向人民法院提起民事訴訟，經2年多漫長的時間，最高人民法院判決A公司仿冒並禁止其繼續生產。

二、糾紛過程、解決方式與結果

　　「B品牌」案的起源，是由中國大陸華南地區一家名為「A」的公司所引起的。中國大陸的A公司製造並銷售和B公司的食品同性質的產品，除了內容與外表的設計類似外，它並在產品包裝上使用與B公司看起來頗為近似的「B'品牌」為產品商標。B公司認為A公司的做法已經嚴重侵害到B公司的權益，於是決定對此採取行動。

　　這個案子首先要面對的，就是「B品牌」與「B'品牌」這兩個商標，究竟算不算是近似商標，或者是B公司申請在後的問題，若「B'品牌」被認定是「B品牌」的近似商標，則依商標法，B公司就以向使用「B'品牌」商標的A公司主張商標的侵權賠償；如果「B'品牌」申請在先或者中國大陸認為「B品牌」與「B'品牌」不是近似商標，則未涉及任何商標的侵權問題，所以無法用商標

法來解決。由於的「B'品牌」產品包裝也和「B品牌」的包裝極為相似，根據這一點，B公司就可以依「反不正當競爭法」第5條第2款來對A公司主張侵權。

B公司後來決定採取民事訴訟的手段，在中級人民法院提出控訴。法院受理反不正當競爭案件，起訴者必須符合以下條件：1.原告是與本案有直接利害關係的個人、企業事業單位、機關、團體；2.有明確的被告、具體的訴訟請求和事實根據；3.屬於人民法院管轄範圍和受訴人民法院管轄。

本案判決的結果是，A公司確實是違反了反不正當競爭法第5條第2項的規定。這整個事件，由於一開始未能以商標法的規定來解決，所以共花了B公司2年多的時間才獲得解決，雖然結果尚稱圓滿，但也對B公司造成了不小的損失。

三、案例啓示

此為反不正當競爭法的案例，B公司案雖有註冊商標，但該案卻花了2年多的時間才解決；主要原因是程序上的問題，B公司所採用的方式是民事訴訟，民事訴訟需要經過一定的司法程序來處理，所以在進行的速度上會較慢，在制裁上也較寬鬆，像B公司最後雖然勝訴，但判決結果只有要求A公司不得販賣與B公司包裝類似的「B品牌」產品，但卻仍可販賣以「B'品牌」為品牌的商品，且A公司並未負擔任何的刑責。（以上參考資料與法規來源為：賴文平，1999年2月，台商張老師月刊）

案例二　商標權糾紛：已申請之商標受侵權

一、案例背景

原告為中國大陸華東地區的企業，A實業發展有限公司，被告為日本B光學工業株式會社，案名簡稱為B株式會社侵犯商標糾紛案，在高級人民法院受理後，依法組成合議庭，公開開庭進行審理，雙方代表及委託代理人均到庭參加訴訟，並已審理終結。

二、糾紛過程、解決方式與結果

（一）原告A公司之訴稱

1996年起，A公司以創意「甲文字」之新概念之後，以「甲文字」及「英文甲文字」等商標，向國家工商行政管理局商標局申請註冊，包括用於照相機上的第9類。國家工商行政管理局商標局在1998年12月，核准予該公司第9類的「甲文字」、「英文甲文字」註冊商標，範圍包括照相機、電視機、計算機等商品。隨後投入大量人力、物力、財力，使「甲文字」成為國內知名品牌。被告未經許可，在其生產的B品牌照相機，機身、包裝盒、信譽卡等顯著位置印有與商標相同的「甲文字」，並行銷全國大城市，嚴重侵犯商標專用權，給原告造成巨大的經濟損失和商標的商譽損失。請求法院判令：（1）被告應立即停止侵犯「甲文字」、「英文甲文字」商標專用權行為。（2）收回已銷售的侵權相機並銷毀侵權商標標識。（3）在銷售「甲文字」相機的城市媒體上登報向原告道歉。（4）被告應賠償原告經濟損失人民幣200萬，商譽損失人民幣300萬。

（二）被告B株式會社之答辯

B公司相機產品及商標在中國大陸市場已熟知，在印有「甲文字」的產品上，明顯加註了B公司商標，並沒有將「甲文字」當成商標使用。以眾所周知之客觀事實，「甲文字」乃代表紀念與喜慶，在印有B商標的相機上印著「甲文字」及甲的形象，是代表紀念喜慶，不是商標。根據《中華人民共和國商標法》第38條第1款第（1）項，及《中華人民共和國商標法實施細則》第41條第1款第（2）項的規定，只有「未經註冊商標所有人的許可，在同一種產品上使用與其註冊商標相同或近似商標的」，或者「在同一種產品上，將與他人註冊商標相同的文字、圖形作為商品名稱或裝潢使用，並足以造成消費者誤認的」，才構成「侵犯註冊商標專用權」。被告行為不具有上述法律規定的侵權特徵及後果，不能視為侵犯了原告的商標專用權。

（三）法院的判決

依據《中華人民共和國民法通則》第146條第1款、《中華人民共和國商標法》第3條、第38條第1款第（4）項，和《中華人民共和國商標法實施細則》第41條第1款第（2）項之規定，判決如下：

1. （日本）B光學工業株式會社立即停止侵犯「甲文字」、「英文甲文字」註冊商標的侵權行為。

2. （日本）B光學工業株式會社於判決生效後30日內，在「人民日報」上，就侵犯A實業發展有限公司註冊商標專用權一案，公開賠禮道歉。【致歉內容需經法院核准，逾期不執行的，法院將在「人民日報」上刊登本判決的主要內容，所需費用由（日本）B光學工業株式會社負擔】。

3. （日本）B光學工業株式會社賠償A實業發展有限公司經濟損失人民幣25萬元整。

4. 駁回A實業發展有限公司其他訴訟請求；案件受理費35,010元，A公司負擔28,750元、（日本）B會社負擔6,260元（於判決7日內繳納）。如不服判決，原告可在判決書送達日起15日內，（日本）B會社可在判決書送達日起30日內，遞上上訴狀，上訴於中華人民共和國最高人民法院。

三、案例啟示

1. 在中國大陸使用中文商標名稱及圖形之前，應該先向國家工商管理局商標局等有關單位查詢，以免觸犯商標侵權行為。

2. 比較積極的作法，應該將自己所要使用的中文名稱、圖形，向國家工商管理局提出申請，一方面可做為對類似商標是否已經被別人登記的確認；另一方面則可因完成對申請商標、圖形的登記核准手續，而使自己獲得保障。

3. 對於造成對商標專用權的侵犯行為，除了未經允許直接使用別人已註冊的商標文字及圖形之外，也包括在產品包裝、說明書及保證書之裝潢使用之範圍，而造成誤認的情況，尤其裝潢之範圍包含相當廣泛。以日本B公司相機為

例，雖已有自己品牌、型號，但「甲文字」被認定是裝潢使用，觸犯侵權行為。

4. 受侵權方在訴訟之前，得蒐集侵權商品在市場銷售的事實，予以陳述及提供物證。

5. 受侵權方對於損失賠償的請求判令，應該提出具體的數據，並且附上強而有力的證明或單據，以增加取信度來提供於法院的判決依據。以目前中國大陸商標專用權的侵犯和有關知識產權的侵權糾紛，已經有越來越多層出不窮的案例產生的趨勢，一旦進入賠償金額的核計，往往成為一個難以拿捏標準和如何客觀核計的問題。除了告訴一方可以清楚有效的提出計算方法和單據證明，做為重要的參考依據之外，其他的方式就要靠法院以經驗和認知程度來判定，以本案為例，就侵犯一方的主觀過錯程度、侵權範圍的性質、地域範圍及時間跨度等做為衡量的標準。

6. 侵權行為一旦被判定，除罰款之外，還要被要求立即停止使用侵權商標文字或圖形和裝潢使用行為；同時，還要依要求登報向受損方公開道歉。

隨著中國大陸經濟的不斷成長，中國大陸內銷市場蘊藏著雄厚的潛力和龐大的商機，台商企業也必然是摩拳擦掌的著手於中國大陸市場的開發，期望攻城略地的搶佔市場一席之地。品牌的建立和文字與圖型的商標專用權，不但是行銷規劃前的先決條件，也是必備要件。台商企業應該重視品牌的價值，除了避免誤用侵犯別人的商標專用權之外，更應建立對自己商標專用權的擁有與保護等基本的法律常識。以上案例的剖析，可提供中國大陸台商一個參考的實例，也讓大家增進對商標專用權的重視與瞭解。（以上參考資料與法規來源為：石賜亮，2002年12月，台商張老師月刊）

案例三　網域名稱糾紛：中文域名搶註之解決

一、案例背景

中國大陸當地第二中級人民法院於2000年6月就第一起涉外網路名稱糾紛

做出判決，判決被告A信息有限責任公司註冊的網址無效，並立即停止使用。原告爲外商B家具公司（參閱法制日報2000年6月21日），B公司的公司名稱是一世界著名商標，被告在中國大陸以「B公司名稱.com.cn」於1997年11月19日在中國大陸網路中心登錄爲其網路名稱。原告B公司認爲被告此一行爲，侵犯其在中國大陸已註冊的商標專用權，且有不正當競爭之行爲。

二、糾紛過程、解決方式與結果

被告將原告的「B公司名稱」馳名商標作爲域名顯著部份的使用，主觀上有利用他人馳名商標之信譽以提高自己網路的來客訪問率，客觀上，由於網路名稱在網路的唯一性，致使馳名商標所有人在網路上使用該馳名商標的權利受到妨礙，並且從被告註冊了數千個網域名稱，該大量登記的域名不乏著名商標，而登記後也未積極加以使用，已違反了誠實信用原則，構成了不正當競爭行爲。

三、案例啓示

從此網路名稱糾紛中，對於類似之糾紛中國大陸在學理上及實務上如何加以解決，頗有探討之必要。可分爲幾個重要問題：（一）網域名稱登記之原則。（二）網域名稱與商標衝突之法律性質。

（一）網域名稱登記之原則

中國大陸對於「互網絡域名系統」（網際網路）的管理機構是設立於國務院下的「信息化工作領導小組辦公室」（簡稱國務院信息辦），該信息辦於1997年6月頒布《中國大陸互聯網絡域名註冊暫行管理辦法》。該辦法共有31條條文。

該《管理辦法》規定「中國大陸互聯網信息中心」（簡稱CNNIC）爲中國大陸管理互聯網絡域名系統的單位，該CNNIC對網路用戶提供域名註冊、IP地址分配、自治系統號分配等註冊服務。依第7條規定：中國在國際互聯網絡信

息中心（InterNIC）正式註冊並運行的頂級域名是CN。在頂級域名CN之下，採用層次結構設置各級域名。而二級域名分別爲「類別域名」和「行政區域名」兩類。至於三級域名（即非公有部份）其命名的限制原則共分六點：

1. 未經國家有關部門的正式批准，不得使用含有「CHINA」、「CHINESE」、「CN」、「NATIONAL」等字樣的域名。

2. 不得使用公眾知曉的其他國家或者地區名稱、外國地名、國際組織名稱。

3. 未經各級地方政府批准，不得使用縣級以上（含縣級）行政區劃名稱的全稱或者縮寫。

4. 不得使用行業名稱或者商品的通用名稱。

5. 不得使用他人已在中國大陸註冊過的企業名稱或者商標名稱。

6. 不得使用對國家、社會或者公共利益有損害的名稱。

該《管理辦法》規定其域名註冊申請人僅限依法登記並且能夠獨立承擔民事責任的組織，將自然人排除在外。對於域名的審批是採用「先申請先註冊的原則」。至於，對於「中國大陸互聯網絡信息中心」身爲域名登記管理者的身分，在行政職權中的法律責任，則具體規定於第23條：各級域名管理單位不負責向國家工商行政管理部門查詢用戶域名是否與註冊商標或者企業名稱相衝突，是否侵害了第三者的權益。任何因這類衝突引起的糾紛，由申請人自己負責處理並承擔法律責任。

當某個三級域名與在我國境內註冊的商標或者企業名稱相同，並且註冊域名不爲註冊商標或者企業名稱持有方擁有時，註冊商標或者企業名稱持有方若未提出異議，則域名持有方可以繼續使用其域名；若註冊商標或者企業名稱持有方提出異議，在確認其擁有註冊商標權或者企業名稱權之日起，各級域名管理單位爲域名持有方保留30日域名服務，30日後域名服務自動停止，其間一切法律責任和經濟糾紛均與各級域名管理單位無關。

（二）網域名稱與商標衝突之法律性質

有關網域名稱與商標之衝突，在《中國大陸互聯網絡域名註冊暫行管理辦

法》第11條第（五）規定有域名之申請註冊不得使用他人已在中國大陸註冊過的企業名稱或者商標名稱，並於第23條規定域名與他人註冊商標衝突時之法律責任歸屬。但是，以他人之商標作為網域名稱是否為一種侵權行為，或是一種不正當競爭行為，在中國大陸學者間有不同之看法。

在學理上，有關網域名稱及商標之衝突，究竟應依《商標法》或《反不正當競爭法》加以處理，雖然各有論據，惟迄今尚未有實例，請求「監督檢查部門」依《反不正當競爭法》相關條文，責令停止違法行為。相反的，所有就商標與域名間之衝突大都請求法院審理。

北京市高級人民法院辦公室於2000年8月15日發布《關於審理域名註冊、使用而引起的知識產權民事糾紛案件的若干指導意見》，對於域名糾紛的法律性質，認為應根據雙方當事人爭議的法律關係的性質確定案由。原告以域名侵犯其商標權為由起訴的，應確定為侵犯商標權糾紛；以不正當競爭行為起訴的，應依據不正當競爭行為的性質確定案由。（以上參考資料與法規來源為：賴文平，2000年12月，台商張老師月刊）

案例四　專利權糾紛：商品辛苦研發後卻被仿冒

一、案例背景

台灣某家知名的潛水用品製造商，其設計出一款具有寬視野、無視阻等優點的潛水面罩，該項技術在潛水面罩的製造上具有革命性的突破，為了保護該項技術，該台商在很多國家，包括台灣、中國大陸、美國等地均做了專利申請。

不料，某中國大陸廠商看好該潛水面罩的市場潛力，於是仿冒該項技術大量生產，並且以低價策略將仿冒產品外銷到美國，造成該台商美國市場份額減少，銷售額大幅衰退，損失相當慘重。

二、糾紛過程、解決方式

仿冒問題嚴重，一直是中國大陸最為人詬病的一點，因此台商一旦發現有

中國大陸廠商正在仿冒自己的產品時，第一步應該採取的行動就是向中國大陸的海關總署申請「海關保護」及「海關備案」，以防止侵權產品進一步的流入市面，造成損害繼續的擴大。

所謂「海關保護」是指，當專利權人發現有侵權產品正在或即將進出境時，可以向進出境地海關遞交一份申請書，要求海關採取邊境保護措施，通常是指扣留侵權產品，禁止其進出關。

海關在進行保護措施時，有權抽取有關樣品。在專利權人提出保護申請之後，在海關的同意下，可以派人察看侵權情況；在辦理相應手續後，也可以提取並保留有關侵權樣品。

因此，申請「海關保護」的好處是，專利權人可以減少蒐集證據的困難度，更大程度的增加對自己有利的證據，做為將來與侵權人進行談判或訴訟時的籌碼。

同時進行保護及備案，所謂「海關備案」是指，專利權人如果要求海關對其與進出境貨物有關的專利權實施保護的，應當將其專利權向海關備案，並在認為必要時向海關提出採取保護措施的申請。

如所涉專利權之前並未在海關備案，可先向海關總署遞交一份專利權保護申請書，並同時向海關總署遞交一份專利權備案申請書，兩者同時進行。

同時進行「保護」及「備案」的好處有：

1.在時間上爭取優勢，及時防止侵權品的進一步流通，包括進出關、銷售及流入市場。

2.優於先「備案」再「保護」的方式。

（1）所謂先「備案」再「保護」，即先向海關總署申請專利權「備案」，在獲得海關總署頒發的「知識產權海關備案證書」後，再向進出境地海關申請「保護」，扣留侵權品。

（2）先「備案」再「保護」的方式，需時較長。專利權人先郵寄一份完整的備案申請檔給海關總署，海關總署收申請檔後（一般一個星期左右），於30天內核准申請，頒發「知識產權海關保護備案證書」給專利權人。如此，大概

需時40天左右。

（3）而採用同時進行「保護」及「備案」的方式，由海關總署審核申請「保護」的檔，在確認後，海關總署會指令進出境地海關採取保護措施，扣留有關侵權品。並且將有關文書送達侵權人，指令其於7日內陳述意見，逾期沒有提出異議的，進出境地海關將處理有關侵權品，如沒收、變賣等。

海關採取保護（扣留侵權品）措施後，會將扣留通知送達專利權人，專利權人自收到該通知之日起15天內，應就侵權爭議提起訴訟等司法程序。若15天之後專利權人未採取任何司法救濟手段，海關有可能放行有關侵權品。而在這種情況下，侵權人也可能就海關扣留有關侵權品而遭受的經濟損失向專利權人提出索賠。因此，專利權人應該把握這15天的起訴期限，以免錯失採取司法救濟的時機。

三、案例啓示

台商爲了保護自己的權利，對於侵權者絕對不能睜一隻眼、閉一隻眼，一定要抱著堅定的決心，及時採取各種法律途徑徹底的打擊侵權者，否則下場除了市場份額被瓜分，品牌形象受損外，最後甚至可能被仿冒者取代，消失在國際市場上。

台商在採取打擊仿冒行動時最重要的一點，就是要向仿冒者展示絕不妥協、窮追猛打的決心，一定要在業界樹立起「誰的產品都可以仿冒、但是絕對不要仿冒我的產品，否則將付出慘重代價」的形象。如此一來，才有可能使仿冒者知難而退，不敢仿冒你的產品。（以上參考資料與法規來源爲：賴文平，2001年4月，台商張老師月刊）

內銷內貿 領商機

161

內銷內貿
領商機──

16 台商因應中國大陸關聯企業移轉定價之查核

近年來，國際間跨國企業相互交易與投資日益頻繁，站在公司管理當局立場基於追求利潤最大化前提，關係人交易是無法避免的。關係人交易不一定直接受外在市場因素的影響，有可能是為了內部策略考量如操縱利潤以降低稅負、全球經營策略、因應各國外匯管制、外匯避險、資金流向、通貨膨脹及內部資源有效分配等諸多因素。就關係人而言其動機未必與租稅目的有關。但是經移轉訂價的擬定即和被投資國核課稅負有關，其跨國移轉訂價（Transfer Pricing）（中國大陸法令稱轉讓訂價）之擬定藉由節稅及避稅的規劃與被投資國法令不健全及稅務人員缺乏反避稅的經驗及能力下，造成被投資國稅收嚴重流失。

按中國大陸商務部統計顯示，中國大陸在加入WTO後，外商實際投資額增幅高達15%。截至2004年8月底，累計批准設立外商投資企業494,025家，全國累計實際使用外資金額5,450.29億美元。然而總數達49萬多家的外資企業中，根據去年的年度所得稅收情況，外資企業平均虧損面達到51%～55%，年虧損金額逾1,200億元。中國大陸稅務當局不僅要懷疑，不斷湧入的外商投資企業何以會產生如此大的虧損面？經稅務機關審計調查主要是因為外資企業普遍存在關聯交易中的轉讓訂價是外資企業虧損的重要因素，有關主管機關為避免稅基受損、減少財政收入、健全經濟發展，確保跨國企業之稅基公平分配並順應國際潮流，故建立與國際接軌之移轉訂價查核制度，並加強查核以嚇阻不合常規移轉訂價。

2003年最有名的寶潔公司案例即被稱為中國大陸第一例中國大陸境內企業

兼融資的反避稅案，跨國企業寶潔公司因避稅補繳了人民幣8,149多萬稅款。寶潔採用向境內關聯企業巨額免息融通資金，由於涉及「成本或費用轉移避稅法」的範疇，稅務部門對於寶潔運用資本弱化手段進行的反避稅調整而補繳。

因此，台商在中國大陸為避免因避稅與節稅誤觸法令被查核而不知，故本文主要用意提醒台商要了解及認識中國大陸關聯企業移轉訂價的相關規定，確定營運交易流程並了解查核方向，企業則應預先準備資料以備查核並進而尋求專業人士之協助規劃與擬定因應之道。

法源沿革，不可不知

中國大陸移轉訂價最早源起於1988年初於深圳經濟特區的反避稅措施，1991年於《中華人民共和國外商投資企業和外國企業所得稅法》及其實施細則中明確規定，外商投資企業或者外國企業與其關聯企業之間的業務往來應當按照獨立企業之間的業務往來收取或者支付價款、費用，這意味著中國大陸在涉外稅收管理中全面實施了轉讓訂價稅制。1992年10月制定發佈了《關聯企業業務往來稅務管理實施辦法》【國稅發（1992）237號】，為了促使關聯企業間業務往來的稅務管理工作規範化、程序化。於1998年制定《關聯企業間業務往來稅務管理規程》（以簡稱（規程））【國稅發（1998）59號】並於2004修訂並發出通知【國稅發（2004）143號】，針對59號文不完善、不夠具體與操作性不強的部份賦予更嚴謹的定義，如稅收調整實施，對涉及境內、境外關聯企業間往來業務需要調整的主管機關及上層呈級，依據不同的情況（同一省、跨省與跨國企業）按照稅收法律、法規及稅收協定的有關規定，予以處理；於第五十條明訂適用企業範圍在中華人民共和國境內，外商投資企業和外國企業以外的企業，比照本規程辦理。（規程）共分12章，52條，內容涵蓋中華人民共和國境內，外商投資企業和外國企業以外的企業與其關連企業間業務往來轉讓訂價之規範，包含關聯企業間關聯關係的認定及業務往來申報、業務往來交易額的認定、調查審計對象的選擇、調查審計的實施、企業與稅務機關對舉證的核實、調整方法的選用、稅收調整、行政救濟與追蹤管理。

內銷內貿 領商機

163

關聯企業的認定

　　企業牽涉轉讓訂價實施主要在於企業集團內之關聯企業發生交易。按《中華人民共和國外商投資企業和外國企業所得稅法》第十三條及其實施細則第五十二條、《中華人民共和國稅收徵收管理法》第三十六條及其實施細則第五十一條規定，關聯企業是指與企業有下列關係之一的公司、企業和其他經濟組織：

（一）在資金、經營、購銷等方面，存在直接或者間接的擁有或者控制關係。

（二）直接或者間接地同爲第三者所擁有或者控制。

（三）其他在利益上相關聯的關係。

　　更具體而言，按國稅發第143號修訂《關聯企業業務往來稅務管理規程》，企業之間有下列之一關係的，即爲關聯企業：

（一）相互間直接或間接持有其中一方的股份總和達到25%以上的（會計準則的規定爲20%以上）。

（二）直接或間接同爲第三者所擁有或控制達到25%以上的（會計準則的規定爲20%以上）。

（三）企業與另一企業之間的借貸資金占企業自有資金50%或以上，或企業借貸資金總額的10%或以上是由另一企業擔保的。

（四）企業的董事或經理等高級管理人員一半以上或有一半以上（含一名）常務董事是由另一企業所委派的。

（五）企業的生產經營活動必須由另一企業提供的特許權利（包括工業產權、專有技術等）才能正常進行的。

（六）企業生產經營購進的原材料、零部件等（包括價格及交易條件等）是由另一企業所供應並控制的。

（七）企業生產的產品或商品的銷售（包括價格及交易條件）是由另一企業所控制的。

（八）對企業生產經營、交易具有實際控制或在利益上具有相關聯的其他關

係，包括家庭、親屬關係等。

關聯企業間業務往來交易額的認定

　　企業集團內關聯企業之關係釐清後，每年在企業申報的基礎上，必須對照按關聯企業構成標準的《關聯企業關聯關係認定表》，根據業務往來的類型和性質，對關聯企業間業務往來交易額進行歸類、彙總、分析及認定。

　　關聯企業間業務往來的類型及其內容主要包括：

（一）有形財產的購銷、轉讓和使用，包括房屋建築物、交通工具、機器設備、工具、商品（產品）等有形財產的購銷、轉讓和租賃業務。

（二）無形財產的轉讓和使用，包括土地使用權、版權（著作權）、商標、牌號、專利和專有技術等特許權、工業品外觀設計或實用新型等工業產權的所有權轉讓和使用權的提供。

（三）融通資金，包括各類長短期資金拆借和擔保、有價證券的買賣及各類計息預付款和延期付款等業務。

（四）提供勞務，包括市場調查、行銷、管理、行政事務、技術服務、維修、設計、諮詢、代理、科研、法律、會計事務等服務的提供等。

　　根據上述業務往來的性質關聯企業交易額可依下列類型的業務往來，其所實際支付和收取的價款、費用金額予以認定。

（一）企業與關聯企業之間的產品（商品）購銷業務實際支付或收取的價款金額。

（二）企業與關聯企業之間融通資金的金額及其應計利息（包括各項有關費用）。

（三）企業與關聯企業之間提供勞務所實際支付或收取的勞務費金額。

（四）企業與關聯企業之間轉讓有形財產、提供有形財產使用權等所實際支付或收取的費用金額。

（五）企業與關聯企業之間轉讓無形財產、提供無形財產的使用權等所實際支付或收取的費用和金額。

165

查核重點對象的選擇

　　主管稅務機關在接到企業報送的申報表（中華人民共和國國家稅務總局外商投資企業和外國企業與其關聯企業業務往來情況年度申報表）後兩個月內，結合關聯企業間業務往來交易額的認定情況和對企業當年或歷年度財務報表和會計報表審核情況，全面、對企業當年或歷年年度銷售或營業收入、成本費用、盈虧率等情況進行綜合分析比較。選擇重點調查審計對象的一般原則是：

1. 生產、經營管理決策權受關聯企業控制的企業。

2. 與關聯企業業務往來數額較大的企業。

3. 長期虧損的企業（連續虧損2年以上的）。

4. 長期微利或微虧卻不斷擴大經營規模的企業。

5. 跳躍性盈利的企業（指隔年盈利或虧損，違反常規獲取經營效益的企業）。

6. 與設在避稅港的關聯企業發生業務往來的企業。

7. 比同行業盈餘水準低的企業（與本地區同行業利潤水準相比）。

8. 集團公司內部比較，利潤率低的企業（即與關聯企業相比，利潤率低的企業）。

9. 巧立名目，向關聯企業支付各項不合理費用的企業。

10. 利用法定減免稅期或減免稅期期滿利潤陡降進行避稅的企業，以及其他有避稅嫌疑的企業。

稅務機關調查方式

　　1. 書面調查：

　　稅捐機關在選定調查對象實施調查之前，調查人員要對企業及其關聯企業的職能或功能進行綜合分析，書面調查重點分析內容：

1. 利潤（虧損）額、投資或銷售利潤（虧損）率；

2. 銷售收入的完整性；

3. 成本費用支出合理性；

4. 借貸資金的利率水平高低；

5. 有形和無形財產轉讓、使用價格的合理性等。

　　2.現場調查：

　　稅務機關調查人員對企業申報資料和價格、費用標準等資料於書面調查難以查清的問題，派員直接深入企業進行現場查驗取證，對企業各管理部門、車間、倉庫進行實地察看，審核帳冊、憑證、購銷合同等有關資料，聽取企業有關人員的情況介紹和問題解釋，說明的工作。

　　3.企業舉證調查：

　　主管稅務機關在調查企業與其關聯企業間業務往來情?時，有權要求企業提供有關交易的價格。費用標準等資料；但應以書面形式向企業下達《關於提供與關聯企業業務往來有關具體資料的通知》，其中須寫明企業接到主管稅務機關的通知後，應在要求期限內（最長不超過60日內）詳細提供資料的具體類型、內容、範圍、所屬期、數量、金額。

　　實務上稅務機關針對關聯企業交易之書面查核，通常會要求企業提出1、司在所屬集團中隸屬關係及組織架構表。2、司主要經營業務。3、司採購商品的購進來源、購進過程及訂價原則、訂價方法。4、公司銷售商品的銷售對象、銷售過程及訂價原則、訂價方法。為因應主管機關的查核企業必須先行整理或委由專家準備轉讓訂價之書面報告，說明關聯企業間之訂價方式，功能風險評估……等。

查核過程的因應之道

　　當稅務主管機關針對企業進行查稅時，企業內部宜就關聯企業間之交易先行評估交易價格是否合理，並應注意下列各點可避免因為應對不宜或準備不完善而導致被重課稅金之情形產生：

　　（一）注意稅務機關的執法程序是否合乎中國大陸的稅法規範。

　　（二）查核過程中對稅務當局採取有原則的合作態度。

　　（三）提交稅務當局資料時，應充分準備並核對內容確保資料的準確性及

一致性。

（四）與稅務人員當局協商或協助調查時，其總體應對策略應由專人負責。

調整方法的選用

外商投資企業或者外國企業在中國大陸境內設立從事生產、經營、場所與其關聯企業之間的業務往來，應當按照獨立企業之間的業務往來，收取或者支付價款、費用。不按照獨立企業之間的業務往來收取或者支付價款、費用，而減少其應納稅的所得額時，稅務機關有權進行合理調整。

1.有形財產購銷業務移轉訂價的調整方法：

1.按獨立企業之間進行相同或類似業務活動的價格進行調整（又稱可比較非受控制價格法）。即將企業與其關聯企業之間的業務往來價格，與非關聯企業之間的業務往來價格進行分析、比較，從而確定公平的成交價格。採用這種方法，必須考慮選用的交易與關聯企業之間交易具有可比較性因素即購銷過程的可比較性、購銷環節的可比較性、購銷貨物的可比較性及購銷環境的可比較性。

2.按再銷售給無關聯關係的第三者價格所應取得的利潤水準進行[桿槓]又稱再銷售價格法）。即對關聯企業的買方將從關聯企業的賣方購進的商品（產品）再銷售給無關聯關係的第三者時所取得的銷售收入，減去關聯企業中買方從非關聯企業購進類似商品（產品）再銷售給無關聯關係的第三者時所發生的合理費用和按正常利潤水準計算的利潤後的餘額，爲關聯企業中賣方的正常銷售價格。採用這種方法，應限於再銷售者未對商品（產品）進行實質性增值加工（如改變外型、性能、結構、更換商標等），僅是簡單加工或單純的購銷業務，並且要合理地選擇確定再銷售者應取得的利潤水準。

3.按成本加合理費用和利潤進行調整（又稱成本加成法）。即將關聯企業中賣方的商品（產品）成本加上正常的利潤作爲公平成交價格。採用這種方法，應注意成本費用的計算必須符合中國大陸稅法的相關規定，並且要合理地

選擇確定所適用的成本利潤率。

4.其他合理方法。在上述三種調整方法均不能適用時，可採用其他合理的替代方法進行調整，如可比利潤法、利潤分割法、淨利潤法等。經企業申請，主管稅務機關批准，也可採用預約訂價方法。

2.關聯企業之間融通資金的利息參照正常利率水準進行調整

調整時要注意企業與關聯企業的借貸業務及與非關聯企業之間的借貸業務，在融資的金額、幣別、期限、擔保、融資人的信用、還款方式、計息方法等方面的可比較性。對債權人向他人借入資金後再轉貸給債務人的融資業務，可按債權人實際支付的利息加所支出的成本或費用和合理的利潤，作爲正常利息。

3.對關聯企業之間的勞務費用參照類似勞務活動的正常收費標準進行調整。

4.對關聯企業間以租賃形式提供有形財產的使用權而收取或支付的費用（租金）之調整。

5.對關聯企業之間轉讓無形財產的作價或收取的使用費參照沒有關聯關係所能同意的數額進行調整。

稅收調整的實施

主管稅務機關對企業轉讓訂價的審計調查和調整，一般自正式向企業下達通知書之日起三年內進行。因特殊情況主管機關要延長調查時需得經稅務總局批准，但最長不得超過五年。此外涉及以前年度應納稅的收入或者所得額的，應依照稅收徵管法實施細則第五十六條以及關於貫徹《中華人民共和國稅收徵收管理法》及其實施細則若干具體問題的通知〔國稅發（2003）47號〕第十二條的規定，向前追溯調整，一般爲三年，但最長不得超過十年。

凡企業與關聯企業間的業務往來被稅務機關進行稅收調整的，主管稅務機關在日常徵管中，應對其調整年度的下一年度起3年內實施稅收跟蹤監管。主要內容包括：企業投資、經營狀況及其變化；企業納稅申報額的變化情況；通

過年度財務、會計報表分析，對經營成果進行評價；關聯企業間業務往來變化情況等。主管稅務機關進行審計調查和調整程序如圖16-1。

預先訂價協議（Advance Pricing Agreement，APA）

預約訂價是轉讓訂價稅制的發展和延伸，是稅務部門與納稅人之間通過簽訂協定或安排的形式，對納稅人在未來一定時期內關聯交易的訂價方法及利潤水平等相關事宜事先約定一系列標準，以解決跨國關聯交易中複雜的轉讓訂價問題。

關於「預約訂價」中國大陸最早於《關聯企業間業務往來稅務管理規程》國稅發[1998]59號文中四十八條提到，允許企業通過「預約訂價」的方式繳納關聯企業間交易的所得稅，允許企業和主管稅務機關就相關應納稅所得或者銷售利潤率區間，進行商談論證，並按此納稅。企業得提出與關聯企業間交易轉讓訂價原則和計算方法，經主管稅務機關論證確認後，據以核算企業與關聯企業間交易的應納稅所得或者確定合理的銷售利潤率區間。但是並未明確訂定實施規則。從試行APA而言，中國大陸在亞洲地區可說是起步較早的。然而幾年來，中國大陸一共只有200多家企業提出申請，而他們主動提出預約訂價方式的一個重要原因，則是他們中的大多數曾因轉讓訂價問題被稅務機關審查和補徵稅款。直到2004年9月稅務總局《關聯企業間業務往來預約訂價實施規則》(試行)》國稅發[2004]118號文方才正式有實施規則。

明確規範各個階段處理程序：

申請預備會談→正式申請預約訂價協議→審核與評估→磋商→簽訂預約訂價協議→協議適用期間→監控管理

APA的發佈強調了幾項重點：

（一）有了全國性統一性法規，改變以前各地稅務機關「各自認定」的問題同時亦具備足夠的法律依據

（二）對某些跨國公司進行內部協調。中國大陸稅務局並不允許跨國公司在中國大陸的子公司進行會計合併。例如某跨國公司在中國大陸有20家子公

◆圖16-1

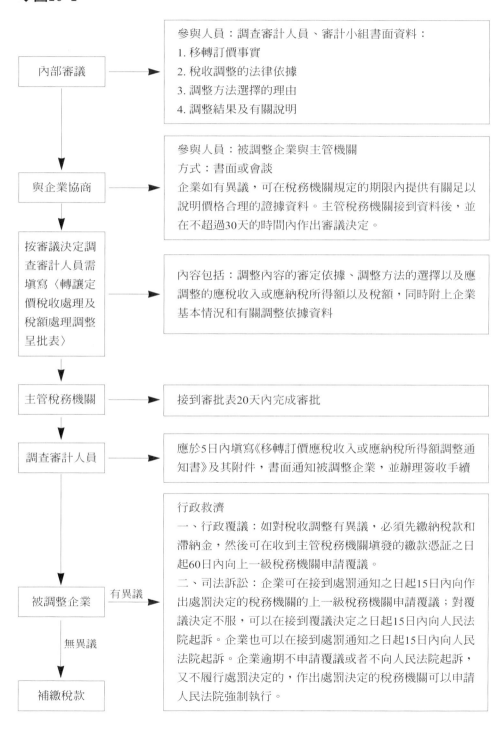

內部審議
參與人員：調查審計人員、審計小組書面資料：
1. 移轉訂價事實
2. 稅收調整的法律依據
3. 調整方法選擇的理由
4. 調整結果及有關說明

與企業協商
參與人員：被調整企業與主管機關
方式：書面或會談
企業如有異議，可在稅務機關規定的期限內提供有關足以
說明價格合理的證據資料。主管稅務機關接到資料後，並
在不超過30天的時間內作出審議決定。

按審議決定調查審計人員需填寫〈轉讓定價稅收處理及稅額處理調整呈批表〉
內容包括：調整內容的審定依據、調整方法的選擇以及應
調整的應稅收入或應納稅所得額以及稅額，同時附上企業
基本情況和有關調整依據資料

主管稅務機關
接到審批表20天內完成審批

調查審計人員
應於5日內填寫《移轉訂價應稅收入或應納稅所得額調整通
知書》及其附件，書面通知被調整企業，並辦理簽收手續

被調整企業 有異議
行政救濟
一、行政覆議：如對稅收調整有異議，必須先繳納稅款和
滯納金，然後可在收到主管稅務機關填發的繳款憑証之日
起60日內向上一級稅務機關申請覆議。
二、司法訴訟：企業可在接到處罰通知之日起15日內向作
出處罰決定的稅務機關的上一級稅務機關申請覆議；對覆
議決定不服，可以在接到覆議決定之日起15日內向人民法
院起訴。企業也可以在接到處罰通知之日起15日內向人民
法院起訴。企業逾期不申請覆議或者不向人民法院起訴，
又不履行處罰決定的，作出處罰決定的稅務機關可以申請
人民法院強制執行。

無異議

補繳稅款

內銷內貿 領商機

171

司，涉及預約訂價時，以前是每一個子公司都必須和當地稅務局協商，不僅成本高且各地要求不盡相同。現在發佈的APA於二十三條明文規定，透過國稅總局負責協調、督導或直接處理。

（三）年限問題：2~4年。APA規則中專門提到「預約訂價安排一般僅適用於自納稅人提交正式申請年度的次年起2~4個未來連續年度的關聯企業業務往來」。

（四）與國際接軌：APA於二十八條指出，涉及稅收協定的雙邊或多邊預約訂價安排，按照稅收協定的有關規定，需要啟動締約國雙方主管當局相互協商程序的，由國家稅務總局負責並制定相應程序。

中國大陸近年來針對跨國企業透過免稅天堂的運作及關聯企業間內部轉讓位價格的運用，造成稅負嚴重流失的問題，除了陸續頒佈相關的法令規定之外，並且積極推動依法治稅，加強稅收徵管，完善稅制，進行雙邊及多邊反避稅跨國合作，阻止跨國投資者的避稅行徑。此外從內部所得稅管理提出六個重要指導方向【國稅發（2005）50號】指導意見，即核實稅基、完善彙繳、強化評估，提高徵管水準、分類管理、強化收入管理，注重彈性分析工作與加強國稅局與地稅局的協作配合。台商面對中國大陸一連串的查核動作，為避免步入寶潔公司後塵，應未雨綢繆透過專業機構在轉讓訂價（TP）與預約訂價協議（APA）的專業處理能力協助完善規劃，以因應中國大陸稅務主管機關的查核。（以上參考資料與法規來源為：勤業眾信E智網－躍馬中原 www.GoChina.com.tw；本文作者：勤業眾信會計師事務所杜啟堯會計師與林淑怡協理）

17 中國大陸台商企業移轉定價查稅案例

內銷內貿 領商機

基本概況

　　甲公司是台商透過英屬維京群島A公司在廣東省所設立的外商獨資經營企業，主要從事鞋類產品的進料加工業務，產品分爲兩大類：一爲某名牌N產品，其他爲非N牌的普通產品。產品大部分是外銷，內銷產品占全部銷售額比例很低，最高年份也才佔1.5%。甲公司於1996年12月經批准成立，1998年5月正式投產。其投資架構圖如圖17-1所示：

◆圖17-1 中國大陸台商企業移轉定價查稅案例：投資架構圖

資料來源：本研究整理

　　經過多年的投產，甲公司一直處於微虧或微利狀態，年度最高的淨利潤率只有0.4%。在這樣低獲利情況下，甲公司每年還不斷地擴大投資規模，至2002年已累計投入資金人民幣5.6億元，外觀上充分顯現甲公司具有良好的成長性。

　　同時，內銷產品的毛利率水平高於外銷產品，即使在最低的2001年度，也達到18%，1999～2001年三年平均內銷毛利率爲22%，遠高於該公司平均毛利率3.3%的水平，更高於外銷產品的毛利率，顯然，外銷產品的加價率存在不合

理的現象。

　　根據中國大陸《關聯企業間業務往來稅務管理規程》第4條的規定，由於A直接持有甲公司100%股權，甲公司的董事長和總經理均由A所委派，且該公司生產產品的銷售亦由A所控制，因此，可以確定A完全控制了甲公司，二者之間具有嚴重的關聯關係。

　　由於甲公司與A公司具有嚴重的關聯關係，當地稅務機關決定重點對甲公司的關聯購銷業務進行審計。

　　稅務機關通過檢查甲公司1999、2000和2001年帳簿和有關的明細帳，並約談甲公司有關人士、調閱甲公司的章程和可行性研究報告，證實N牌產品和非N牌產品的關聯交易形式各不相同，具體如圖17-1及圖17-2。

　　了解了兩家公司間的關聯交易形式後，稅務機關繼續走訪了N總部駐廣東的辦事處，同時詢問甲公司的總經理和財會人員，核對《進料加工登記手冊》

◆圖17-2 中國大陸台商企業移轉定價查稅案例：N產品的關聯交易圖

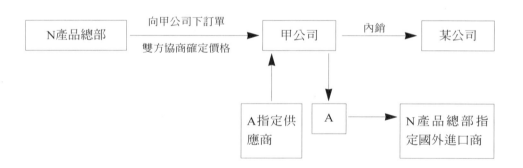

◆圖17-3 中國大陸台商企業移轉定價查稅案例：非N產品的關聯交易

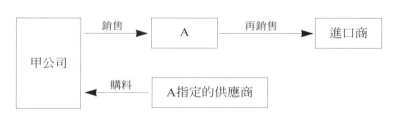

上價款和「應收帳款」明細帳，查出下列可能的避稅疑點：

1、甲公司和辦事處雙方協商確定N產品價格，這是雙方以獨立企業身份談判簽訂，並最終以《價格確定書》確定下來，符合獨立交易原則。但甲公司向A銷售產品並據以記帳價格，是《進料加工登記手冊》上的價格，這一價格是在A的控制下，根據海關對加工貿易管理的要求預先估計的，不符合營業常規。

N總部也不是直接向甲公司支付價款，而是根據甲公司所提供的境外帳號和《價格確定書》上的價款向該帳號匯款，這一帳號的所有權不屬甲公司。因此《進料加工登記手冊》和《價格確定書》上的差額就被截留在境外。

2、甲公司非N產品的價格，則是完全在A控制下制定的，這一價格也是《進料加工登記手冊》上的價格，但也是預先估計的，不符合營業常規。

稅務機關進行調查與分析

由於甲公司生產產品可分在兩大類，N類和非N類。因此稅務機關分別對甲公司兩大類產品展開調查。

(一) 對N產品的調查與分析

N類產品是世界名牌，據稅務機關向外經貿部門了解，目前廣東省生產N類產品的外商投資企業有 3家，除甲公司外，還有乙公司和丙公司。其中乙公司和丙公司是純生產N產品的。由於都生產同一世界名牌產品，所以稅務機關把這三家公司作比較，來分析甲公司購銷行為不符合營業常規之處。

針對下列情況的分析，稅務機關認為這三家公司的毛利率應該是相同或差不多的。

1. 這三家公司都採取「進料加工」形式，而且都承擔產品質量風險，但都不承擔市場銷售風險，實際上都是「承包製造商」；

2. 在生產N產品上，這三家公司都不承擔產品的開發風險；

3. 銷售的產品都是處在從生產到銷售環節上；

4. 就每一家公司而言，無論公司出口量高低，都不會影響公司的單位產品價格，公司每類產品的價格在幾年中都保持不變；

5. 生產的市場環境都大致相同；

6. 產品在總體上來講是相同的。

但通過三家公司毛利率水平的比較，實際情況和分析的不同，具體如表17-1所示。

■表17-1　中國大陸台商企業移轉定價查稅案例：毛利比較表

公司	1999年	2000年	2001年
甲	1.7%	1.9%	3.4%
乙	10.1%	12.9%	11.2%
丙	19.1%	19.7%	12.9%

資料來源：本研究整理

這說明甲公司生產N產品的獲利能力存在問題。稅務機關分析其中原因，更證實甲公司存在轉讓定價的避稅行為，分析如下：

甲公司與N總部駐廣東辦事處簽訂《價格確定書》，這一價格是雙方以獨立企業身份簽訂的，應反映有較高毛利率水平，甲公司應以《價格確定書》上確定的價格收取價款，但通過查帳，稅務機關得知，甲公司是以《進料加工登記手冊》上的價格入帳，並以此向A收取價款，《價格確定書》上的價格甲公司一直未予反映。而N總部把《價格確定書》上價款匯往那一帳戶，在甲公司有關憑證上不能確知。非常明顯，《價格確定書》和《進料加工登記手冊》上的價格差額被留在境外。

（二）對非N產品的調查與分析

根據稅務機關所收集的基本資料，他們選出產品毛利率比較高的X公司、Y公司、Z公司和甲公司作比較，從記帳憑證上著手進行審核，得知X、Y、Z公司帳務簡單，主要反映關聯企業的產品購銷，很少發生其他業務，是實實在

在的製造廠。而甲公司不僅要負擔境外非N產品一定的開發費用，而且自己也要從事產品的開發，自行承擔開發風險，自行開發的費用列入「生產成本」帳戶，影響了企業產品成本。所以甲公司比X、Y、Z、公司多承擔了開發風險，根據風險補償原則，確認甲公司非N產品的獲得能力應大於X、Y、Z公司的產品獲利能力。

1999至2001年甲公司和X、Y、BZ公司的毛利率如表17-2所示：

■表17-2　中國大陸台商企業移轉定價查稅案例：毛利率比較表

公司	1999年	2000年	2001年
甲	低於1.7%	低於1.9%	低於3.4%
X	11.1%	10.7%	11.8%
Y	13.1%	12.2%	13.0%
Z	11.3%	10.9%	15.2%

資料來源：本研究整理

雖然這幾家公司生產產品缺乏可比性，包括在品名、品牌、性能、結構、外觀、包裝等方面都不同，但企業之間在購銷過程、購銷環節、生產環境都相同，為何甲公司承擔了風險，但在生產環節的毛利率相差這麼大，由此稅務機關斷定非N產品的加價率也存在問題。

稅務機關與企業協商和要求企業提舉證材料

稅務機關針對甲公司產品獲利能力不足及不按獨立企業之間業務往來收取價款的轉讓定價行為，約見了該公司總經理，指出其避稅行為之所在，要求甲公司就其轉讓定價行為的正常性和合理性提出舉證材料。同時，他們向企業說明，如果其能提供《價格確定書》或向辦事處提供的境外銀行帳號，他們將可對其N產品採用可比非受控價格法，這種方法對企業調整是最精確的，對企業最有利。對於非N產品，由於其全部通過關聯交易，價格完全受控於外方，且由於其生產產品的獨特性，所以很難找到其他非受控企業之間交易此類產品的

價格，稅務機關不能對非N產品採取可比非受控價格法，但只要甲公司提供A公司的再銷售價格和A公司的成本費用分析，稅務機關就可以對其非N產品採用再銷售價格法。因此稅務機關向公司發出《關於提供與關聯企業業務往來有關具體資料的通知》要求甲公司提供1999年、2000年、2001年如下信息資料：（1）甲公司和N總部駐廣東辦事處簽訂的《價格確定書》；（2）甲公司向辦事處提供的境外銀行帳號；（3）A銷售非N產品的再銷售價格；（4）A公司最近3年的會計師查帳報告。

但甲公司一直未能按照稅務機關的要求提供有關資料；

1.只向稅務機關說明其生產經營的困難，沒能就其產品的定價因素作出說明，不能說明其定價的合理性；

2.不能向稅務機關提供全部產品價格，只提供幾種款式價格，這些價格其實稅務機關早已掌握。

在甲公司不能提供詳盡舉證材料情況下，稅務機關多次向企業發出《關於提供與關聯企業業務往來有關具體資料的通知》，但企業以這幾年生產產品款式多，自己分不清有多少種款式，電腦沒有儲存為由，拒絕再提供N產品的有關價格信息，也以A公司沒有帳簿為由，拒絕提供非N產品的再銷售價格。

稅務機關選擇調整方法

按照《關聯企業間業務往來稅務管理規程》的規定，稅務機關首先採用了可比非受控價格法，但此方法受到如下條件限制，不能適用：

1.可比非受控價格法要求兩種交易中轉讓的資產或產品具有高度的可比性。但是由於N產品其品牌、款式、用途與其他產品不同，影響其價格，且在甲公司不能詳盡舉證情況下，稅務機關不能精確對這些影響產品價格的因素作調整。同時稅務機關無法確知《價格確定書》內容。因此可比非受控價格法應用於N產品的最重要條件不存在。

2.對於非N產品，同樣也由於稅務機關缺乏有關資料來對影響產品價格的因素作調整。同時，也由於甲公司行使功能與其他企業不同，導致影響產品成

本，整體上也影響價格水平，所以對非N產品也不能使用可比非受控價格法。

第二步，稅務機關採用再銷售價格法，也遇到條件的不適用：

1.對N產品，由於甲公司不提供N總部指定的進口國，所以稅務機關不能通過情報交換獲得該產品經銷商的產品加價率，同時，也不能確知A公司的產品加價率和影響加價率的組成因素，因此對N產品不能適用再銷售價格法。

2.對於非N產品，由於不能確知A的加價率，也不能和國外稅務機關通過情報交換獲得價格信息，因此也不能採用再銷售價格法。

第三步，採用成本加成法，這是稅務機關的最好的選擇，因為使用該辦法有幾個適用條件和有利因素：

1.成本加成法注重的是成本加成百分比，而不是價格，且當地生產N產品廠家的成本加成率稅務機關已掌握。

2.被比較公司，不論是乙、丙、X、Y、Z公司，他們的會計核算是相同的，特別是產品生產成本核算內容是相同的。不存在由於成本核算不同而影響成本的組成因素。

3.稅務機關已掌握N產品同行業、非N產品同行業的產品加價率。

因此，稅務機關最後採用了成本加成法來調整甲公司的關聯購銷行為。在採用該方法時，同時考慮如下因素：

1.甲公司內銷部分是在獨立企業之間進行的，不是關聯企業之間交易往來，因此稅務機關只調整外銷產品的加成率。

2.對於1998年，由於考慮其5月才正式投產，初期投入較大，員工培訓費等各項支出多，產能也尚未完全發揮，虧損難免，同意企業開業初期的虧損情況，對該年度不作調整。

3.甲公司生產的N產品和非N產品的同行業毛利率水平都比較高，都在10%以上，稅務機關結合生產N產品廠家的毛利率水平都在10%～15%之間，但考慮到稅務機關對關聯企業的查稅尚在初步發展和完善階段，避免對外商投資企業造成過大的衝擊，因此決定採用10%的低成本加成率來核定企業的所得額。

稅務機關調整所得並補稅

最後，稅務機關決定採用10%的成本加成率，來整體核定甲公司1999、2000和2001年出口產品的所得。三年合計共調增甲公司的應納稅所得額9,739萬元，但由於1999年和2000年是甲公司的二免期間，2001年爲減半課稅期，應補企業所得稅爲334萬元。

2003年7月16日，稅務機關對該公司下達《轉讓訂價應納稅所得額調整通知書》，要求補繳企業所得稅334萬元。（以上參考資料與法規來源爲：漢邦會計師事務所史芳銘會計師）

內銷內貿 領商機

18 台商在中國大陸從事內銷所面臨的稅務問題與因應之道

由於中國大陸人口眾多、幅員廣闊、消費能力驚人，加上中國大陸入會時承諾將在三年內開放貿易權，因此中國大陸2004年4月發布《外商投資商業領域管理辦法》，從2004年6月1日起開放外商可經營批發、零售、佣金代理等買賣或貿易業務，使得台商未來將可更積極及合法地投入中國大陸的內銷市場。

雖然中國大陸內銷市場頗具吸引力，但其如影隨行的問題亦一直困擾著台商。本文主要是針對台商在中國大陸從事內銷業務所面臨的稅務問題加以說明，並提出一些因應之道供台商們參考。

181

台商在中國大陸從事內銷業務所課徵的主要稅種

台商在中國大陸從事內銷業務所課徵的稅種主要有增值稅和企業所得稅，首先，先介紹這二種稅的一些重要規定。

增值稅等同於台灣的加值型營業稅，是以商品生產流通和勞務服務各環節的增值額為徵稅對象的一種流轉稅。它以應稅的銷售額為計稅依據，並允許在稅額中扣除已納稅部份的稅額，以其餘作為應納增值稅額。其徵稅範圍包括生產、批發、零售、進口商品、加工及修理修配，因此在中國大陸從事內銷業務的台商將會是增值稅的納稅人。

增值稅的稅率除出口貨物適用0%（當出口退稅率不是17%時，其實質稅率並非零稅率）及糧食、食用植物油、自來水、暖氣、冷氣、熱水、煤氣、石油液化氣、天然氣、沼氣、居民用煤炭製品、圖書、報紙、雜誌、飼料、化

肥、農藥、農機、農膜等適用6%或13%外，其餘項目均適用17%，大多數台商在中國大陸從事內銷所適用的稅率應以17%為主。

根據中國大陸現行增值稅暫行條例規定，增值稅的應納稅額＝當期銷項稅額－當期進項稅額。

銷項稅額＝銷售額×稅率，銷售額為納稅人銷售貨物或應稅勞務向購買方收取的全部價款和價外費用，但不包括收取的銷項稅額。

進項稅額是指當期購進貨物或應稅勞務在每道環節繳納的增值稅額。

目前准予從銷項稅額中抵扣的進項稅額，包括有：1）、從銷售方取得的增值稅專用發票上註明的增值稅額；2）、從海關取得的完稅憑證上註明的增值稅額；3）、購進免稅農業產品准予抵扣的進項稅額，按照時價和13%的扣除率計算；4）、銷售應稅貨物而支付的運輸費用，除不併入銷售額的代墊運費外，可依7%的扣除率計算進項稅額予以抵扣；5）、從事廢舊物資經營收購廢舊物資，按收購憑證上的價款，依照10%扣除率計算進項稅額予以抵扣。

另外，法令明文規定下列項目的進項稅額不得從銷項稅額中抵扣：1）、購進固定資產；2）、用於非應稅項目的購進貨物或者應稅勞務；3）、用於免稅項目的購進貨物或者應稅勞務；4）、用於集體福利或者個人消費的購進貨物或者應稅勞務；5）、非正常損失的購進貨物；6）、非正常損失的在產品、產成品所耗用的購進貨物或者應稅勞務。

為了使增值稅的課徵順利進行，中國大陸實施了與台灣統一發票類似的增值稅專用發票，依據中國大陸增值稅專用發票管理規定，增值稅專用發票只限於增值稅的一般納稅人領購使用，增值稅的小規模納稅人和非增值稅納稅人不得領購使用。

增值稅專用發票的開具時限：1）、採用預收貨款、託收承付、委託銀行收款結算方式的，為貨物發出的當天；2）、採用交款提貨結算方式的，為收到貨款的當天；3）、採用賒銷、分期付款結算方式的，為合同約定的收款日期的當天；4）、將貨物交付他人代銷，為收到受託人送交的代銷清單的當天；5）、設有兩個以上機構並實行統一核算的納稅人，將貨物從一個機構移送其他機構用

於銷售，按規定應當徵收增值稅的，爲貨物移送的當天。

中國大陸台商企業所適用的所得稅稱爲外商投資企業和外國企業所得稅，它是對在中國大陸的外商投資企業和從中國大陸境內取得應稅所得的外國企業徵收的一種所得稅。它的納稅人包括下列五個單位：1）、中外合資經營企業；2）、中外合作經營企業；3）、外（商獨）資企業；4）、在中國大陸境內設立機構、場所，從事生產、經營的外國公司、企業和其他經濟組織；5）、在中國大陸沒有設立機構、場所而有來源於中國大陸的股息、利息、租金、特許權使用費等項收入的外國公司、企業和其他經濟組織。其徵稅範圍包括：1）、在中國大陸境內的外商投資企業的生產經營所得和其他所得；2）、在中國大陸境內的外國企業生產經營所得和其他所得。

除享受租稅優惠外，中國大陸台商所適用的所得稅稅率爲33%，其中包括企業所得稅30%和地方所得稅3%。

台商易面臨的二個稅務問題

台商目前在中國大陸從事內銷業務所面臨的稅務問題主要有下列二項：

1. 增值稅專用發票開不出去

根據中國大陸增值稅的規定，銷售貨物所課徵的增值稅稅率高達17%（少部份適用13%或6%），由於增值稅的最終負擔人爲消費者，且稅率過高（爲台灣的3.4倍），以致產品在零售環節漏開發票的情況相當嚴重。讀者如在中國大陸有購物的經驗即可了解，在一般的零售通路購買消費品，店家不會主動開立發票，消費者如要索取發票店家會要求另外加收稅金。

當零售環節漏開發票，則零售單位會同時拒收批發環節的發票，相對地，批發單位亦會拒收生產環節的發票，最後導致從事生產或進口業務的台商企業的發票也會開不出去。除非台商企業所銷售的商品屬於工業性的產品或者是透過百貨公司或大型量販店等正規通路銷售的消費性商品。

發票開不出去在中國大陸目前的稅收徵管上係屬於偷稅行爲，根據中國大陸2001年4月28日發布的《稅收徵收管理法》第63條規定，納稅人僞造、變

造、隱匿、擅自銷毀帳簿、記帳憑證，或者在帳簿上多列支出或者不列、少列收入，或者經稅務機關通知申報而拒不申報或者進行虛假的納稅申報，不繳或者少繳應納稅款的，是偷稅。對納稅人偷稅的，由稅務機關追繳其不繳或者少繳的稅款、滯納金，並處不繳或者少繳的稅款50%以上5倍以下的罰款；構成犯罪的，依法追究刑事責任。

另外，根據1997年10月1日開始施行的刑法第201條規定，納稅人採取偽造、變造、隱匿、擅自銷毀帳簿、記帳憑證，在帳簿上多列支出或者不列、少列收入，經稅務機關通知申報而拒不申報或者進行虛假的納稅申報的手段，不繳或者少繳應納稅款，偷稅數額占應納稅額的10%以上不滿30%並且偷稅數額在人民幣1萬元以上不滿人民幣10萬元的，或者因偷稅被稅務機關給予2次行政處罰又偷稅的，處3年以下有期徒刑或者拘役，並處偷稅數額1倍以上5倍以下罰金；偷稅數額占應納稅額的30%以上並且偷稅數額在人民幣10萬元∞H上的，處3年以上7年以下有期徒刑，並處偷稅數額1倍以上5倍以下罰金。

2. 發票開得出去但帳款收不回來，造成多納稅款

當發票有幸可以爲批發或零售單位所接受，上述問題已迎刃而解，但可先別高興，因爲客戶可能滯付或拖欠貨款，使得台商不只積壓貨款，連帶積壓增值稅款，對台商的資金週轉相當不利。有些台商爲避免這種狀況產生，可能採取收到貨款後再開立發票的做法，但這種做法在貨物交運時帳上並沒有馬上認列銷售收入，導致實物庫存與帳上庫存不合及少列收入的偷稅的結果，其最終亦有刑法第201條處罰的適用。

三大因應之道，防患風險

針對上述問題，台商可採取之因應方法有：

1. 慎選客戶

對客戶的財務狀況及發票開立狀況要能過濾，對付款條件及價格需外加增值稅金必須事先商談，並在購銷合同中列明。尤其價格需外加增值稅並開立專用發票的要求應予言明，避免有些客戶在交貨時突然改變爲不要發票亦不支付

增值稅金的情況。

2. 設立內資批發企業

當台商碰上批發或零售廠商硬是不要發票也不支付增值稅金，而台商亦堅持不違法作生意時，爲避免對台商企業造成重大稅法違規情況，目前部份台商採取以人頭設立內資批發企業的方法，將台商之貨物銷售給這家批發企業，並一切依法開立發票，再由批發企業將貨物銷售給眞正的客戶，將有關問題丟給批發企業，以便達到明哲保身的目的。

3. 在購銷合同中約定收款日期

針對發票開得出去但帳款收不回來造成多納稅款的問題，根據增值稅專用發票管理辦法的規定，採用賒銷結算方式購銷貨物的，增值稅專用發票的開具時限爲合同約定的收款日期的當天，因此爲避免尙未收到款項即已先繳納增值稅金的缺點，台商可在與客戶簽定的購銷合同中書明特定的收款日期，當客戶無法如期支付貨款時，應要求另行更改購銷合同上的收款日期。（以上參考資料與法規來源爲：漢邦會計師事務所史芳銘會計師）

內銷內貿 領商機

第七篇

實用資訊

19　中國大陸城市綜合實力評估彙總表

城市名稱	上海閔行		綜合指標	2005年	98.97分	綜合排名	A01/1	極力推薦
				2004年	93.42分		A02/2	極力推薦
人口數	1,341.77　萬人		平均工資	27304.58 元		2005年樣本回收數	22 份	
外資投資金額	27,693.00　萬美元							
競爭力 (15%)	項目	基礎條件	財政條件	投資條件	經濟條件	就業條件	加權平均	
	分數	92.48	100	99.40	98.40	96.43	97.33	
	排名	3	1	1	1	1	1	
環境力 (40%)	項目	自然環境	基礎建設	公共設施	社會環境	法制環境	經濟環境	經營環境	加權平均
	分數	4.53	4.46	4.50	4.63	4.39	4.37	4.56	4.48
	排名	4	4	1	4	4	4	4	2
風險度 (30%)	項目	社會風險	法制風險	經濟風險	經營風險	加權平均		
	分數	1.33	1.18	1.24	1.26	1.27		
	排名	1	1	1	1	1		
推薦度 (15%)	2005年		加權平均	4.90	2004年		加權平均	3.92
			排名	1			排名	6

城市名稱	杭州蕭山		綜合指標	2005年	97.07分	綜合排名	A02/2	極力推薦
				2004年	95.82分		A01/1	極力推薦
人口數	642.78　萬人		平均工資	24666.88 元		2005年樣本回收數	32 份	
外資投資金額	100,850.00　萬美元							
競爭力 (15%)	項目	基礎條件	財政條件	投資條件	經濟條件	就業條件	加權平均	
	分數	85.88	49.95	90.30	92.25	81.53	84.21	
	排名	7	58	9	6	11	30	
環境力 (40%)	項目	自然環境	基礎建設	公共設施	社會環境	法制環境	經濟環境	經營環境	加權平均
	分數	4.6	4.51	4.47	4.45	4.63	4.52	4.72	4.58
	排名	3	1	2	3	1	1	1	1
風險度 (30%)	項目	社會風險	法制風險	經濟風險	經營風險	加權平均		
	分數	1.33	1.18	1.24	1.26	1.35		
	排名	2	2	2	2	2		
推薦度 (15%)	2005年		加權平均	4.81	2004年		加權平均	4.36
			排名	2			排名	1

《上海閔行、杭州蕭山》

城市名稱	蘇州昆山		綜合指標	2005年	94.38分		綜合排名	A03/3	極力推薦
				2004年	83.42分			A08/8	極力推薦
人口數	590.97 萬人		平均工資	19790.67 元			2005年樣本回收數	145 份	
外資投資金額	680,511.00 萬美元								
競爭力 (15%)	項目	基礎條件	財政條件		投資條件		經濟條件	就業條件	加權平均
	分數	62.75	95.10		95.87		91.80	82.10	85.19
	排名	30	7		4		7	8	21
環境力 (40%)	項目	自然環境	基礎建設	公共設施	社會環境	法制環境	經濟環境	經營環境	加權平均
	分數	4.48	4.48	4.44	4.40	4.48	4.49	4.44	4.46
	排名	5	3	4	3	4	2	4	4
風險度 (30%)	項目	社會風險		法制風險		經濟風險		經營風險	加權平均
	分數	1.60		1.66		1.70		1.67	1.67
	排名	4		4		4		4	4
推薦度 (15%)	2005年		加權平均	4.72		2004年		加權平均	3.77
			排名	3				排名	11

城市名稱	成 都		綜合指標	2005年	92.73分		綜合排名	A04/4	極力推薦
				2004年	92.36分			A03/3	極力推薦
人口數	1044.31 萬人		平均工資	15274.50 元			2005年樣本回收數	49 份	
外資投資金額	42,549.00 萬美元								
競爭力 (15%)	項目	基礎條件	財政條件		投資條件		經濟條件	就業條件	加權平均
	分數	88.3	88.95		82.40		75.38	79.20	81.49
	排名	5	12		17		23	14	32
環境力 (40%)	項目	自然環境	基礎建設	公共設施	社會環境	法制環境	經濟環境	經營環境	加權平均
	分數	4.06	4.12	4.13	4.03	4.12	4.07	3.94	4.06
	排名	12	6	6	8	5	5	9	6
風險度 (30%)	項目	社會風險		法制風險		經濟風險		經營風險	加權平均
	分數	1.50		1.43		1.53		1.53	1.50
	排名	3		3		3		3	3
推薦度 (15%)	2005年		加權平均	4.55		2004年		加權平均	4.24
			排名	5				排名	3

城市名稱	無錫江陰		綜合指標	2005年	91.54分		綜合排名	A05/5	極力推薦
				2004年	86.41分			A06/6	極力推薦
人口數	115.70 萬人		平均工資	12506.00 元			2005年樣本回收數	33 份	
外資投資金額	37,376.00 萬美元								
競爭力 (15%)	項目	基礎條件	財政條件		投資條件		經濟條件	就業條件	加權平均
	分數	46.23	25.90		40.60		72.48	25.75	73.84
	排名	60	90		71		28	95	40
環境力 (40%)	項目	自然環境	基礎建設	公共設施	社會環境	法制環境	經濟環境	經營環境	加權平均
	分數	4.47	4.01	4.04	3.94	4.01	3.93	4.06	4.01
	排名	6	9	9	12	8	9	6	5
風險度 (30%)	項目	社會風險		法制風險		經濟風險		經營風險	加權平均
	分數	1.82		1.75		1.86		1.85	1.82
	排名	6		5		6		6	5
推薦度 (15%)	2005年		加權平均	4.64		2004年		加權平均	4.24
			排名	4				排名	3

《蘇州昆山、成都、無錫江陰》

城市名稱	徐　州		綜合指標	2005年	89.50分	綜合排名		A06/6	極力推薦
				2004年	88.39分			A05/5	極力推薦
人口數	908.66　萬人		平均工資		13552.00 元		2005年樣本回收數		41 份
外資投資金額	34,095.00 萬美元								

競爭力 (15%)	項目	基礎條件	財政條件	投資條件	經濟條件	就業條件	加權平均
	分數	54.18	64.75	60.47	55.15	52.87	56.52
	排名	43	38	43	57	55	62

環境力 (40%)	項目	自然環境	基礎建設	公共設施	社會環境	法制環境	經濟環境	經營環境	加權平均
	分數	4.62	4.51	4.41	4.50	4.44	4.43	4.44	4.47
	排名	2	1	4	2	3	3	3	3

風險度 (30%)	項目	社會風險	法制風險	經濟風險	經營風險	加權平均
	分數	1.75	1.87	1.82	1.84	1.83
	排名	5	6	5	5	6

推薦度 (15%)	2005年	加權平均	4.52	2004年	加權平均	4.07
		排名	6		排名	5

城市名稱	天津市		綜合指標	2005年	88.27分	綜合排名		A07/7	極力推薦
				2004年	85.65分			A07/7	極力推薦
人口數	926.00　萬人		平均工資		18648.41 元		2005年樣本回收數		15 份
外資投資金額	163,325.00 萬美元								

競爭力 (15%)	項目	基礎條件	財政條件	投資條件	經濟條件	就業條件	加權平均
	分數	88.05	95.95	91.80	93.13	90.00	91.50
	排名	6	6	7	5	5	11

環境力 (40%)	項目	自然環境	基礎建設	公共設施	社會環境	法制環境	經濟環境	經營環境	加權平均
	分數	3.99	4.10	4.07	4.06	4.07	3.97	3.84	4.00
	排名	16	7	7	7	6	6	14	9

風險度 (30%)	項目	社會風險	法制風險	經濟風險	經營風險	加權平均
	分數	1.75	1.87	1.82	1.84	2.17
	排名	9	12	12	11	10

推薦度 (15%)	2005年	加權平均	4.28	2004年	加權平均	3.81
		排名	10		排名	10

城市名稱	上海浦東		綜合指標	2005年	86.24分	綜合排名		A08/8	極力推薦
				2004年	60.28分			B12/26	值得推薦
人口數	642.78　萬人		平均工資		24666.88 元		2005年樣本回收數		38 份
外資投資金額	100,850.00 萬美元								

競爭力 (15%)	項目	基礎條件	財政條件	投資條件	經濟條件	就業條件	加權平均
	分數	92.48	100	99.40	98.40	96.43	97.33
	排名	3	1	1	1	1	1

環境力 (40%)	項目	自然環境	基礎建設	公共設施	社會環境	法制環境	經濟環境	經營環境	加權平均
	分數	4.02	3.76	3.78	3.88	3.73	3.71	3.86	3.81
	排名	15	22	21	16	16	19	12	14

風險度 (30%)	項目	社會風險	法制風險	經濟風險	經營風險	加權平均
	分數	2.01	2.04	2.20	2.25	2.16
	排名	8	9	10	13	9

推薦度 (15%)	2005年	加權平均	4.13	2004年	加權平均	3.45
		排名	16		排名	21

《徐州、天津市、上海浦東》

城市名稱	揚　州		綜合指標	2005年	85.66分	綜合排名	A09/9	極力推薦
				2004年	89.39分		A04/4	極力推薦
人口數	453.61　萬人		平均工資	13801.51 元		2005年樣本回收數	31 份	
外資投資金額	48,097.00 萬美元							
競爭力 (15%)	項目	基礎條件	財政條件	投資條件	經濟條件	就業條件	加權平均	
	分數	36.28	52.80	60.77	55.75	48.77	51.17	
	排名	87	57	42	53	60	65	
環境力 (40%)	項目	自然環境	基礎建設	公共設施	社會環境	法制環境	經濟環境	經營環境	加權平均
	分數	4.65	4.09	3.96	3.98	3.94	3.90	3.99	4.04
	排名	1	8	11	10	10	11	7	7
風險度 (30%)	項目	社會風險	法制風險	經濟風險	經營風險	加權平均
	分數	2.11	2.00	2.13	1.97	2.04
	排名	12	8	8	7	7
推薦度 (15%)	2005年	加權平均	4.51	2004年	加權平均	4.25
		排名	7		排名	2

城市名稱	南　昌		綜合指標	2005年	85.63分	綜合排名	A10/10	極力推薦
				2004年	79.87分		A11/11	極力推薦
人口數	450.77　萬人		平均工資	13912.77 元		2005年樣本回收數	18 份	
外資投資金額	58,350.00 萬美元							
競爭力 (15%)	項目	基礎條件	財政條件	投資條件	經濟條件	就業條件	加權平均	
	分數	53.50	52.35	62.83	56.25	64.83	58.34	
	排名	44	53	38	48	33	59	
環境力 (40%)	項目	自然環境	基礎建設	公共設施	社會環境	法制環境	經濟環境	經營環境	加權平均
	分數	4.01	3.79	4.07	4.01	3.94	4.10	4.06	4.02
	排名	10	9	20	5	9	8	5	8
風險度 (30%)	項目	社會風險	法制風險	經濟風險	經營風險	加權平均
	分數	2.80	2.94	2.99	2.86	2.15
	排名	59	63	66	58	8
推薦度 (15%)	2005年	加權平均	4.36	2004年	加權平均	3.76
		排名	8		排名	12

城市名稱	濟　南		綜合指標	2005年	83.12分	綜合排名	A11/11	極力推薦
				2004年	78.12分		A13/13	極力推薦
人口數	582.56　萬人		平均工資	16026.54 元		2005年樣本回收數	24 份	
外資投資金額	63,329.00 萬美元							
競爭力 (15%)	項目	基礎條件	財政條件	投資條件	經濟條件	就業條件	加權平均	
	分數	83.23	84.10	77.17	80.85	78.30	80.40	
	排名	9	17	22	17	16	33	
環境力 (40%)	項目	自然環境	基礎建設	公共設施	社會環境	法制環境	經濟環境	經營環境	加權平均
	分數	4.03	3.95	3.85	3.99	3.88	3.82	3.61	3.85
	排名	14	13	16	9	11	14	21	13
風險度 (30%)	項目	社會風險	法制風險	經濟風險	經營風險	加權平均
	分數	2.25	2.12	2.23	2.31	2.23
	排名	19	13	12	15	13
推薦度 (15%)	2005年	加權平均	4.16	2004年	加權平均	3.55
		排名	13		排名	17

《揚州、南昌、濟南》

內銷內貿 領商機

191

內銷內貿 領商機

城市名稱	青　島		綜合指標	2005年	82.51分	綜合排名	A12/12	極力推薦
				2004年	76.98分		A14/14	極力推薦
人口數	720.68　萬人		平均工資	15335.29 元		2005年樣本回收數	33 份	
外資投資金額	281,480.00 萬美元							

競爭力 (15%)	項目	基礎條件	財政條件	投資條件	經濟條件	就業條件	加權平均
	分數	80.58	91.60	89.70	83.68	81.53	84.62
	排名	11	10	12	14	10	29

環境力 (40%)	項目	自然環境	基礎建設	公共設施	社會環境	法制環境	經濟環境	經營環境	加權平均
	分數	4.42	3.91	3.89	3.87	3.87	3.80	3.87	3.92
	排名	7	15	14	17	12	15	10	11

風險度 (30%)	項目	社會風險	法制風險	經濟風險	經營風險	加權平均
	分數	2.28	2.23	2.42	2.41	2.36
	排名	22	16	21	22	17

推薦度 (15%)	2005年	加權平均	4.18	2004年	加權平均	3.45
		排名	12		排名	21

城市名稱	寧波市區		綜合指標	2005年	82.40分	綜合排名	A13/13	極力推薦
				2004年	70.00分		B04/18	值得推薦
人口數	549.07　萬人		平均工資	23691.30 元		2005年樣本回收數	53 份	
外資投資金額	172,727.00 萬美元							

競爭力 (15%)	項目	基礎條件	財政條件	投資條件	經濟條件	就業條件	加權平均
	分數	71.33	50.40	90.00	87.65	77.73	79.15
	排名	21	57	10	11	17	34

環境力 (40%)	項目	自然環境	基礎建設	公共設施	社會環境	法制環境	經濟環境	經營環境	加權平均
	分數	4.13	3.90	3.82	3.74	3.77	3.77	3.64	3.80
	排名	10	17	18	21	14	18	19	15

風險度 (30%)	項目	社會風險	法制風險	經濟風險	經營風險	加權平均
	分數	2.03	2.04	2.27	2.24	2.18
	排名	9	9	15	12	11

推薦度 (15%)	2005年	加權平均	4.27	2004年	加權平均	3.29
		排名	11		排名	31

城市名稱	大　連		綜合指標	2005年	81.09分	綜合排名	A14/14	極力推薦
				2004年	81.71分		A10/10	極力推薦
人口數	560.16　萬人		平均工資	17560.15 元		2005年樣本回收數	28 份	
外資投資金額	221,126.00 萬美元							

競爭力 (15%)	項目	基礎條件	財政條件	投資條件	經濟條件	就業條件	加權平均
	分數	80.38	91.60	87.07	87.23	81.53	85.12
	排名	12	9	14	12	9	27

環境力 (40%)	項目	自然環境	基礎建設	公共設施	社會環境	法制環境	經濟環境	經營環境	加權平均
	分數	3.99	3.91	3.80	3.96	4.04	3.96	3.75	3.92
	排名	16	15	19	11	7	7	15	11

風險度 (30%)	項目	社會風險	法制風險	經濟風險	經營風險	加權平均
	分數	2.20	2.33	2.33	2.34	2.32
	排名	16	19	18	17	16

推薦度 (15%)	2005年	加權平均	3.81	2004年	加權平均	3.76
		排名	28		排名	12

《青島、寧波市區、大連》

城市名稱	南京市區		綜合指標	2005年	79.72分	綜合排名	A15/15	極力推薦
				2004年	73.18分		B02/16	值得推薦
人口數	572.23 萬人		平均工資	22190.22 元		2005年樣本回收數	17 份	
外資投資金額	221,022.00 萬美元							
競爭力 (15%)	項目	基礎條件	財政條件	投資條件	經濟條件	就業條件		加權平均
	分數	79.53	92.95	92.03	89.63	87.63		88.02
	排名	14	8	6	9	6		16
環境力 (40%)	項目	自然環境	基礎建設	公共設施	社會環境	法制環境	經濟環境	經營環境	加權平均
	分數	3.96	3.87	3.72	3.66	3.65	3.66	3.86	3.75
	排名	18	18	24	26	20	20	13	18
風險度 (30%)	項目	社會風險	法制風險		經濟風險		經營風險		加權平均
	分數	2.30	2.16		2.21		2.36		2.26
	排名	26	14		11		19		15
推薦度 (15%)	2005年		加權平均	3.95	2004年		加權平均	3.44
			排名	18			排名	23

城市名稱	廈門		綜合指標	2005年	79.13分	綜合排名	A16/16	極力推薦
				2004年	54.33分		B19/33	值得推薦
人口數	141.76 萬人		平均工資	19023.57 元		2005年樣本回收數	57 份	
外資投資金額	124,286.00 萬美元							
競爭力 (15%)	項目	基礎條件	財政條件	投資條件	經濟條件	就業條件		加權平均
	分數	52.15	84.10	71.30	81.48	84.43		74.43
	排名	48	17	28	16	7		39
環境力 (40%)	項目	自然環境	基礎建設	公共設施	社會環境	法制環境	經濟環境	經營環境	加權平均
	分數	3.81	4.14	3.77	3.90	3.65	3.71	3.66	3.76
	排名	25	5	22	14	19	20	18	17
風險度 (30%)	項目	社會風險	法制風險		經濟風險		經營風險		加權平均
	分數	2.25	2.25		2.29		2.19		2.24
	排名	19	17		16		9		14
推薦度 (15%)	2005年		加權平均	4.14	2004年		加權平均	3.24
			排名	14			排名	35

城市名稱	汕頭		綜合指標	2005年	79.02分	綜合排名	A17/17	極力推薦
				2004年	79.27分		A12/12	極力推薦
人口數	484.64 萬人		平均工資	11959.87 元		2005年樣本回收數	28 份	
外資投資金額	20,190.00 萬美元							
競爭力 (15%)	項目	基礎條件	財政條件	投資條件	經濟條件	就業條件		加權平均
	分數	20.35	48.90	34.47	55.38	36.50		39.77
	排名	105	59	78	55	71		68
環境力 (40%)	項目	自然環境	基礎建設	公共設施	社會環境	法制環境	經濟環境	經營環境	加權平均
	分數	4.14	3.98	4.15	4.05	3.71	3.91	3.96	3.94
	排名	9	11	5	7	17	10	8	10
風險度 (30%)	項目	社會風險	法制風險		經濟風險		經營風險		加權平均
	分數	2.12	2.16		2.25		2.28		2.22
	排名	13	14		14		14		12
推薦度 (15%)	2005年		加權平均	4.14	2004年		加權平均	3.89
			排名	14			排名	8

《南京市區、廈門、汕頭》

內銷內貿 領商機——

城市名稱	蘇州市區		綜合指標	2005年	78.81分	綜合排名		A18/18	極力推薦
				2004年	74.20分			B01/15	值得推薦
人口數	590.97　萬人		平均工資	19790.67 元		2005年樣本 回收數		49 份	
外資投資金額	680,511.00 萬美元								
競爭力 (15%)	項目	基礎條件	財政條件		投資條件	經濟條件		就業條件	加權平均
	分數	62.75	95.10		95.87	91.80		82.10	85.19
	排名	30	7		4	7		8	21
環境力 (40%)	項目	自然環境	基礎建設	公共設施	社會環境	法制環境	經濟環境	經營環境	加權平均
	分數	3.94	3.73	3.59	3.94	3.81	3.64	3.87	3.79
	排名	20	24	30	13	13	23	11	16
風險度 (30%)	項目	社會風險	法制風險		經濟風險		經營風險		加權平均
	分數	2.28	2.43		2.47		2.33		2.39
	排名	22	32		27		16		18
推薦度 (15%)	2005年		加權平均	4.01		2004年		加權平均	3.61
			排名	17				排名	15

城市名稱	上海市區		綜合指標	2005年	74.72分	綜合排名		B01/19	值得推薦
				2004年	55.63分			B16/30	值得推薦
人口數	1,341.77　萬人		平均工資	27304.58 元		2005年樣本 回收數		65 份	
外資投資金額	585,022.00 萬美元								
競爭力 (15%)	項目	基礎條件	財政條件		投資條件	經濟條件		就業條件	加權平均
	分數	92.48	100		99.40	98.40		96.43	97.33
	排名	3	1		1	1		1	1
環境力 (40%)	項目	自然環境	基礎建設	公共設施	社會環境	法制環境	經濟環境	經營環境	加權平均
	分數	3.67	3.87	4.07	3.75	3.56	3.83	3.64	3.73
	排名	37	18	8	20	25	13	20	19
風險度 (30%)	項目	社會風險	法制風險		經濟風險		經營風險		加權平均
	分數	2.41	2.42		2.44		2.36		2.40
	排名	38	27		24		19		19
推薦度 (15%)	2005年		加權平均	3.94		2004年		加權平均	3.38
			排名	19				排名	27

城市名稱	北京市區		綜合指標	2005年	74.45分	綜合排名		B02/20	值得推薦
				2004年	55.00分			B17/31	值得推薦
人口數	1148.82　萬人		平均工資	25312.37 元		2005年樣本 回收數		19 份	
外資投資金額	214,675.00 萬美元								
競爭力 (15%)	項目	基礎條件	財政條件		投資條件	經濟條件		就業條件	加權平均
	分數	95.08	99.10		97.07	94.25		97.90	96.19
	排名	1	2		2	4		1	9
環境力 (40%)	項目	自然環境	基礎建設	公共設施	社會環境	法制環境	經濟環境	經營環境	加權平均
	分數	3.90	3.65	3.66	3.62	3.47	3.37	3.58	3.57
	排名	21	29	26	31	30	38	26	33
風險度 (30%)	項目	社會風險	法制風險		經濟風險		經營風險		加權平均
	分數	2.40	2.34		2.37		2.48		2.40
	排名	36	20		19		30		19
推薦度 (15%)	2005年		加權平均	4.33		2004年		加權平均	3.29
			排名	9				排名	31

《蘇州市區、上海市區、北京市區》

城市名稱	上海松江		綜合指標	2005年	74.13分	綜合排名	B03/21	值得推薦
				2004年	63.89分		B09/23	值得推薦
人口數	1,341.77 萬人		平均工資	27304.58 元		2005年樣本回收數	21 份	
外資投資金額	585,022.00 萬美元							
競爭力 (15%)	項目	基礎條件	財政條件		投資條件	經濟條件	就業條件	加權平均
	分數	92.48	100		99.40	98.40	96.43	97.33
	排名	3	1		1	1	1	1
環境力 (40%)	項目	自然環境	基礎建設	公共設施	社會環境	法制環境	經濟環境	經營環境	加權平均
	分數	3.73	3.69	3.47	3.89	3.63	3.54	3.49	3.61
	排名	30	27	37	15	21	32	34	28
風險度 (30%)	項目	社會風險		法制風險		經濟風險		經營風險	加權平均
	分數	2.18		2.42		2.45		2.47	2.42
	排名	15		27		26		29	23
推薦度 (15%)	2005年		加權平均	3.83	2004年		加權平均	3.44
			排名	25			排名	23

城市名稱	南京江寧		綜合指標	2005年	74.08分	綜合排名	B04/22	值得推薦
				2004年	--		--	
人口數	572.23 萬人		平均工資	22190.22 元		2005年樣本回收數	15 份	
外資投資金額	221,022.00 萬美元							
競爭力 (15%)	項目	基礎條件	財政條件		投資條件	經濟條件	就業條件	加權平均
	分數	79.53	92.95		92.03	89.63	87.63	88.02
	排名	14	8		6	9	6	16
環境力 (40%)	項目	自然環境	基礎建設	公共設施	社會環境	法制環境	經濟環境	經營環境	加權平均
	分數	3.80	3.69	3.59	3.67	3.71	3.65	3.42	3.63
	排名	26	27	31	26	18	22	36	26
風險度 (30%)	項目	社會風險		法制風險		經濟風險		經營風險	加權平均
	分數	2.24		2.40		2.47		2.37	2.40
	排名	18		24		27		21	19
推薦度 (15%)	2005年		加權平均	3.87	2004年		加權平均	--
			排名	21			排名	--

城市名稱	無錫市區		綜合指標	2005年	73.81分	綜合排名	B05/23	值得推薦
				2004年	49.79分		C01/39	勉予推薦
人口數	442.54 萬人		平均工資	18928.40 元		2005年樣本回收數	23 份	
外資投資金額	270,057.00 萬美元							
競爭力 (15%)	項目	基礎條件	財政條件		投資條件	經濟條件	就業條件	加權平均
	分數	56.15	88.05		90.60	72.78	69.27	73.84
	排名	38	14		8	27	31	40
環境力 (40%)	項目	自然環境	基礎建設	公共設施	社會環境	法制環境	經濟環境	經營環境	加權平均
	分數	3.78	3.96	3.87	3.69	3.48	3.58	3.61	3.66
	排名	28	12	15	25	28	28	22	23
風險度 (30%)	項目	社會風險		法制風險		經濟風險		經營風險	加權平均
	分數	2.44		2.40		2.40		2.45	2.42
	排名	40		24		20		27	23
推薦度 (15%)	2005年		加權平均	3.84	2004年		加權平均	3.25
			排名	23			排名	34

《上海松江、南京江寧、無錫市區》

內銷內貿 領商機

196

城市名稱	泉 州		綜合指標	2005年	73.04分	綜合排名	B06/24	值得推薦
				2004年	14.50分		C17/55	勉予推薦
人口數	662.62　萬人		平均工資	13131.76 元		2005年樣本 回收數	22 份	
外資投資金額	99,360.00 萬美元							
競爭力 (15%)	項目	基礎條件	財政條件	投資條件	經濟條件	就業條件	加權平均	
	分數	45.33	73.05	66.30	59.08	61.93	59.74	
	排名	63	31	35	47	37	58	
環境力 (40%)	項目	自然環境	基礎建設	公共設施	社會環境	法制環境	經濟環境	經營環境	加權平均
	分數	4.36	3.64	3.57	3.64	3.48	3.58	3.61	3.66
	排名	8	30	32	29	23	30	27	22
風險度 (30%)	項目	社會風險	法制風險	經濟風險	經營風險	加權平均
	分數	2.38	2.35	2.44	2.42	2.40
	排名	31	22	24	25	19
推薦度 (15%)	2005年	加權平均	3.89	2004年	加權平均	2.53
		排名	20		排名	63

城市名稱	嘉 興		綜合指標	2005年	71.19分	綜合排名	B07/25	值得推薦
				2004年	82.22分		A09/9	極力推薦
人口數	332.96　萬人		平均工資	20777.35 元		2005年樣本 回收數	17 份	
外資投資金額	79,768.00 萬美元							
競爭力 (15%)	項目	基礎條件	財政條件	投資條件	經濟條件	就業條件	加權平均	
	分數	42.48	65.15	77.73	55.98	52.60	57.87	
	排名	70	36	21	52	56	60	
環境力 (40%)	項目	自然環境	基礎建設	公共設施	社會環境	法制環境	經濟環境	經營環境	加權平均
	分數	3.75	3.83	3.91	3.73	3.50	3.58	3.72	3.68
	排名	29	21	12	22	27	27	17	20
風險度 (30%)	項目	社會風險	法制風險	經濟風險	經營風險	加權平均
	分數	2.27	2.56	2.51	2.35	2.44
	排名	21	44	32	18	27
推薦度 (15%)	2005年	加權平均	3.83	2004年	加權平均	3.88
		排名	25		排名	9

城市名稱	西 安		綜合指標	2005年	70.54分	綜合排名	B08/26	值得推薦
				2004年	--		--	--
人口數	716.58　萬人		平均工資	13504.76 元		2005年樣本 回收數	18 份	
外資投資金額	27,693.00 萬美元							
競爭力 (15%)	項目	基礎條件	財政條件	投資條件	經濟條件	就業條件	加權平均	
	分數	83.00	77.50	54.03	66.60	77.73	70.68	
	排名	10	27	49	36	18	45	
環境力 (40%)	項目	自然環境	基礎建設	公共設施	社會環境	法制環境	經濟環境	經營環境	加權平均
	分數	2.38	2.42	2.43	2.41	2.42	2.38	2.42	3.62
	排名	31	27	22	22	22	31	27	27
風險度 (30%)	項目	社會風險	法制風險	經濟風險	經營風險	加權平均
	分數	2.38	2.42	2.43	2.41	2.42
	排名	31	27	22	22	23
推薦度 (15%)	2005年	加權平均	3.85	2004年	加權平均	--
		排名	22		排名	--

《泉州、嘉興、西安》

城市名稱	合 肥		綜合指標	2005年	67.68分	綜合排名	B09/27	值得推薦
				2004年	--		--	--
人口數	456.00 萬人		平均工資	13901.19 元		2005年樣本回收數	26 份	
外資投資金額	26,048.00 萬美元							
競爭力 (15%)	項目	基礎條件	財政條件	投資條件	經濟條件	就業條件	加權平均	
	分數	57.25	61.15	62.23	51.18	52.00	55.76	
	排名	36	44	40	59	57	63	
環境力 (40%)	項目	自然環境	基礎建設	公共設施	社會環境	法制環境	經濟環境	經營環境	加權平均
	分數	3.64	3.70	3.91	3.58	3.48	3.89	3.58	3.65
	排名	42	26	13	33	29	12	25	24
風險度 (30%)	項目	社會風險	法制風險	經濟風險	經營風險	加權平均
	分數	2.38	2.49	2.61	2.62	2.48
	排名	31	36	42	42	30
推薦度 (15%)	2005年		加權平均	3.81	2004年		加權平均	--
			排名	28			排名	--

城市名稱	杭州市區		綜合指標	2005年	66.77分	綜合排名	B10/28	值得推薦
				2004年	46.47分		C02/40	勉予推薦
人口數	456.60 萬人		平均工資	13901.19 元		2005年樣本回收數	26 份	
外資投資金額	26,048.00 萬美元							
競爭力 (15%)	項目	基礎條件	財政條件	投資條件	經濟條件	就業條件	加權平均	
	分數	85.88	49.95	90.30	92.25	81.53	84.21	
	排名	7	58	9	6	11	30	
環境力 (40%)	項目	自然環境	基礎建設	公共設施	社會環境	法制環境	經濟環境	經營環境	加權平均
	分數	3.44	3.63	3.63	3.51	3.22	3.59	3.23	3.41
	排名	55	49	28	38	50	26	55	38
風險度 (30%)	項目	社會風險	法制風險	經濟風險	經營風險	加權平均
	分數	2.40	2.37	2.31	2.49	2.42
	排名	36	23	17	32	23
推薦度 (15%)	2005年		加權平均	3.84	2004年		加權平均	2.71
			排名	23			排名	60

城市名稱	重慶市		綜合指標	2005年	66.68分	綜合排名	B11/29	值得推薦
				2004年	58.02分		B14/28	值得推薦
人口數	3130.10 萬人		平均工資	12439.62 元		2005年樣本回收數	16 份	
外資投資金額	31,112.00 萬美元							
競爭力 (15%)	項目	基礎條件	財政條件	投資條件	經濟條件	就業條件	加權平均	
	分數	68.05	96.45	83.87	70.08	54.37	71.92	
	排名	25	5	16	30	51	43	
環境力 (40%)	項目	自然環境	基礎建設	公共設施	社會環境	法制環境	經濟環境	經營環境	加權平均
	分數	3.68	3.57	3.54	3.66	3.53	3.54	3.73	3.61
	排名	36	39	34	28	26	31	16	28
風險度 (30%)	項目	社會風險	法制風險	經濟風險	經營風險	加權平均
	分數	2.16	2.30	2.50	2.60	2.45
	排名	14	18	31	38	29
推薦度 (15%)	2005年		加權平均	3.77	2004年		加權平均	3.18
			排名	32			排名	39

《合肥、杭州市區、重慶市》

城市名稱	莆　田		綜合指標	2005年	65.23分	綜合排名	B12/30	值得推薦
				2004年	62.73分		B11/25	值得推薦
人口數	301.84　　萬人		平均工資	11698.72 元		2005年樣本回收數	21 份	
外資投資金額	25,069.00 萬美元							
競爭力 (15%)	項目	基礎條件	財政條件	投資條件	經濟條件		就業條件	加權平均
	分數	13.60	10.5	24.80	29.18		27.73	23.03
	排名	113	105	93	85		92	73
環境力 (40%)	項目	自然環境	基礎建設	公共設施	社會環境	法制環境	經濟環境	經營環境	加權平均
	分數	3.72	3.94	3.98	3.76	3.41	3.80	3.59	3.68
	排名	32	14	10	19	32	16	24	20
風險度 (30%)	項目	社會風險	法制風險		經濟風險		經營風險	加權平均
	分數	2.28	2.41		2.48		2.48	2.44
	排名	22	26		29		30	27
推薦度 (15%)	2005年		加權平均	3.83	2004年		加權平均	3.52
			排名	25			排名	20

城市名稱	武漢武昌		綜合指標	2005年	61.99分	綜合排名	B13/31	值得推薦
				2004年	52.86分		B23/37	值得推薦
人口數	781.19　　萬人		平均工資	13729.79 元		2005年樣本回收數	26 份	
外資投資金額	176,155.00 萬美元							
競爭力 (15%)	項目	基礎條件	財政條件	投資條件	經濟條件		就業條件	加權平均
	分數	90.95	86.75	88.27	85.25		81.27	86.35
	排名	4	15	13	13		13	18
環境力 (40%)	項目	自然環境	基礎建設	公共設施	社會環境	法制環境	經濟環境	經營環境	加權平均
	分數	3.80	3.53	3.54	3.80	3.76	3.51	3.30	3.59
	排名	26	40	35	18	15	34	47	31
風險度 (30%)	項目	社會風險	法制風險		經濟風險		經營風險	加權平均
	分數	2.46	2.50		2.56		2.64	2.56
	排名	45	39		33		45	39
推薦度 (15%)	2005年		加權平均	3.60	2004年		加權平均	3.33
			排名	37			排名	29

城市名稱	寧波奉化		綜合指標	2005年	61.20分	綜合排名	B14/32	值得推薦
				2004年	53.62分		B20/34	值得推薦
人口數	549.07　　萬人		平均工資	23691.30 元		2005年樣本回收數	26 份	
外資投資金額	172,727.00 萬美元							
競爭力 (15%)	項目	基礎條件	財政條件	投資條件	經濟條件		就業條件	加權平均
	分數	71.33	50.40	90.00	87.65		77.73	79.15
	排名	21	57	10	11		17	34
環境力 (40%)	項目	自然環境	基礎建設	公共設施	社會環境	法制環境	經濟環境	經營環境	加權平均
	分數	3.43	3.58	3.63	3.26	3.37	3.32	3.45	3.42
	排名	56	37	27	50	39	43	35	37
風險度 (30%)	項目	社會風險	法制風險		經濟風險		經營風險	加權平均
	分數	2.07	2.57		2.57		2.57	2.52
	排名	11	45		36		35	32
推薦度 (15%)	2005年		加權平均	3.78	2004年		加權平均	3.90
			排名	31			排名	7

《莆田、武漢武昌、寧波奉化》

城市名稱	江 門		綜合指標	2005年	60.61分	綜合排名	B15/33	值得推薦
				2004年	55.95分		B15/29	值得推薦
人口數	381.98　萬人		平均工資	12405.10 元		2005年樣本回收數	18 份	
外資投資金額	84,935.00 萬美元							

競爭力 (15%)	項目	基礎條件	財政條件	投資條件	經濟條件	就業條件	加權平均
	分數	30.18	52.40	53.17	62.13	42.07	49.16
	排名	94	52	52	41	65	66

環境力 (40%)	項目	自然環境	基礎建設	公共設施	社會環境	法制環境	經濟環境	經營環境	加權平均
	分數	3.65	3.63	3.72	3.49	3.58	3.58	3.56	3.59
	排名	39	32	25	39	24	29	28	31

風險度 (30%)	項目	社會風險	法制風險	經濟風險	經營風險	加權平均
	分數	2.37	2.34	2.49	2.49	2.49
	排名	30	20	30	43	31

推薦度 (15%)	2005年	加權平均	3.71	2004年	加權平均	3.27
		排名	34		排名	33

城市名稱	廣州其他		綜合指標	2005年	60.58分	綜合排名	B16/34	值得推薦
				2004年	--		--	--
人口數	725.19　萬人		平均工資	28804.83 元		2005年樣本回收數	19 份	
外資投資金額	258,076.00 萬美元							

競爭力 (15%)	項目	基礎條件	財政條件	投資條件	經濟條件	就業條件	加權平均
	分數	92.68	97.30	96.43	97.53	97.03	96.22
	排名	2	3	3	3	3	7

環境力 (40%)	項目	自然環境	基礎建設	公共設施	社會環境	法制環境	經濟環境	經營環境	加權平均
	分數	4.04	3.64	3.37	3.28	3.42	3.18	3.52	3.47
	排名	13	30	42	49	31	57	31	35

風險度 (30%)	項目	社會風險	法制風險	經濟風險	經營風險	加權平均
	分數	2.67	2.46	2.56	2.63	2.57
	排名	52	35	33	43	40

推薦度 (15%)	2005年	加權平均	3.53	2004年	加權平均	--
		排名	41		排名	--

城市名稱	常 州		綜合指標	2005年	59.84分	綜合排名	B17/35	值得推薦
				2004年	63.01分		B10/24	值得推薦
人口數	346.22　萬人		平均工資	17257.58 元		2005年樣本回收數	17 份	
外資投資金額	85,522.00 萬美元							

競爭力 (15%)	項目	基礎條件	財政條件	投資條件	經濟條件	就業條件	加權平均
	分數	52.40	75.30	73.33	79.73	59.60	68.51
	排名	47	29	25	20	40	55

環境力 (40%)	項目	自然環境	基礎建設	公共設施	社會環境	法制環境	經濟環境	經營環境	加權平均
	分數	3.50	3.53	3.40	3.63	3.37	3.37	3.50	3.45
	排名	50	40	40	30	38	39	33	36

風險度 (30%)	項目	社會風險	法制風險	經濟風險	經營風險	加權平均
	分數	2.35	2.43	2.56	2.58	2.52
	排名	27	32	33	36	32

推薦度 (15%)	2005年	加權平均	3.76	2004年	加權平均	3.38
		排名	33		排名	27

《江門、廣州其他、常州》

內銷內貿領商機

城市名稱	中 山		綜合指標	2005年	59.80分	綜合排名		B18/36	值得推薦
				2004年	54.45分			B18/32	值得推薦
人口數	137.86 萬人		平均工資	60377.65 元		2005年樣本回收數		20 份	
外資投資金額	94,660.00 萬美元								
競爭力 (15%)	項目	基礎條件	財政條件		投資條件	經濟條件		就業條件	加權平均
	分數	30.98	55.85		68.07	75.75		59.03	59.93
	排名	95	49		33	22		43	57
環境力 (40%)	項目	自然環境	基礎建設	公共設施	社會環境	法制環境	經濟環境	經營環境	加權平均
	分數	3.82	3.74	3.83	3.59	3.36	3.78	3.50	3.60
	排名	24	23	17	32	40	17	32	30
風險度 (30%)	項目	社會風險		法制風險		經濟風險		經營風險	加權平均
	分數	2.36		2.45		2.64		2.60	2.55
	排名	28		34		45		38	38
推薦度 (15%)	2005年		加權平均	3.56		2004年		加權平均	3.39
			排名	40				排名	25

城市名稱	南 通		綜合指標	2005年	58.26分	綜合排名		B19/37	值得推薦
				2004年	59.37分			B13/27	值得推薦
人口數	777.62 萬人		平均工資	13546.72 元		2005年樣本回收數		23 份	
外資投資金額	73,092.00 萬美元								
競爭力 (15%)	項目	基礎條件	財政條件		投資條件	經濟條件		就業條件	加權平均
	分數	52.13	72.65		71.03	50.25		50.53	57.08
	排名	49	32		29	60		59	61
環境力 (40%)	項目	自然環境	基礎建設	公共設施	社會環境	法制環境	經濟環境	經營環境	加權平均
	分數	3.71	3.50	3.27	3.57	3.38	3.46	3.61	3.49
	排名	33	43	50	34	35	36	23	34
風險度 (30%)	項目	社會風險		法制風險		經濟風險		經營風險	加權平均
	分數	2.57		2.50		2.68		2.42	2.53
	排名	48		37		47		25	34
推薦度 (15%)	2005年		加權平均	3.62		2004年		加權平均	3.39
			排名	36				排名	25

城市名稱	北京其他		綜合指標	2005年	56.44分	綜合排名		B20/38	值得推薦
				2004年	43.58分			C04/42	勉予推薦
人口數	1148.82 萬人		平均工資	13546.72 元		2005年樣本回收數		23 份	
外資投資金額	214,675.00 萬美元								
競爭力 (15%)	項目	基礎條件	財政條件		投資條件	經濟條件		就業條件	加權平均
	分數	95.08	99.10		97.07	94.25		97.90	96.19
	排名	1	2		2	4		1	9
環境力 (40%)	項目	自然環境	基礎建設	公共設施	社會環境	法制環境	經濟環境	經營環境	加權平均
	分數	3.73	3.49	3.32	3.37	3.23	3.31	3.31	3.36
	排名	30	45	45	45	47	44	46	41
風險度 (30%)	項目	社會風險		法制風險		經濟風險		經營風險	加權平均
	分數	2.38		2.61		2.61		2.56	2.57
	排名	31		49		42		34	40
推薦度 (15%)	2005年		加權平均	3.52		2004年		加權平均	3.17
			排名	42				排名	40

《中山、南通、北京其他》

城市名稱	長 沙		綜合指標	2005年	56.15分	綜合排名	B21/39	值得推薦
				2004年	33.68分		C15/53	勉予推薦
人口數	601.76　萬人		平均工資	16987.41 元		2005年樣本回收數	28 份	
外資投資金額	50,209.00 萬美元							
競爭力 (15%)	項目	基礎條件	財政條件		投資條件	經濟條件	就業條件	加權平均
	分數	77.50	78.80		75.97	61.10	69.53	70.81
	排名	17	23		23	44	30	44
環境力 (40%)	項目	自然環境	基礎建設	公共設施	社會環境	法制環境	經濟環境	經營環境	加權平均
	分數	3.83	3.71	3.60	3.73	3.60	3.62	3.53	3.64
	排名	23	25	29	23	22	24	30	25
風險度 (30%)	項目	社會風險		法制風險		經濟風險		經營風險	加權平均
	分數	2.20		2.08		2.13		2.21	2.90
	排名	16		11		8		10	62
推薦度 (15%)	2005年		加權平均	3.81	2004年		加權平均	2.87
			排名	28			排名	56

城市名稱	武漢漢口		綜合指標	2005年	54.23分	綜合排名	B22/40	值得推薦
				2004年	52.86分		B23/37	值得推薦
人口數	781.19　萬人		平均工資	13729.79 元		2005年樣本回收數	18 份	
外資投資金額	176,155.00 萬美元							
競爭力 (15%)	項目	基礎條件	財政條件		投資條件	經濟條件	就業條件	加權平均
	分數	90.95	86.75		88.27	85.25	81.27	86.35
	排名	4	15		13	13	13	18
環境力 (40%)	項目	自然環境	基礎建設	公共設施	社會環境	法制環境	經濟環境	經營環境	加權平均
	分數	3.61	3.33	3.27	3.24	3.23	3.21	3.38	3.31
	排名	43	54	51	51	49	50	41	47
風險度 (30%)	項目	社會風險		法制風險		經濟風險		經營風險	加權平均
	分數	1.99		1.91		2.01		2.04	2.54
	排名	7		7		7		8	36
推薦度 (15%)	2005年		加權平均	3.59	2004年		加權平均	3.33
			排名	39			排名	29

城市名稱	寧波餘姚		綜合指標	2005年	54.15分	綜合排名	B23/41	值得推薦
				2004年	66.11分		B08/22	值得推薦
人口數	549.07　萬人		平均工資	23691.30 元		2005年樣本回收數	19 份	
外資投資金額	172,727.00 萬美元							
競爭力 (15%)	項目	基礎條件	財政條件		投資條件	經濟條件	就業條件	加權平均
	分數	71.33	50.40		90.00	87.65	77.73	79.15
	排名	21	57		10	11	17	34
環境力 (40%)	項目	自然環境	基礎建設	公共設施	社會環境	法制環境	經濟環境	經營環境	加權平均
	分數	3.56	3.53	3.33	3.32	3.40	3.30	3.41	3.40
	排名	49	40	44	46	33	45	38	39
風險度 (30%)	項目	社會風險		法制風險		經濟風險		經營風險	加權平均
	分數	2.45		2.51		2.59		2.66	2.58
	排名	42		40		38		48	42
推薦度 (15%)	2005年		加權平均	3.52	2004年		加權平均	3.17
			排名	42			排名	40

《長沙、武漢漢口、寧波餘姚》

城市名稱	福州馬尾		綜合指標	2005年	53.36分	綜合排名		B24/42	值得推薦
				2004年	--			--	--
人口數	604.86 萬人		平均工資		15052.76 元		2005年樣本 回收數		19 份
外資投資金額	130,198.00 萬美元								
競爭力 (15%)	項目	基礎條件	財政條件		投資條件	經濟條件		就業條件	加權平均
	分數	68.70	78.35		85.83	74.03		73.63	74.88
	排名	23	24		18	25		25	37
環境力 (40%)	項目	自然環境	基礎建設	公共設施	社會環境	法制環境	經濟環境	經營環境	加權平均
	分數	3.48	3.30	3.29	3.45	3.39	3.53	3.36	3.40
	排名	52	57	47	40	34	33	43	39
風險度 (30%)	項目	社會風險		法制風險		經濟風險		經營風險	加權平均
	分數	2.52		2.59		2.60		2.61	2.59
	排名	46		47		40		40	45
推薦度 (15%)	2005年		加權平均	3.50	2004年			加權平均	--
			排名	45				排名	--

城市名稱	上海嘉定		綜合指標	2005年	52.69分	綜合排名		B25/43	值得推薦
				2004年	38.89分			C07/45	勉予推薦
人口數	1341.77 萬人		平均工資		27304.58 元		2005年樣本 回收數		23 份
外資投資金額	585,022.00 萬美元								
競爭力 (15%)	項目	基礎條件	財政條件		投資條件	經濟條件		就業條件	加權平均
	分數	92.48	100		99.40	98.40		96.43	97.33
	排名	3	1		1	1		1	1
環境力 (40%)	項目	自然環境	基礎建設	公共設施	社會環境	法制環境	經濟環境	經營環境	加權平均
	分數	3.25	3.15	3.02	3.20	3.18	3.23	3.21	3.19
	排名	69	69	69	53	54	48	58	58
風險度 (30%)	項目	社會風險		法制風險		經濟風險		經營風險	加權平均
	分數	2.29		2.50		2.58		2.58	2.53
	排名	25		37		37		36	34
推薦度 (15%)	2005年		加權平均	3.66	2004年			加權平均	3.07
			排名	35				排名	47

城市名稱	上海其他		綜合指標	2005年	46.82分	綜合排名		B26/44	值得推薦
				2004年	51.70分			B24/38	值得推薦
人口數	1341.77 萬人		平均工資		27304.58 元		2005年樣本 回收數		35 份
外資投資金額	585,022.00 萬美元								
競爭力 (15%)	項目	基礎條件	財政條件		投資條件	經濟條件		就業條件	加權平均
	分數	92.48	100		99.40	98.40		96.43	97.33
	排名	3	1		1	1		1	1
環境力 (40%)	項目	自然環境	基礎建設	公共設施	社會環境	法制環境	經濟環境	經營環境	加權平均
	分數	3.30	3.23	3.16	2.81	2.89	3.04	3.06	3.24
	排名	67	64	61	69	66	64	66	55
風險度 (30%)	項目	社會風險		法制風險		經濟風險		經營風險	加權平均
	分數	3.30		3.23		3.16		2.81	2.89
	排名	67		64		61		69	66
推薦度 (15%)	2005年		加權平均	3.60	2004年			加權平均	3.17
			排名	37				排名	40

《福州馬尾、上海嘉定、上海其他》

城市名稱	武漢漢陽		綜合指標	2005年	51.38分	綜合排名		B27/45	值得推薦
				2004年	52.86分			B23/37	值得推薦
人口數	781.19 萬人		平均工資	13729.79 元		2005年樣本回收數		16 份	
外資投資金額	176,155.00 萬美元								
競爭力 (15%)	項目	基礎條件	財政條件		投資條件	經濟條件		就業條件	加權平均
	分數	90.95	86.75		88.27	85.25		81.27	86.35
	排名	4	15		13	13		13	18
環境力 (40%)	項目	自然環境	基礎建設	公共設施	社會環境	法制環境	經濟環境	經營環境	加權平均
	分數	3.58	3.45	3.17	3.38	3.33	3.36	3.24	3.34
	排名	45	48	59	44	43	40	54	43
風險度 (30%)	項目	社會風險		法制風險		經濟風險		經營風險	加權平均
	分數	2.45		2.75		2.77		2.64	2.68
	排名	42		53		52		45	47
推薦度 (15%)	2005年		加權平均	3.43	2004年			加權平均	3.33
			排名	47				排名	29

城市名稱	東莞厚街		綜合指標	2005年	50.80分	綜合排名		B28/46	值得推薦
				2004年	53.39分			B21/35	值得推薦
人口數	158.96 萬人		平均工資	22598.69 元		2005年樣本回收數		17 份	
外資投資金額	175,400.00 萬美元								
競爭力 (15%)	項目	基礎條件	財政條件		投資條件	經濟條件		就業條件	加權平均
	分數	43.35	80.15		73.63	88.73		53.43	68.72
	排名	68	21		24	10		54	47
環境力 (40%)	項目	自然環境	基礎建設	公共設施	社會環境	法制環境	經濟環境	經營環境	加權平均
	分數	3.48	3.47	3.31	3.55	3.22	3.47	3.15	3.35
	排名	52	47	46	36	45	35	62	42
風險度 (30%)	項目	社會風險		法制風險		經濟風險		經營風險	加權平均
	分數	2.59		2.55		2.65		2.54	2.58
	排名	49		43		46		33	42
推薦度 (15%)	2005年		加權平均	3.41	2004年			加權平均	3.14
			排名	49				排名	45

城市名稱	珠 海		綜合指標	2005年	50.79分	綜合排名		B29/47	值得推薦
				2004年	68.93分			B07/21	值得推薦
人口數	82.02 萬人		平均工資	19201.60 元		2005年樣本回收數		17 份	
外資投資金額	91,153.00 萬美元								
競爭力 (15%)	項目	基礎條件	財政條件		投資條件	經濟條件		就業條件	加權平均
	分數	41.87	59.90		57.87	75.10		75.10	63.61
	排名	74	45		46	24		21	56
環境力 (40%)	項目	自然環境	基礎建設	公共設施	社會環境	法制環境	經濟環境	經營環境	加權平均
	分數	3.59	3.58	3.46	3.02	3.19	3.33	3.39	3.34
	排名	44	37	38	61	52	41	39	43
風險度 (30%)	項目	社會風險		法制風險		經濟風險		經營風險	加權平均
	分數	2.44		2.79		2.61		2.46	2.58
	排名	40		56		42		28	42
推薦度 (15%)	2005年		加權平均	3.52	2004年			加權平均	3.69
			排名	42				排名	14

《武漢漢陽、東莞厚街、珠海》

城市名稱	**蘇州常熟**		綜合指標	2005年	50.22分	綜合排名		B30/48	**值得推薦**
				2004年	--			--	--
人口數	103.62　萬人		平均工資		13590.00 元		2005年樣本 回收數		15 份
外資投資金額	48,528.00 萬美元								
競爭力 (15%)	項目	基礎條件	財政條件		投資條件		經濟條件	就業條件	加權平均
	分數	62.75	95.10		95.87		91.80	82.10	85.19
	排名	30	7		4		7	8	21
環境力 (40%)	項目	自然環境	基礎建設	公共設施	社會環境	法制環境	經濟環境	經營環境	加權平均
	分數	3.58	3.49	3.29	3.05	3.24	3.20	3.42	3.32
	排名	45	45	48	60	46	51	37	46
風險度 (30%)	項目	社會風險		法制風險		經濟風險		經營風險	加權平均
	分數	2.67		2.58		2.72		2.72	2.68
	排名	52		46		49		52	47
推薦度 (15%)	2005年		加權平均	3.37		2004年		加權平均	--
			排名	50				排名	--

城市名稱	**瀋　陽**		綜合指標	2005年	48.87分	綜合排名		C01/49	**值得推薦**
				2004年	--			--	--
人口數	689.10　萬人		平均工資		14961.14 元		2005年樣本 回收數		15 份
外資投資金額	224,237.00 萬美元								
競爭力 (15%)	項目	基礎條件	財政條件		投資條件		經濟條件	就業條件	加權平均
	分數	85.65	88.95		89.70		82.40	81.27	84.94
	排名	8	11		11		15	12	28
環境力 (40%)	項目	自然環境	基礎建設	公共設施	社會環境	法制環境	經濟環境	經營環境	加權平均
	分數	3.41	3.61	3.50	3.19	3.00	3.30	3.27	3.27
	排名	58	35	36	54	63	46	50	51
風險度 (30%)	項目	社會風險		法制風險		經濟風險		經營風險	加權平均
	分數	2.36		2.64		2.71		2.68	2.65
	排名	29		50		48		50	46
推薦度 (15%)	2005年		加權平均	3.43		2004年		加權平均	--
			排名	47				排名	--

城市名稱	**海　寧**		綜合指標	2005年	44.50分	綜合排名		C02/50	**勉予推薦**
				2004年	--			--	--
人口數	69.50　萬人		平均工資		20589.82 元		2005年樣本 回收數		15 份
外資投資金額	26782.00 萬美元								
競爭力 (15%)	項目	基礎條件	財政條件		投資條件		經濟條件	就業條件	加權平均
	分數	8.90	3.00		26.90		41.98	34.17	0.2689
	排名	116	114		92		67	78	72
環境力 (40%)	項目	自然環境	基礎建設	公共設施	社會環境	法制環境	經濟環境	經營環境	加權平均
	分數	3.58	3.59	3.45	3.00	3.18	3.33	3.38	3.34
	排名	45	36	39	63	53	42	40	43
風險度 (30%)	項目	社會風險		法制風險		經濟風險		經營風險	加權平均
	分數	2.72		2.51		2.82		2.70	2.68
	排名	56		40		55		51	47
推薦度 (15%)	2005年		加權平均	3.30		2004年		加權平均	--
			排名	54				排名	--

《蘇州常熟、瀋陽、海寧》

城市名稱	蘇州吳江		綜合指標	2005年	44.20分	綜合排名		C03/51	勉予推薦
				2004年	53.12分			B22/36	值得推薦
人口數	590.97 萬人		平均工資	19790.67 元		2005年樣本 回收數		30 份	
外資投資金額	680,511.00 萬美元								
競爭力 (15%)	項目	基礎條件		財政條件	投資條件		經濟條件	就業條件	加權平均
	分數	62.75		95.10	95.87		91.80	82.10	85.19
	排名	30		7	4		7	8	21
環境力 (40%)	項目	自然環境	基礎建設	公共設施	社會環境	法制環境	經濟環境	經營環境	加權平均
	分數	3.65	3.32	3.38	3.30	3.08	3.18	3.22	3.25
	排名	39	56	41	47	57	58	56	52
風險度 (30%)	項目	社會風險		法制風險		經濟風險	經營風險		加權平均
	分數	2.52		2.60		2.79	2.94		2.76
	排名	46		48		53	63		53
推薦度 (15%)	2005年		加權平均	3.31	2004年			加權平均	3.30
			排名	52				排名	30

城市名稱	蘇州張家港		綜合指標	2005年	43.02分	綜合排名		C04/52	勉予推薦
				2004年	--			--	--
人口數	590.97 萬人		平均工資	19790.67 元		2005年樣本 回收數		15 份	
外資投資金額	680,511.00 萬美元								
競爭力 (15%)	項目	基礎條件		財政條件	投資條件		經濟條件	就業條件	加權平均
	分數	62.75		95.10	95.87		91.80	82.10	85.19
	排名	30		7	4		7	8	21
環境力 (40%)	項目	自然環境	基礎建設	公共設施	社會環境	法制環境	經濟環境	經營環境	加權平均
	分數	3.43	3.20	2.99	3.24	3.21	3.28	3.07	3.22
	排名	56	67	71	52	51	47	65	57
風險度 (30%)	項目	社會風險		法制風險		經濟風險	經營風險		加權平均
	分數	2.40		2.51		2.59	2.66		2.74
	排名	42		40		38	48		52
推薦度 (15%)	2005年		加權平均	3.34	2004年			加權平均	--
			排名	51				排名	--

城市名稱	蘇州太倉		綜合指標	2005年	42.30分	綜合排名		C05/53	勉予推薦
				2004年	71.80分			B03/17	值得推薦
人口數	590.97 萬人		平均工資	19790.67 元		2005年樣本 回收數		18 份	
外資投資金額	680,511.00 萬美元								
競爭力 (15%)	項目	基礎條件		財政條件	投資條件		經濟條件	就業條件	加權平均
	分數	62.75		95.10	95.87		91.80	82.10	85.19
	排名	30		7	4		7	8	21
環境力 (40%)	項目	自然環境	基礎建設	公共設施	社會環境	法制環境	經濟環境	經營環境	加權平均
	分數	3.40	3.30	3.26	2.88	3.01	3.20	3.26	3.18
	排名	59	57	52	67	61	52	52	59
風險度 (30%)	項目	社會風險		法制風險		經濟風險	經營風險		加權平均
	分數	2.67		2.74		2.80	2.65		2.72
	排名	52		52		54	47		50
推薦度 (15%)	2005年		加權平均	3.31	2004年			加權平均	3.53
			排名	52				排名	19

《蘇州吳江、蘇州張家港、蘇州太倉》

城市名稱	泰　州		綜合指標	2005年	38.06分	綜合排名	C06/54	勉予推薦
				2004年	7.71分		D07/65	暫不推薦
人口數	503.66　萬人		平均工資	19790.67 元		2005年樣本回收數	30 份	
外資投資金額	30,269.00 萬美元							
競爭力(15%)	項目	基礎條件	財政條件	投資條件	經濟條件	就業條件	加權平均	
	分數	42.23	48.85	52.90	38.35	21.17	41.25	
	排名	72	60	53	72	88	67	
環境力(40%)	項目	自然環境	基礎建設	公共設施	社會環境	法制環境	經濟環境	經營環境	加權平均
	分數	3.33	3.36	3.21	3.43	3.36	3.19	3.33	3.31
	排名	65	51	55	42	41	55	44	47
風險度(30%)	項目	社會風險	法制風險	經濟風險	經營風險	加權平均
	分數	2.88	2.84	2.84	2.77	2.82
	排名	62	58	58	53	58
推薦度(15%)	2005年	加權平均	3.19	2004年	加權平均	1.88
		排名	59		排名	65

城市名稱	福州市區		綜合指標	2005年	37.86分	綜合排名	C07/55	勉予推薦
				2004年	33.30分		C16/54	勉予推薦
人口數	604.86　萬人		平均工資	15052.76 元		2005年樣本回收數	23 份	
外資投資金額	130,198.00 萬美元							
競爭力(15%)	項目	基礎條件	財政條件	投資條件	經濟條件	就業條件	加權平均	
	分數	68.70	78.35	85.83	74.03	73.63	74.88	
	排名	23	24	18	25	25	37	
環境力(40%)	項目	自然環境	基礎建設	公共設施	社會環境	法制環境	經濟環境	經營環境	加權平均
	分數	3.33	3.36	3.21	3.43	3.36	3.19	3.33	3.24
	排名	65	51	55	42	41	55	44	55
風險度(30%)	項目	社會風險	法制風險	經濟風險	經營風險	加權平均
	分數	2.38	2.42	2.43	2.41	2.82
	排名	31	27	22	22	58
推薦度(15%)	2005年	加權平均	3.15	2004年	加權平均	2.77
		排名	60		排名	58

城市名稱	衡　陽		綜合指標	2005年	37.61分	綜合排名	C08/56	勉予推薦
				2004年	--		--	--
人口數	713.90　萬人		平均工資	10688.34 元		2005年樣本回收數	16 份	
外資投資金額	15,208.00 萬美元							
競爭力(15%)	項目	基礎條件	財政條件	投資條件	經濟條件	就業條件	加權平均	
	分數	48.80	30.35	29.47	17.78	30.63	30.15	
	排名	55	78	86	99	83	71	
環境力(40%)	項目	自然環境	基礎建設	公共設施	社會環境	法制環境	經濟環境	經營環境	加權平均
	分數	3.65	3.50	3.36	3.08	3.23	3.11	3.37	3.31
	排名	39	43	43	57	48	60	42	47
風險度(30%)	項目	社會風險	法制風險	經濟風險	經營風險	加權平均
	分數	2.78	2.73	2.83	2.78	2.78
	排名	58	51	56	54	54
推薦度(15%)	2005年	加權平均	3.28	2004年	加權平均	--
		排名	56		排名	--

《泰州、福州市區、衡陽》

城市名稱	深圳市區		綜合指標	2005年	37.12分	綜合排名	C09/57	勉予推薦
				2004年	29.67分		C20/58	勉予推薦
人口數	150.93　萬人		平均工資	31052.58 元		2005年樣本回收數	44 份	
外資投資金額	362,300.00 萬美元							
競爭力 (15%)	項目	基礎條件	財政條件	投資條件	經濟條件	就業條件	加權平均	
	分數	61.85	97.30	97.57	98.43	97.07	90.16	
	排名	32	4	5	2	2	12	
環境力 (40%)	項目	自然環境	基礎建設	公共設施	社會環境	法制環境	經濟環境	經營環境	加權平均
	分數	3.40	3.30	3.26	2.88	3.01	3.20	3.26	3.17
	排名	59	57	53	68	62	53	53	60
風險度 (30%)	項目	社會風險	法制風險	經濟風險	經營風險	加權平均		
	分數	2.82	2.78	2.91	2.78	2.79		
	排名	60	55	60	54	57		
推薦度 (15%)	2005年		加權平均	3.00	2004年		加權平均	2.96
			排名	67			排名	54

城市名稱	廣州市區		綜合指標	2005年	35.69分	綜合排名	C10/58	勉予推薦
				2004年	34.72分		C11/49	勉予推薦
人口數	725.19　萬人		平均工資	28804.83 元		2005年樣本回收數	21 份	
外資投資金額	258,076.00 萬美元							
競爭力 (15%)	項目	基礎條件	財政條件	投資條件	經濟條件	就業條件	加權平均	
	分數	92.68	97.30	96.43	97.53	97.03	96.22	
	排名	2	3	3	3	3	7	
環境力 (40%)	項目	自然環境	基礎建設	公共設施	社會環境	法制環境	經濟環境	經營環境	加權平均
	分數	3.40	3.24	3.08	2.91	2.96	3.09	3.19	3.10
	排名	59	63	66	66	64	61	61	66
風險度 (30%)	項目	社會風險	法制風險	經濟風險	經營風險	加權平均		
	分數	2.68	2.76	2.74	2.87	2.78		
	排名	55	54	50	59	55		
推薦度 (15%)	2005年		加權平均	3.24	2004年		加權平均	2.96
			排名	57			排名	54

城市名稱	張家界		綜合指標	2005年	34.48分	綜合排名	C11/59	勉予推薦
				2004年	--		--	--
人口數	157.43　萬人		平均工資	12284.87 元		2005年樣本回收數	15 份	
外資投資金額	1,544.00 萬美元							
競爭力 (15%)	項目	基礎條件	財政條件	投資條件	經濟條件	就業條件	加權平均	
	分數	20.23	0.40	4.90	3.25	15.13	9.07	
	排名	106	115	114	114	113	75	
環境力 (40%)	項目	自然環境	基礎建設	公共設施	社會環境	法制環境	經濟環境	經營環境	加權平均
	分數	3.67	3.29	3.11	3.30	3.13	3.19	3.28	3.25
	排名	37	60	64	48	55	56	49	52
風險度 (30%)	項目	社會風險	法制風險	經濟風險	經營風險	加權平均		
	分數	2.89	2.99	2.93	2.94	2.72		
	排名	63	66	62	63	51		
推薦度 (15%)	2005年		加權平均	3.47	2004年		加權平均	--
			排名	46			排名	--

《深圳市區、廣州市區、張家界》

城市名稱	桂 林		綜合指標	2005年	33.17分	綜合排名	C12/60	勉予推薦
				2004年	44.80分		C03/41	勉予推薦
人口數	490.47 萬人		平均工資	12278.62 元		2005年樣本回收數	27 份	
外資投資金額	6,354.00 萬美元							

競爭力 (15%)	項目	基礎條件	財政條件	投資條件	經濟條件	就業條件	加權平均
	分數	39.38	46.25	31.23	21.28	30.10	31.15
	排名	81	63	82	95	86	69

環境力 (40%)	項目	自然環境	基礎建設	公共設施	社會環境	法制環境	經濟環境	經營環境	加權平均
	分數	3.36	3.26	3.20	3.57	3.35	3.14	3.32	3.31
	排名	62	62	56	35	42	59	45	47

風險度 (30%)	項目	社會風險	法制風險	經濟風險	經營風險	加權平均
	分數	2.95	2.91	2.97	2.95	2.95
	排名	66	61	63	67	65

推薦度 (15%)	2005年	加權平均	3.03	2004年	加權平均	3.15
		排名	66		排名	43

城市名稱	岳 陽		綜合指標	2005年	33.16分	綜合排名	C13/61	勉予推薦
				2004年	--		--	--
人口數	527.83 萬人		平均工資	11012.26 元		2005年樣本回收數	15 份	
外資投資金額	12,300.00 萬美元							

競爭力 (15%)	項目	基礎條件	財政條件	投資條件	經濟條件	就業條件	加權平均
	分數	25.25	39.15	30.33	36.88	25.10	31.11
	排名	102	71	84	76	97	70

環境力 (40%)	項目	自然環境	基礎建設	公共設施	社會環境	法制環境	經濟環境	經營環境	加權平均
	分數	3.70	3.33	3.20	3.42	3.33	3.02	2.96	3.25
	排名	34	54	57	43	44	67	72	52

風險度 (30%)	項目	社會風險	法制風險	經濟風險	經營風險	加權平均
	分數	2.63	2.83	2.76	2.83	2.79
	排名	50	57	51	56	55

推薦度 (15%)	2005年	加權平均	3.21	2004年	加權平均	--
		排名	58		排名	--

城市名稱	煙 台		綜合指標	2005年	32.91分	綜合排名	C14/62	勉予推薦
				2004年	--		--	--
人口數	645.82 萬人		平均工資	13428.54 元		2005年樣本回收數	15 份	
外資投資金額	204,995.00 萬美元							

競爭力 (15%)	項目	基礎條件	財政條件	投資條件	經濟條件	就業條件	加權平均
	分數	28.05	77.05	83.90	73.33	61.07	72.31
	排名	24	28	15	26	38	42

環境力 (40%)	項目	自然環境	基礎建設	公共設施	社會環境	法制環境	經濟環境	經營環境	加權平均
	分數	3.50	3.35	3.16	3.14	3.03	3.06	3.13	3.17
	排名	50	53	62	55	59	62	64	60

風險度 (30%)	項目	社會風險	法制風險	經濟風險	經營風險	加權平均
	分數	3.00	2.88	2.92	2.93	2.91
	排名	67	59	61	61	63

推薦度 (15%)	2005年	加權平均	3.04	2004年	加權平均	--
		排名	65		排名	--

《桂林、岳陽、煙台》

城市名稱	東莞石碣		綜合指標	2005年	30.51分	綜合排名		C15/63	勉予推薦
				2004年	37.14分			C09/47	勉予推薦
人口數	158.96　萬人		平均工資	22598.69 元			2005年樣本回收數	15 份	
外資投資金額	175,400.00 萬美元								
競爭力(15%)	項目	基礎條件		財政條件		投資條件	經濟條件	就業條件	加權平均
	分數	43.35		80.15		73.63	88.73	53.43	68.72
	排名	68		21		24	10	54	47
環境力(40%)	項目	自然環境	基礎建設	公共設施	社會環境	法制環境	經濟環境	經營環境	加權平均
	分數	3.29	3.38	3.17	3.13	2.84	3.02	3.14	3.13
	排名	35	49	60	56	68	68	63	62
風險度(30%)	項目	社會風險		法制風險		經濟風險		經營風險	加權平均
	分數	2.77		2.93		2.99		2.98	2.92
	排名	57		62		66		68	64
推薦度(15%)	2005年		加權平均	3.12		2004年		加權平均	3.00
			排名	62				排名	51

城市名稱	昆 明		綜合指標	2005年	30.31分	綜合排名		C16/64	勉予推薦
				2004年	36.16分			C10/48	勉予推薦
人口數	500.79　萬人		平均工資	14255.10 元			2005年樣本回收數	15 份	
外資投資金額	5,148.00 萬美元								
競爭力(15%)	項目	基礎條件		財政條件		投資條件	經濟條件	就業條件	加權平均
	分數	77.95		79.70		53.17	65.70	76.57	69.22
	排名	16		22		51	39	19	46
環境力(40%)	項目	自然環境	基礎建設	公共設施	社會環境	法制環境	經濟環境	經營環境	加權平均
	分數	3.35	3.21	3.18	2.80	2.91	3.20	3.19	3.11
	排名	64	66	58	71	65	54	60	64
風險度(30%)	項目	社會風險		法制風險		經濟風險		經營風險	加權平均
	分數	2.64		2.88		2.97		2.91	2.86
	排名	51		59		63		60	60
推薦度(15%)	2005年		加權平均	3.14		2004年		加權平均	3.06
			排名	61				排名	48

城市名稱	東莞長安		綜合指標	2005年	29.72分	綜合排名		C17/65	勉予推薦
				2004年	31.25分			C18/56	勉予推薦
人口數	158.96　萬人		平均工資	22598.69 元			2005年樣本回收數	24 份	
外資投資金額	175,400.00 萬美元								
競爭力(15%)	項目	基礎條件		財政條件		投資條件	經濟條件	就業條件	加權平均
	分數	43.35		80.15		73.63	88.73	53.43	68.72
	排名	68		21		24	10	54	47
環境力(40%)	項目	自然環境	基礎建設	公共設施	社會環境	法制環境	經濟環境	經營環境	加權平均
	分數	3.58	3.63	3.57	3.53	3.38	3.41	3.27	3.11
	排名	45	32	33	37	36	37	51	64
風險度(30%)	項目	社會風險		法制風險		經濟風險		經營風險	加權平均
	分數	2.92		3.08		2.83		2.84	2.90
	排名	64		71		56		57	61
推薦度(15%)	2005年		加權平均	3.08		2004年		加權平均	2.62
			排名	63				排名	61

《東莞石碣、昆明、東莞長安》

城市名稱	深圳其他		綜合指標	2005年	29.54分	綜合排名		C18/66	勉予推薦
				2004年	34.07分			C13/51	勉予推薦
人口數	150.93 萬人		平均工資		31052.58 元		2005年樣本回收數		44 份
外資投資金額	362,300.00 萬美元								
競爭力 (15%)	項目	基礎條件		財政條件		投資條件	經濟條件	就業條件	加權平均
	分數	61.85		97.30		97.57	98.43	97.07	90.16
	排名	32		4		5	2	2	12
環境力 (40%)	項目	自然環境	基礎建設	公共設施	社會環境	法制環境	經濟環境	經營環境	加權平均
	分數	3.30	3.23	3.16	2.81	2.89	3.04	3.06	3.10
	排名	67	64	63	70	67	65	67	66
風險度 (30%)	項目	社會風險		法制風險		經濟風險		經營風險	加權平均
	分數	3.13		3.02		2.89		3.01	2.95
	排名	72		68		59		70	65
推薦度 (15%)	2005年		加權平均	3.05	2004年		加權平均	3.04	
			排名	64			排名	49	

城市名稱	東莞清溪		綜合指標	2005年	26.66分	綜合排名		C19/67	勉予推薦
				2004年	30.25分			C19/57	勉予推薦
人口數	158.96 萬人		平均工資		22598.69 元		2005年樣本回收數		17 份
外資投資金額	175,400.00 萬美元								
競爭力 (15%)	項目	基礎條件		財政條件		投資條件	經濟條件	就業條件	加權平均
	分數	43.35		80.15		73.63	88.73	53.43	68.72
	排名	68		21		24	10	54	47
環境力 (40%)	項目	自然環境	基礎建設	公共設施	社會環境	法制環境	經濟環境	經營環境	加權平均
	分數	3.24	2.95	2.84	2.74	2.75	2.86	3.00	2.94
	排名	70	73	73	72	71	72	70	71
風險度 (30%)	項目	社會風險		法制風險		經濟風險		經營風險	加權平均
	分數	3.00		3.17		3.23		2.94	3.03
	排名	67		72		74		63	70
推薦度 (15%)	2005年		加權平均	3.29	2004年		加權平均	3.21	
			排名	55			排名	37	

城市名稱	惠　州		綜合指標	2005年	19.68分	綜合排名		D01/68	暫不推薦
				2004年	24.68分			D01/59	暫不推薦
人口數	286.36 萬人		平均工資		13266.18 元		2005年樣本回收數		20 份
外資投資金額	140,703.00 萬美元								
競爭力 (15%)	項目	基礎條件		財政條件		投資條件	經濟條件	就業條件	加權平均
	分數	25.90		45.35		59.90	63.43	67.20	54.16
	排名	101		66		45	40	32	64
環境力 (40%)	項目	自然環境	基礎建設	公共設施	社會環境	法制環境	經濟環境	經營環境	加權平均
	分數	3.23	3.27	3.07	3.06	3.02	3.03	3.22	3.12
	排名	72	61	67	59	60	66	57	63
風險度 (30%)	項目	社會風險		法制風險		經濟風險		經營風險	加權平均
	分數	2.85		2.96		3.10		3.00	3.00
	排名	61		64		69		69	67
推薦度 (15%)	2005年		加權平均	2.95	2004年		加權平均	2.89	
			排名	68			排名	55	

《深圳其他、東莞清溪、惠州》

城市名稱	深圳龍崗		綜合指標	2005年	18.69分	綜合排名		D02/69	暫不推薦
				2004年	42.04分			C05/43	勉予推薦
人口數	150.93 萬人		平均工資	31052.58 元		2005年樣本回收數		27 份	
外資投資金額	362,300.00 萬美元								
競爭力 (15%)	項目	基礎條件	財政條件		投資條件		經濟條件	就業條件	加權平均
	分數	61.85	97.30		97.57		98.43	97.07	90.16
	排名	32	4		5		2	2	12
環境力 (40%)	項目	自然環境	基礎建設	公共設施	社會環境	法制環境	經濟環境	經營環境	加權平均
	分數	3.33	3.02	3.01	2.95	2.84	2.98	2.95	3.03
	排名	65	71	70	64	69	69	73	69
風險度 (30%)	項目	社會風險		法制風險		經濟風險		經營風險	加權平均
	分數	3.37		3.20		3.20		3.25	3.15
	排名	75		74		72		74	73
推薦度 (15%)	2005年		加權平均	2.78	2004年			加權平均	3.13
			排名	70				排名	46

城市名稱	深圳寶安		綜合指標	2005年	17.82分	綜合排名		D03/70	暫不推薦
				2004年	40.00分			C06/44	勉予推薦
人口數	150.93 萬人		平均工資	31052.58 元		2005年樣本回收數		29 份	
外資投資金額	362,300.00 萬美元								
競爭力 (15%)	項目	基礎條件	財政條件		投資條件		經濟條件	就業條件	加權平均
	分數	61.85	97.30		97.57		98.43	97.07	90.16
	排名	32	4		5		2	2	12
環境力 (40%)	項目	自然環境	基礎建設	公共設施	社會環境	法制環境	經濟環境	經營環境	加權平均
	分數	3.14	3.20	3.03	3.01	2.83	2.92	3.21	3.04
	排名	73	67	68	62	70	70	59	68
風險度 (30%)	項目	社會風險		法制風險		經濟風險		經營風險	加權平均
	分數	2.94		2.96		2.98		3.15	3.03
	排名	65		64		65		71	69
推薦度 (15%)	2005年		加權平均	2.88	2004年			加權平均	3.17
			排名	69				排名	40

城市名稱	東莞虎門		綜合指標	2005年	16.73分	綜合排名		D04/71	暫不推薦
				2004年	22.27分			D03/61	暫不推薦
人口數	158.96 萬人		平均工資	22598.69 元		2005年樣本回收數		25 份	
外資投資金額	175,400.00 萬美元								
競爭力 (15%)	項目	基礎條件	財政條件		投資條件		經濟條件	就業條件	加權平均
	分數	43.35	80.15		73.63		88.73	53.43	68.72
	排名	68	21		24		10	54	47
環境力 (40%)	項目	自然環境	基礎建設	公共設施	社會環境	法制環境	經濟環境	經營環境	加權平均
	分數	3.36	3.13	3.10	2.61	2.68	2.92	3.05	2.98
	排名	62	70	65	75	74	71	68	70
風險度 (30%)	項目	社會風險		法制風險		經濟風險		經營風險	加權平均
	分數	3.00		3.01		3.13		2.93	3.00
	排名	67		67		70		61	68
推薦度 (15%)	2005年		加權平均	2.72	2004年			加權平均	2.55
			排名	71				排名	62

《深圳龍崗、深圳寶安、東莞虎門》

內銷內貿 領商機

城市名稱	東莞市區		綜合指標	2005年	13.75分	綜合排名		D05/72	暫不推薦
				2004年	21.95分			D02/60	暫不推薦
人口數	158.96　萬人		平均工資	22598.69 元		2005年樣本回收數		36 份	
外資投資金額	175,400.00 萬美元								
競爭力 (15%)	項目	基礎條件		財政條件	投資條件		經濟條件	就業條件	加權平均
	分數	43.35		80.15	73.63		88.73	53.43	68.72
	排名	68		21	24		10	54	47
環境力 (40%)	項目	自然環境	基礎建設	公共設施	社會環境	法制環境	經濟環境	經營環境	加權平均
	分數	3.24	2.95	2.84	2.74	2.75	2.86	3.00	2.90
	排名	70	73	74	73	72	73	71	72
風險度 (30%)	項目	社會風險		法制風險		經濟風險		經營風險	加權平均
	分數	3.30		3.04		3.08		3.26	3.13
	排名	73		69		68		75	72
推薦度 (15%)	2005年		加權平均	2.68	2004年			加權平均	2.79
			排名	72				排名	57

城市名稱	東莞其他		綜合指標	2005年	13.41分	綜合排名		D06/73	暫不推薦
				2004年	34.46分			C12/50	勉予推薦
人口數	158.96　萬人		平均工資	22598.69 元		2005年樣本回收數		60 份	
外資投資金額	175,400.00 萬美元								
競爭力 (15%)	項目	基礎條件		財政條件	投資條件		經濟條件	就業條件	加權平均
	分數	43.35		80.15	73.63		88.73	53.43	68.72
	排名	68		21	24		10	54	47
環境力 (40%)	項目	自然環境	基礎建設	公共設施	社會環境	法制環境	經濟環境	經營環境	加權平均
	分數	3.87	3.36	3.24	3.45	3.09	3.06	3.03	2.85
	排名	22	51	54	41	56	63	69	73
風險度 (30%)	項目	社會風險		法制風險		經濟風險		經營風險	加權平均
	分數	3.08		3.05		3.18		3.17	3.11
	排名	71		70		71		72	71
推薦度 (15%)	2005年		加權平均	2.57	2004年			加權平均	3.03
			排名	73				排名	50

城市名稱	東莞樟木頭		綜合指標	2005年	11.41分	綜合排名		D07/74	暫不推薦
				2004年	20.39分			D04/62	暫不推薦
人口數	158.96　萬人		平均工資	22598.69 元		2005年樣本回收數		17 份	
外資投資金額	175,400.00 萬美元								
競爭力 (15%)	項目	基礎條件		財政條件	投資條件		經濟條件	就業條件	加權平均
	分數	43.35		80.15	73.63		88.73	53.43	68.72
	排名	68		21	24		10	54	47
環境力 (40%)	項目	自然環境	基礎建設	公共設施	社會環境	法制環境	經濟環境	經營環境	加權平均
	分數	2.88	2.99	2.90	2.95	2.70	2.83	2.91	2.76
	排名	75	72	72	65	73	74	74	74
風險度 (30%)	項目	社會風險		法制風險		經濟風險		經營風險	加權平均
	分數	3.31		3.31		3.26		3.22	3.24
	排名	74		75		73		73	74
推薦度 (15%)	2005年		加權平均	2.56	2004年			加權平均	2.72
			排名	74				排名	59

《東莞市區、東莞其他、東莞樟木頭》

內銷內貿 領商機

城市名稱	北 海			綜合指標	2005年	2.00分	綜合排名		D08/75	暫不推薦
					2004年	--			--	--
人口數	146.77 萬人			平均工資	11655.93 元		2005年樣本回收數		18 份	
外資投資金額	3,002.00 萬美元									
競爭力 （15%）	項目	基礎條件		財政條件		投資條件	經濟條件	就業條件		加權平均
	分數	17.55		5.65		4.90	12.93	17.20		13.31
	排名	107		109		114	103	117		74
環境力 （40%）	項目	自然環境	基礎建設	公共設施	社會環境	法制環境	經濟環境	經營環境		加權平均
	分數	3.09	2.77	2.52	2.71	2.61	2.51	2.55		2.60
	排名	74	75	75	74	75	75	75		75
風險度 （30%）	項目	社會風險		法制風險		經濟風險		經營風險		加權平均
	分數	3.00		3.17		3.28		2.94		3.26
	排名	67		72		74		63		75
推薦度 （15%）	2005年			加權平均	2.24	2004年			加權平均	--
				排名	75				排名	--

《北海》

20 台商協會名錄

編號	協會	現任會長	電話	會址或聯絡地址
1	北京	謝坤宗	10-65283956	北京市東城區大華路2號華城大廈301-1室
2	深圳	鄭榮文	755-25111300-4	深圳市深南東路北斗路文華大廈B座8樓EF室
3	花都都都	梁茂忠	20-36898265	廣東省廣州市花都區新華鎮公益路35號民政局大樓2樓
4	海南	江富財	898-65852930	海南省海口市新大洲大道海南台協會館
5	汕頭	樊秦安	754-8365001	廣東汕頭市龍湖區碧霞莊中區46幢海峽大廈5樓
6	廣州	吳振昌	20-83887473	廣東省廣州市建設大馬路8號之3逸雅居413室
7	煙台	江正平	535-6641771	山東省煙台市南大街118號
8	廈門	吳進忠	592-5569890	廈門市仙岳路860號台商會館12樓
9	武漢	余明進	27-83514631	武漢市江漢經濟開發區常青路常寧里特一號4樓
10	珠海	陳正雄	756-8898658	廣東省珠海市拱北迎賓六座602室
11	東莞	郭山輝	769-2488158	廣東省東莞市附城區溫嶺東城大道東順樓4樓
12	莆田	唐世明	594-2696919	福建省莆田市城廂區文獻西路台商協會
13	中山	陳中和	760-8336877	廣東省中山市東區博愛路旁
14	長春	周榮昌	431-5217589	吉林省長春市萬寶街3號
15	惠州	楊平和	752-2390075	廣東省惠州市江北24號小區惠州台協會館
16	三亞	陳明哲	899-262288	海南省三亞市河西區迎賓大道88號
17	天津	丁鯤華	22-27456510	天津市南開區?河道台北花園名士郡會館310室
18	重慶	楊恩明	23-63528012	重慶市渝中區中山三路33號富安大酒店1001室
19	上海	葉惠德	21-53083031	上海市北京東路668號西座11樓
20	漳州	何希灝	596-2671688	福建省漳州市勝利路漳州賓館2號209室
21	福州	陳建男	591-87527218	福州市福新路239號吉翔雙子星大廈7樓B1-B2

22	南寧	陳信男	771-2622381	廣西省南寧市朝陽路66號萬茂鑽石廣場19樓
23	桂林	江文豪	773-2850388	廣西省桂林市秀峰區依仁路132號4樓
24	成都	高錦樂	28-85214138	四川省成都市科華北路58號（亞太廣場）611房
25	清遠	姜金利	763-3363437	廣東省清遠市琶江二路市政府辦公大樓
26	瀋陽	施永禾	24-23494180	遼寧省瀋陽市和平區南京北街30號（金苑華城）
27	寧波	涂介秋	574-88112600	浙江省鄞州中心區貿城中路850號
28	蘇州	王勳輝	512-68094332	江蘇省蘇州新區獅山路16號13樓
29	泰安	張深桓	538-6991313	山東省泰安市市政大樓A五4039號
30	佛山	王屏生	757-83355036	廣東省佛山市市東下路18號305室
31	九江	張光華	792-8231349	江西省九江市長虹大道市府大樓1樓
32	昆明	李志銘	871-3528068	雲南省昆明市永平路3號新光商場2樓
33	保定	王紀翔	312-3089708	河北省保定市東風西路2號
34	泉州	鄭建良	595-2275173	福建省泉州市溫陵北路漢唐天下翡翠樓二樓
35	肇慶	何芳文	758-2875924	廣東省高要市南岸鎮南興四路
36	無錫	孫佳鈞	510-2719983	江蘇省無錫市前西溪1之3號新大樓7樓
37	徐州	張冠中	516-3759326	江蘇省徐州市彭城路商業區93號泛亞大廈902室
38	鄭州	王任生	371-7446264	河南省鄭州市嵩山北路12號
39	鎮江	王建國	511-4439075	江蘇省鎮江市正東路141號市政府院內2號樓2層
40	唐山	李祖德	315-2821494	河北省唐山市西山道9號
41	南通	劉璟芳	513-5104009	江蘇省南通市人民中路153號中南大廈11樓
42	南京	陳武雄	25-84516789	江蘇省南京市中山南路239號白沙屯酒店3002室
43	青島	朱瑜明	532-5878322	山東省青島市香港中路106號(永盛大廈)3樓310室
44	蘭州	馬祖慰	931-8416011	甘肅省蘭州市燕兒灣路52號
45	石家莊	李進	311-7881080	河北省石家莊新華路159號憩園大廈1120室
46	大連	盧鐵吾	411-82581186	遼寧大連市中山區五五路12號良運酒店1102室
47	杭州	謝智通	571-87161107	浙江省杭州市平海路27號總工會大樓5樓
48	昆山	林榮德	512-57333628	江蘇昆山經濟技術開發區前進中路167號國際大廈9樓
49	常州	吳家炎	519-8172106	江蘇省常州市吊橋路1號
50	南昌	詹智勝	791-8181056	江西省南昌市南京東路688號
51	江門	樊邦楊	750-3520203	廣東省江門市華園中路15號2樓
52	濟南	王克璋	531-8616870	山東省濟南市北園路26號

內銷內貿 領商機

53	河源	吳進龍	762-3393279	廣東河源市文明路大同路交會處阿里山茶莊2樓
54	西安	丁國庭	29-87512230	陝西西安市和平路108號佳騰大廈13-BC
55	長沙	周昆鈺	731-4417060	湖南省長沙市中山路117號萬年大樓5樓
56	吉林	鄭永森	432-2010416	吉林市北京路86號
57	揚州	吳英頌	514-7880919	江蘇省揚州市文匯北路71號2樓
58	湛江	鄧偉民	759-3205353	廣東省湛江市人民大道北32號湛江保齡球館內
59	梧州	陳哲正	774-3839805	梧州市新興二路宋衝18號興安新苑
60	北海	施榮川	779-3050781	廣西省北海市長青路8號3樓
61	溫州	張謙煌	577-88285555	浙江省溫州市人民路溫州大廈1506室
62	順德	吳萬福	757-25634778	廣東省順德市勒流鎮連杜工業區連杜大道11號
63	茂名	駱肇泰	668-2890522	廣東省茂名市迎賓路46號安達大廈1203室
64	義烏	張吉雄	579-5558472	浙江省義烏市賓王路220號
65	陽江	張國揚	662-3357373	廣東省陽江市江城區東風三路88號
66	泰州	吳天白	523-6398585	江蘇省泰州市海陵南路302號
67	威海	李後健	631-5285776	山東省威海市海濱北路9號海港大廈1109室
68	鹽城	樓冠廷	515-8350426	江蘇省鹽城市建軍東路20號
69	張家界	張輔仁	744-829-0351	湖南省張家界市三角坪台商大樓三樓
70	合肥	譚壽榮	551-8991888	安徽省合肥市合肥經濟開發區33號花園大酒店
71	紹興	張文潭	575-5147279	浙江省紹興市人民中路靜寧巷58號
72	嘉興	黃璀杰	573-2078839	浙江省嘉興市中山西路311號5樓
73	宜昌	陳建中	717-6510031	湖北省宜昌市雲集路21號
74	常熟	王勇鐸	512-51530738	江蘇省常熟市金沙江路18號開發大廈2樓
75	襄樊	周楚武	710-3254770	湖北省襄樊市春圓路16號
76	福清	廖進益	591-5238537	福建省福清市環北路總工會2樓
77	吳江	陳清海	512-63485785	江市松陵鎮中山北路696號3樓
78	湖州	吳砥中	572-2107435	浙江省湖州市龍溪路280號（開發區管委會）
79	江陰	廖松福	510-6806922	江蘇省江陰市澄江中路2號
80	鞍山	劉子聖	412-8558258	遼寧省鞍山市鐵西區千龍戶智慧園小區
81	太倉	劉顯模	1309-2648888	江蘇省太滄市太平南路27號信用大廈11樓
82	貴陽	藍贊登	851-5817189	貴州省貴陽市富水中路富水花園C棟801
83	蕪湖	陳鑒章	553-2218992	安徽省蕪湖市九華中路144號3樓
84	贛州	陳耿弘	797-4432998	江西省贛縣贛新大道127號

21 台商進入中國大陸內銷市場個案分析

內銷內貿 領商機

1 頂新企業個案分析 2005

頂新中國大陸擴張策略：事業整合策略

向上游延伸　　　向下游延伸

核心業務
方便麵事業

相關產業延伸

擴張	說明
向上游	對供應商垂直整合：配套事業
向下游	對分銷通路精細耕作-將物流與商流分開：倉儲量販事業。
相關產業	飲料事業、糕餅事業、冷藏事業、餐飲連鎖事業

方便麵事業　行銷策略

STP策略

→以碗式包裝為主；城市包圍鄉村

→以天津大本營向華東、華北、華南擴展

→強調來自台灣專業製造產品形象

4P策略

Product	健康產品、了解當地口味
Price	低於市價
Promotion	大量康師傅品牌電視廣告
Place	通路精耕策略

2 統一企業個案分析 2005

經營策略

1 追求高成長

2 多角化經營

3 國際化

T型投資策略

東進、美國投資、大陸投資

→以上海為營運總部，沿海經濟特區和長江沿岸開發區為市場進行投資。

●食品／飲料
●食糧

上海

通路佈局

分公司	37家
經營所	95家
輔銷所	163家
合　計	295家

業務人員共計16,557人

食　品	食　糧	商　業	其　他
瀋陽統一、合肥統一、哈爾濱統一、天津統泰、北京統一、上海統泰武漢統一、昆山統萬成都統一、新疆統一、廣州統一、北京飲品、昆山統一、福州統一、南昌統一、統一福記、科技食品、鄭州統一	中山統一、張家港統一、眉山統一、上海統一、天津統一、青島統一、松江統一、統一嘉吉、三統萬福	天津家樂福量販、重慶家樂福量販、廣州家樂福量販、上海星巴克、統傑超市	無錫包裝、聯欣達光電、昆山神隆漳州馬口鐵、翔鷺滌綸、寧波麥芽、翔鷺石化、昆山興能、成都包裝、新疆統神、鉅享信息、建統一糧川、朕欣豐光電、天津統一工業、珠海啤酒海南科力電子、深圳長營電器昆山三和食品、上海康那香

內銷內貿 領商機

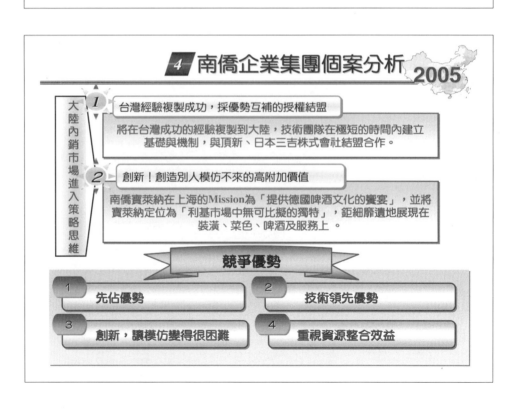

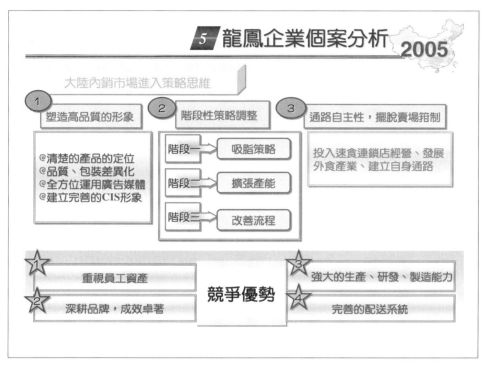

5　龍鳳企業個案分析　2005

大陸內銷市場進入策略思維

1　塑造高品質的形象
- 清楚的產品的定位
- 品質、包裝差異化
- 全方位運用廣告媒體
- 建立完善的CIS形象

2　階段性策略調整
- 階段一 → 吸脂策略
- 階段二 → 擴張產能
- 階段三 → 改善流程

3　通路自主性，擺脫賣場箝制
- 投入速食連鎖店經營、發展外食產業、建立自身通路

競爭優勢
1　重視員工資產
2　深耕品牌，成效卓著
3　強大的生產、研發、製造能力
4　完善的配送系統

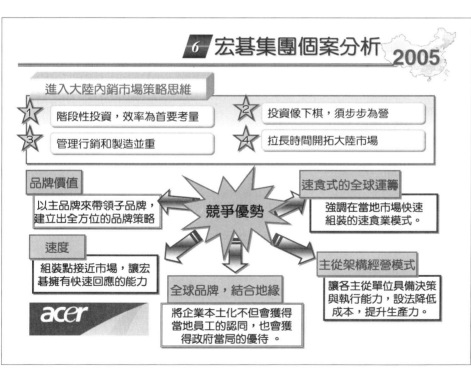

6　宏碁集團個案分析　2005

進入大陸內銷市場策略思維

1　階段性投資，效率為首要考量
2　投資像下棋，須步步為營
3　管理行銷和製造並重
4　拉長時間開拓大陸市場

競爭優勢

品牌價值
以主品牌來帶領子品牌，建立出全方位的品牌策略

速度
組裝點接近市場，讓宏碁擁有快速回應的能力

全球品牌，結合地緣
將企業本土化不但會獲得當地員工的認同，也會獲得政府當局的優待。

速食式的全球運籌
強調在當地市場快速組裝的速食業模式。

主從架構經營模式
讓各主從單位具備決策與執行能力，設法降低成本，提升生產力。

acer

內銷內貿 領商機

219

內銷內貿 領商機

7 英業達企業個案分析 2005

Inventec

進入策略

1. 善用當地充沛與廉價的勞動力
2. 以中心衛星體系方式西進
3. 成立研發團隊
4. 自創品牌擴大市場領域

內銷市場建構：

經銷商體系不健全，三角債問題嚴重。

英業達決定透過香港經銷商打入內銷市場，以避免複雜的政商關係

市場交易特性：
一、沿海與內陸經濟發展失衡
二、經銷體系不健全
三、人際關係影響成敗

競爭優勢

- 本土化、機動化的策略得宜
- 革除家族企業的陋習，提供公平競爭的環境
- 投資自動化設備，品質深受國際大廠肯定
- 重視人才的育成與訓練，降低流動比率
- 「衛星中心」垂直整合的優勢
- 持續不斷的改造工程，嚴守專業領域
- 反向策略思考及快速反應的行動

績效：積極擴充產能，
在美國、蘇格蘭、新加坡設
售後服務據點，具備量產優勢及接單能力

8 研華科技個案分析 2005

Your ePlatform Partner

ADVANTECH 研華科技

進入大陸市場的策略思維

1. 密集強勢行銷 ▶▶ 教育客戶並提高品牌知名度
2. 廣泛設立營運據點 ▶▶ 分公司與經銷商並行
3. 以獨資為主 ▶▶ 避免糾紛與干擾
4. 鎖定利基市場深耕 ▶▶ 工業自動化解決方案

大陸內銷通路建構
1. 以良好品牌知名度開拓市場
2. 獨資自主型
3. 慎選經銷商

競爭優勢
1. 自動化專業領域的知識
2. 保持中間企業的彈性
3. 善用人才
4. 特殊的產品定位
5. 強力的研發和行銷

9 華碩電腦個案分析 2005

巨獅策略致勝方程式

領先=行銷(品質x速度x創新x服務)/成本

進入策略思維與優勢

- 技術領先的優勢
- 品牌價值之優勢
- 短時間內展現研發長處
- 重視人才的育成與訓練
- 在大陸發展穩定,有成本優勢
- 獨貿為主

內銷通路建構

- 以良好品牌知名度開拓市場
- 混合雙通路:(1)分銷即直接與當地專賣店合作;(2)全國總代理即與神州數碼、雷射電腦合作
- 特色:扁平化程度高、覆蓋面廣通路觸角伸向各行業領域

內銷市場經營成果

- ☑ 2004年第三季首度超越宏碁,挺進大陸品牌第六名寶座
- ☑ 成功塑造超薄型NB代言人形象
- ☑ 連續六年在「Business Week」的「Info Tech 100」榜上有名

10 明基電通個案分析 2005

快樂基因

大陸進入策略思維

- 胸懷世界,以全球為舞台
- 尋求新的發展空間
- 大陸投資環境日趨完備
- 致力降低生產成本

內銷通路建構

- 國際品牌,從中國出發
- 建造大陸世界級工廠
- 行銷網絡遍及中國大陸
- 成功品牌借鏡

內銷市場經營成果

- 平均每年銷售額增長率300%
- 各項產品,如液晶顯示器、投影機、光碟機等都建立強大品牌影響力

競爭優勢

- ☑ 供應鏈掌控能力突出
- ☑ 設計陣容堅強
- ☑ 產品優勢整合,享受快樂科技
- ☑ 以人為本,年輕、活力、創新的企業文化

內銷內貿 領商機——

221

（左側直排標題）內銷內貿 領商機

---

11 巨大機械個案分析　2005

中國大陸內銷策略

※ 行銷分析-差異化策略
- ✓ 走高單價路線
- ✓ 重視品質與服務
- ✓ 加強直營門市的設計與人員素質

※ 通路分析-自建行銷通路網
- ✓ 以都市為核心，建立直營店
- ✓ 快速的展店能力

※ 人才分析-人性化管理，培養當地幹部
- ✓ 拒絕採取的軍事化管理
- ✓ 取得當地幹部、勞工認同

---

12 裕隆汽車個案分析　2005

YULON　大三圓經營策略

裕隆集團分割架構-利基最大化

審視資源

加入國際聯盟　　　裕隆集團　　　轉型製造服務業

優勢完整產品線

① YATC ②
國際分工 ③ 週邊事業

① 兩岸三地物流
② 智慧運輸系統
③ 全方位價值鏈

裕隆日產	裕隆	裕隆通用
＋專注品牌經營	＋多品牌專業代工	＋品牌經營
＋拓展海外市場	＋八大服務平台	＋汽車製造國產化

轉投資事業

關鍵思維

風神汽車(持股40%)
東風裕隆汽車銷售公司(持股50%)

兩岸綜效	產能利用極大化	追求垂直及水平綜效

內銷內貿領商機：中國大陸地區投資環
　境與風險調查. 2005年／台灣區電機電子工
業同業公會著. -- 初版. -- 臺北市：商周編輯
顧問，2005〔民94〕
　　　面；　　公分.
ISBN 986-7877-15-2（平裝）
1. 經濟地理 — 中國大陸　　2. 投資 — 中國大陸
552.2　　　　　　　　　　　　　94014203

內銷內貿領商機
2005年中國大陸地區投資環境與風險調查

發 行 人	金惟純
社 　 長	俞國定
副總編輯	孫碧卿
作 　 者	台灣區電機電子工業同業公會
理 事 長	許勝雄
總 幹 事	鄭富雄
副總幹事	羅懷家
地 　 址	台北市內湖區民權東路六段109號6樓
電 　 話	（02）8792-6666
傳 　 真	（02）8792-6137
文字編輯	詹錫東、孫景莉、蔡令權、田美雲、姚柏舟、鍾碧芳、張瀞文
美術編輯	鄭偉榮
出 　 版	商周編輯顧問股份有限公司
地 　 址	台北市民生東路二段141號5樓
電 　 話	（02）2505-6789
傳 　 真	（02）2507-6773
劃 　 撥	18963067
	商周編輯顧問股份有限公司
總 經 銷	農學股份有限公司
印 　 刷	鴻柏印刷事業股份有限公司

出版日期2005年8月初版1刷
定價500元